感谢国家社科基金重大项目
"'十三五'时期我国发展环境、发展趋势和战略思路研究"
（项目编号：14ZDA022）对本书的资助。

中国经济新常态

宋　立　郭春丽等◎著

中国言实出版社

图书在版编目(CIP)数据

中国经济新常态 / 宋立，郭春丽等著 .
—北京：中国言实出版社，2015.5
　　ISBN 978-7-5171-1176-4

　　Ⅰ . ①中… Ⅱ . ①宋… ②郭… Ⅲ . ①中国经济—经济发展—
研究 Ⅳ . ① F124

　　中国版本图书馆 CIP 数据核字（2015）第 049024 号

责任编辑：唐　伟

出版发行	中国言实出版社
地　址：	北京市朝阳区北苑路 180 号加利大厦 5 号楼 105 室
邮　编：	100101
编辑部：	北京市西城区百万庄大街甲 16 号五层
邮　编：	100037
电　话：	64924053（总编室）64924716（发行部）
网　址：	www.zgyscbs.cn
E-mail：	zgyscbs@263.net

经　销	新华书店
印　刷	三河市祥达印刷包装有限公司
版　次	2015 年 6 月第 1 版　2015 年 6 月第 1 次印刷
规　格	710 毫米 ×1000 毫米　1/16　16.75 印张
字　数	251 千字
定　价	45.00 元　ISBN 978-7-5171-1176-4

导　言　研究新常态、理解新常态、把握新常态

如果要评选当前中国乃至世界最流行的经济词汇，应该非新常态莫属。实际上，新常态概念一经出现，就迅速在神州大地流行起来。2014年以来，新常态一词的使用频率越来越高，已经渐渐成为最重要的经济关键词。

一、新常态：认知经济新工具

如果追根溯源，可以说新常态的观念，在 21 世纪之初就已经出现。已有文献显示：早在 2002 年，澳大利亚媒体《老生常谈周刊》（CLICHE OF THE WEEK）即指出，从 2002 年开始，新常态（New Normal）一词就已在国际主流媒体中频繁出现。

2009 年年初，自美国次贷危机引发的国际金融危机以来，新常态一词再次被提起，全球最大的债券基金——美国太平洋投资管理公司（PIMCO）的两位首席投资官比尔·格罗斯和穆罕默德·埃尔埃利安在"探讨危机后美国各个经济领域复苏和发展新模式"论坛上就用新常态一词归纳 2008 年金融危机之后世界经济特别是发达国家经济增长趋势所发生的变化。

在一定意义上可以说，2002 年出现的新常态在很大程度上还只是一个词汇，2009 年再次出现的新常态也只是对危机之后发达国家经济的一个表述，从根本上讲还是一个西方概念。那么，2010 年之后，新常态渐渐进入中国专家学者的文章和演讲，并开始了从描述世界经济的词汇向描述中国经济词汇的转化进程。

国内有学者用新常态讨论国际经济新形势。2012 年 11 月 2 日，原世

界银行副行长林毅夫教授在英国《金融时报》、FT 中文网主办的以"时局与前瞻：变革中的抉择"为主题的高峰论坛上，就用新常态概括未来国际经济新形势，指出"这可能是未来五年、十年或者更长时间里国际经济的新常态，也就是投资的回报率不高，风险是非常巨大的，经济增长非常缓慢，失业率非常高的新常态"。

与此同时，也有国内学者尝试用新常态来概括我国经济新特征。北京大学国家发展研究院黄益平教授曾在 2012 年的一篇公开文章中认为"较低的经济增长、较高的通货膨胀、更为公平的收入分配、更为平衡的经济结构、加速的产业升级换代和更为激烈的经济周期"将构成中国经济的新常态。

无论是在国外的再次出现，还是国内在世界经济意义的使用和对中国经济的借用，总体上，这时候的新常态，还只是一个词汇流行之前的热身而已。真正让新常态家喻户晓，成为最流行词汇并赋予中国内涵的，是习总书记的几次重要讲话。总书记系列讲话应该说是新常态正式的登台亮相，使新常态最终从描述世界经济尤其是发达国家危机之后经济状况的舶来概念，发展成为刻画中国经济发展新阶段特征的新分析框架。

2014 年 5 月，习近平总书记在河南考察时，首次运用新常态概念，指出"我国发展仍处于重要战略机遇期，我们要增强信心，从当前我国经济发展的阶段性特征出发，适应新常态，保持战略上的平常心态。在战术上要高度重视和防范各种风险，早作谋划，未雨绸缪，及时采取应对措施，尽可能减少其负面影响"。

7 月 29 日，在中南海召开的党外人士座谈会上，就当前经济形势和下半年经济工作听取各民主党派中央、全国工商联负责人和无党派人士代表的意见和建议时，习近平总书记又一次提到新常态："要正确认识我国经济发展的阶段性特征，进一步增强信心，适应新常态，共同推动经济持续健康发展。"

11 月 9 日，在北京召开的 2014 年亚太经合组织（APEC）工商领导人峰会上，习近平总书记以东道主身份做了题为《谋求持久发展　共筑亚太梦想》的主旨演讲，指出"中国经济呈现出新常态"。与以往论述新常态不同的是，这次总书记首次系统阐述了新常态特征，并强调新常态将给中国带来新的发展机遇："新常态下，中国经济结构优化升级，发展前景更加稳定。"

12月9日至11日召开的中央经济工作会议，将新常态推向了高峰。习近平总书记在中央经济工作会议的重要讲话中，从消费、投资、出口和国际收支、生产能力和产业组织、生产要素优势、市场竞争、资源环境、风险积累与化解，以及资源配置模式与宏观调控方式等九个方面系统刻画了新常态下的新趋势。强调了进入新常态，经济增长从高速增长向中高速增长，经济发展方式正从规模速度型粗放增长转向质量效率型集约增长，经济结构正从增量扩能为主转向调整存量、做优增量并存的深度调整，经济发展动力正从传统增长点转向新的增长点等四个重大转变，要求2015年的经济工作要主动适应经济发展新常态，要做到八个更加注重：更加注重满足人民群众需要，更加注重市场和消费心理分析，更加注重引导社会预期，更加注重加强产权和知识产权保护，更加注重发挥企业家才能，更加注重加强教育和提升人力资本素质，更加注重建设生态文明，更加注重科技进步和全面创新。

以此为标志，新常态从一个国外的名词概念发展成为了中国式的分析框架和理论武器。认识新常态，适应新常态，引领新常态，既应该是也已经成为当前和今后一个时期我国经济发展的大逻辑。面对我国经济发展新常态，观念上要适应，认识上要到位，方法上要对路，工作上要得力。认识新常态需要深入认识九大趋势，适应新常态需要着力实现四大转变，引领新常态需要实现八个更加注重。

要做到认识新常态，适应新常态，引领新常态，必须认真研究新常态，深入理解新常态，准确把握新常态，更加自觉地以新常态思维和新常态意识来指导我们经济社会发展和改革开放各项工作。

二、深入研究理解新常态

正如任何新概念、新理论、新方法出现后的情况一样，其理解和领会必然有一个过程。但不一样的是，新常态在中国的认知、理解和领会过程明显被大大缩短了。

即便如此，目前在新常态的理解上，尚在探索之中，处于仁者见仁、智者见智的状态。尽管中央经济工作会议已经给出了比较明确的系统阐述，但围绕新常态的深入研究、思考、探讨仍在继续之中。

有的人借用"增长经济学"的词汇 steady state 将新常态解释成稳态或均衡态，认为一旦进入新常态，中国经济将进入体制和增速相对稳定的时期。按照这种观点，目前只是在进入新常态的过渡过程中，还不能说已经完全进入新常态。应该说这种看法基于经济学理论，具有一定的合理性。但从我国经济现实来看，虽然新常态所描绘的大部分特征已经出现或正在显现，无疑已经处于新常态的导入阶段。如果将新常态理解成为将来时，对当前和今后一段时间我国经济发展的指导意义必将减弱。

有的人把新常态解释成为一好百好的理想状态，认为一旦进入新常态就什么问题都没有了。有些人则将新常态描绘得比较悲观，似乎进入新常态就意味着好日子过完了，等待我们的都是苦日子。显然，这两种看法虽都不乏灼见，但均有失偏颇、不够客观。进入新常态，意味着未来的日子必然有所变化，坏日子可能比过去要多，甚至会越来越多，但并不是好日子彻底过去了。实际上，进入新常态既有好日子也有坏日子，并不像有些人所说的，好日子过完了，接踵而至的全是坏日子。我们更倾向于认为只要努力了坏日子也有可能变成好日子，如果不努力好日子也会变成坏日子。当然，也不是正好相反，进入新常态一切问题都会迎刃而解，一好百好了。

更有甚者，正像许多新观念的出现一样，新常态现在也像是一个筐，有些人见什么都往里装，想象新常态，以自己的方式理解新常态，赋予了新常态许多想当然、甚至不该有的东西。有些地方以新常态为依据人为地压速度、减增长，有些人甚至将新常态当作"不作为"的挡箭牌。

新常态，既不能片面解读，更不能片面运用。总书记几次讲新常态，侧重点并不相同，前几次讲困难和挑战，后几次讲机遇和趋势，但总体上既强调了困难和挑战，也强调了机遇和优势，全面系统，实事求是。但有些人在理解中只看到其中一些方面，没有看到全面的阐述，要么各取所需，按照自己的想法和理解剪裁或随意取舍。

我们认为，对于新常态不能只看到困难和挑战而悲观失望，也不能只看到机遇和趋势而盲目乐观。新常态意味着不能再片面追求 GDP，但并不意味着不追求 GDP。新常态是去唯 GDP，而不是简单去 GDP。尤其不能以新常态为借口从一个极端走向另一个极端，从过去的片面追求 GDP，转为人为地压缩 GDP。

有权不能任性，有位不能偷懒，理解的失误不但将导致执行的偏差，或许还有可能为新常态"抹黑"，甚至将延误我们的重要战略机遇期，进而影响全面建设小康社会战略目标实现。

认识新常态是适应新常态、引领新常态的第一步。深入研究、全面理解、准确把握，是认识新常态、适应新常态、引领新常态的必然要求，也是认识新常态、适应新常态、引领新常态的紧前工序，更是理论工作者适应新常态、引领新常态的责任所在、使命所在。

我们认为，新常态就是新的发展阶段的一般性特征，是经济发展新阶段的客观规律性变化。要客观认识新常态的含义和特征，不可以给新常态附加过多我们的主观愿望，给它承载它不该有的东西，更不能将新常态作为一个简单的压速度、弃增长的任务来完成。

当前对新常态的讨论之所以存在两种不同的认识，究其实质，主要是对新常态是客观特征还是主观愿望、是现实状态还是理想状态等问题的理解存在比较大的差异。

一要客观现实地认识新常态。新常态是一个现实状态，而不是理想状态。我们认为，新常态是基于先发国家经验并结合我国国情，对我国未来发展阶段可能呈现的客观特征的想象与刻画的一个客观状态，而不是我们对未来发展阶段特征的愿望或期盼。虽然可以凭借我们的努力，实现我们的一些愿望和理想，但新常态本身是一个现实状态，表达的是一些客观特征。不能带着浓厚的理想主义色彩来想象新常态，不可以给新常态附加过多我们的主观愿望，给它承载它不该有的东西。旧常态有旧常态的问题，新常态也会有新常态的问题，如果认为未来实现了新常态就什么问题都没了未免过于理想化。

二要辩证地看待新常态。新常态是经济发展新阶段的一般状态或特征，新常态并不意味着一旦进入新常态就一好百好，什么问题都没有了。经济发展在不同阶段有不同阶段的特征，总体上是循序渐进，在发展中螺旋上升。同时，每个发展阶段也有每个发展阶段的问题。比如人在青少年时期，特点是"拔个子"，但可能出现偏瘦等"结构问题"以及出现青春痘等伴生现象；中老年时期的特点是长得比较"壮实"，青春痘等没有了，但生长速度有所下降，还可能会出现"啤酒肚"。经济发展在某种意义上也一样，早期可能会"快而不好"，成熟阶段可能会"好而不快"。从"两个一百年"目标的角度来说，我们希望未来的发展阶段要"又好又快"、"又快又好"，而不是一下子从"快而不好"进入"好而不快"。

三要以平常心来看待新常态。进入新常态，客观上意味着我国经济增长速度将告别过去的两位数增长，由过去的高速甚至超高速增长转为中高速或次高速增长。主观上意味着我们不再也不应追求高速度，更不能片面追求高速度甚至不计代价追求高速度。但对于习惯于、或执着于高速度的人而言，也许会出现一定程度的焦虑感。以平常心来看待新常态，一方面，意味着不必对经济速度减缓产生焦虑感。另一方面，也不能从一个极端走向另一个极端，对增长速度去之而后快，将GDP视为万恶之源，刻意地人为压速度，甚至把新常态当作一个简单的压速度、弃增长的任务。当前尤其要注意这种倾向，在研究制定"十三五"规划的过程中，要以平常心来认识和把握增长速度目标，既不能脱离潜在增长率继续追求高速度，也没有必要人为地刻意压低速度。

三、准确把握经济发展新常态

每个阶段都有每个阶段的特征，经济发展进入新的阶段，必然出现与过去阶段有些不同的特征。经济发展进入新常态，发展环境与条件发生了变化，必然呈现与以往有所不同的新特征。

新常态意味着经济发展阶段的新变化。进入新常态，意味着我国工业化将从中期转向后期，城镇化进入以人为核心的深度发展阶段。由此带来了经济基本面的一系列变化，既包括供给方面的趋势性变化，如要素比较优势、要素配置方式、生产组织形式和资源环境条件等，也包括需求方面的趋势性变化，如投资需求、消费需求和出口的总量与结构变化。同时，政府管理经济的方式和能力也会发生变化。总体来看，新常态时期是我国迈向高收入国家的关键阶段。新常态的新也表现在经济发展新阶段不仅面临新的困难与挑战，同时也意味着出现新的机遇与优势。

新常态之所以新首先是因为新的困难和挑战。新常态期意味着固有的生产方式将发生根本性改变，我国不仅要解决经济下行、传统比较优势弱化、资源环境约束加强等问题，而且还要应对在经济快速发展期积累的财政金融、房地产等诸多领域风险，同时社会需求多元化、社会治理难度加大、外部环境不确定因素也增加了我国未来经济发展的难度。伴随我国劳动供求关系变化，劳动成本持续明显上升，我国在劳动密集型产业的竞争优势正在迅速丧失。同时，环境约束强化、资源能源供应面临挑战，经济金融风险凸显，社会问题等非经济因素制约强化等将使得我国现阶段比以往任何时期面临更大的风险与挑战。不仅如此，伴随人均 GDP 提高和经济增长潜力下降，我国陷入"中等收入陷阱"风险也在加大。如果说前述各种风险是任何发展阶段都可能面临的共同风险，那么，"中等收入陷阱"风险则是新阶段、新常态面临的特殊风险。在我国进入新常态的时期，"中等收入陷阱"的挑战也将不约而至，我们不能不高度重视。

新困难、新挑战必然意味着新优势和新机遇。凡事有利必有弊，得其利必受其弊，受其弊必享其利。新常态、新阶段在迎来新困难和新挑战的同时，也孕育或出现新的优势和新的机遇。我们讲新常态面临新的风险和挑战，主要是从警示的角度来讲的。但并不意味着新常态只有风险和挑战，没有机遇与优势。当前在世界经济尤其是美国经济持续复苏的背景下，我国经济持续下滑，在一定意义上是由于企业家和投资者信心和预期发生了逆转。而企业家信心与预期之所以发生逆转，在一定程度上与一些媒体将新常态宣传成为苦日子有关。从辩证法角度来看，有挑战必然有机遇。进入新常态，我们在面临挑战的同时，也面临新的机遇。随着我国经济迈入新常态、世界经济进入新阶段，我国既面临传统比较优势弱化的国内不利发展条件，也遭遇旧有发展机遇消逝的国际发展环境，经济社会发展进入新的转折期。国内已逐步具备大批高素质人才、大量新建优良基础设施、丰富的创新资源、广阔的新增长极与增长带及新一轮改革红利等新优势，对外正面临世界版图深刻变化、全球经济格局嬗变、方兴未艾的新产业革命和新一轮全球化等新机遇。比如，生产要素数量虽然有所减少，但生产要素质量逐步提高，有利于提高劳动生产率。同时，自主创新加快催生新的产业竞争力和全要素生产率，新型城镇化和城乡一体化发展持续释放内需潜力，区域协调发展促生新的经济增长极和增长带，这些都是新常态可能出现的新机遇，需要紧紧抓住并利用好。利用新优势、把握新机遇，有力推进我国在复杂多变的全球变革中、激烈的国际竞争中实现中华民族伟大复兴的中国梦，是新常态下我们新的历史使命。

新常态的直接表现或首要特点是经济增长速度的新变化或新特征。新常态首先也为大家所广泛接受的特征是——从高速甚至超高速转为中高速。从国际比较来看，我们在许多方面与世界各国基本趋势一致，与东亚发展中国家十分接近。发展中国家尤其是东亚发展中国家具有或曾经出现的特征，我们基本上均具有或出现过。从世界性的普遍规律来看，90%以上的高增长经济体经过高速增长之后出现了明显的减速，估计我们也不会例外，而进入中高速增长阶段减速则是必然的。接近90%的减速发生在中等收入阶段，但不同经济体减速出现的时点和减速的轨迹不同。我国的经济结构特征决定我国的减速时点可能晚于国际平均水平，"十三五"时期有可能是我国经济减速的高概率时期。但我国由于存在双重二元结构，急剧增长呈现多速非同步特征，我们的经济减速有可能是"波浪式"减速，而不是像日本等经济体那样的"台阶式"减速，即不会出现经济急剧减速，一下子从高速增长降速到中速或低速增长。

新常态的深层次特征是经济发展动力的新变化与新特征：动力转换——从依靠资源投入向依靠效率提高转变。旧动力弱化、新动力有待形成。经济增长速度之所以变化，是因为动力机制发生了变化。从理论上来说，动力机制的变化是经济增长速度变化的原因，速度是表，动力为里。在某种意义上来说，之所以进入新常态，是因为动力机制发生了变化——旧动力逐渐减弱，新动力有待形成。需要强调的是，旧动力的减弱是必然事件，新动力的形成是或有事件——旧动力的减弱是必然的，不可避免的。新动力形成虽然是必要的，但并不是必然的。不能因此放弃主观努力，不去加快创新和转型，而守株待兔等待新动力出现。不能想当然地认为进入新常态了，新动力就自然而然地形成了，否则所有的国家经济一经起飞都必然能够达到高收入水平，就不会有"中等收入陷阱"这个说法了。

——**从需求拉动经济增长的角度来看**，消费、投资和净出口需求均发生了变化。在消费需求方面，将从人均收入迅速提高背景下带有一定模仿性质的排浪式大众消费，逐步转变为个性化、多样化消费。在投资需求方面，工业化、城镇化加速时期出现的高强度大规模开发建设投资峰值逐渐过去，代之以基础设施互联互通和新技术、新产品、新业态、新商业模式的投资拉动。在出口和国际收支方面，我国劳动力背景优势凸现和国际市场空间迅速扩张带来的外需拉动逐渐减弱，资本和技术密集产业领域的新优势有待并将逐步形成。

——**从供给推动经济增长的角度来看**，过去我国正值劳动力峰值阶段，生产要素供给充足，加上全球化进入高峰时期、外需旺盛，我们出现一个时期的高速甚至超高速增长具有一定必然性。现在进入了新发展阶段，国内劳动供求关系变化，"刘易斯拐点"到了、资源和环境约束强化了；从外部来看，全球化回潮、外需减弱了，我们随之从高速甚至超高速转入中高速、次高速增长阶段也是必然的。一方面，人口红利逐渐减弱，过去我们主要依靠人口资源优势等带来的人口红利，现在劳动力供求关系发生了变化，人口红利在减弱，劳动力从农业部门向非农业部门的转移与再配置进程接近尾声，劳动力再配置带来的发展动力减弱。另一方面，资源红利也逐渐减弱。过去能源资源和生态环境空间相对较大，现在环境承载能力已经达到或接近上限。

新常态的新也表现在经济结构的新变化和新特征：城乡区域结构优化、供给需求结构新化——从非均衡发展到均衡发展。在发展动力从而增长速度变化的同时，经济结构随之发生变化，表现出发展新阶段的结构新特征。城乡和区域结构在经历了"均衡—非均衡"过程之后进入到了再均衡阶段，供给需求结构也在经过了我国工业化、城镇化加速和全球化峰值推动的二产比例和投资率峰值之后逐步回落。从区域结构来看，在全球化高潮期和我国出口导向政策推动下，产业布局必然呈现沿海和临港聚集特点。伴随全球化退潮、沿海地区减速以及我国消费升级，生产力布局必然随之调整。再加上自主创新、扩大内需等，中西部中心城市、人口密集地区、老工业基地等将恢复性发展，区域结构从部分地区先富起来的非均衡趋向再均衡。伴随市区产业和人口基本饱和，城乡之间从过去的城市吸引农村，中心城市对周边地区的聚集效应，发展到了产业开始向外转移，发挥扩散效应的阶段，城乡结构同样从非结构像均衡转变。劳动力城镇化比例达到 53.73%，意味着社会结构由过去的以农民为主的社会变成了以工人为主的社会。伴随农民工市民化的加速，城乡结构将在未来一段时间从以工人为主的社会变成以市民为主的社会。

当然，经济变化也并非完全是从"坏结构"变为"好结构"，更多的是从一个阶段的结构演变成为另一个阶段的结构，从一个阶段的特征演变成为另一个阶段的特征。从供需结构来看，由于我国以不能跨国流动的生产要素——劳动力参与全球分工，国外资本、技术和资源流入我国组织生产，且以可贸易产品生产为主，并最终将产成品输出到世界各国消费，因此，我国经济必然表现为高投资、高二产比例和高出口比例的"三高"特征，我国的投资率、二产比例和出口率在全球化峰值时期出现峰值也是自然而然的事情。伴随全球化逐渐退潮、我们的传统比较优势弱化，投资率正在下降，二产比例也将降下来，"跷跷板效应"将推动消费率、三产比例等相应上去。需求结构将由过去的以投资为主逐渐变成以消费为主，产业结构也将从以二产为主逐渐变成以三产比例为主。在内外结构方面，伴随我国劳动和资本供求关系变化，一方面劳动力成本越来越高，另一方面资本越来越多，我国正在从过去的"商品走出去"向"资本走出去"转变，在全球范围配置资源将日益成为我国对外经济新格局的显著特征。

四、主动适应并引领新常态

新常态概念虽然不是我们首创，但用新常态概念来描述我国经济发展即将进入的新阶段，既比较恰当又十分必要。提出新常态，重要的不是提出一个新的概念，而是建立一种新的意识与思维。

建立新常态意识与思维，不仅有助于我们及时把握经济发展新阶段的特征，也有利于克服以往那种当经济发展阶段变化之后，我们的认识和政策不能及时调整，跟在后面被动滞后适应的困境。对于我们认识经济发展新阶段的新特征，主动适应新变化、新挑战，前瞻性调整工作思路十分重要和必要。

保持定力：创新宏观调控。为了适应新常态、引领新常态，我们管理经济的方式必须也必将随之发生变化。必须全面把握总供求关系新变化，改革资源配置模式，发挥市场在资源配置中的决定性作用。不断创新宏观调控思路与方式，科学进行宏观调控。适应新常态下的新要求，我国宏观调控应实现几个转变：采用区间调控方式，保持定力，更多发挥市场机制调节作用；由总量调控为主转向更多使用定向调控，努力保持稳增长和调结构之间的平衡；由侧重需求管理转向供给管理与需求管理并重，通过供给管理激发经济活力，释放经济增长动力；由"强刺激"操作方式转向"微刺激"操作方式，避免经济大起大落，促进经济风险化解。

新常态之所以新就在于从资源驱动转向创新驱动，人口红利、资源红利让位于体制红利、创新红利以及新的全球化红利等。释放体制红利、创新红利和新的全球化红利等应该是我们认识新常态、适应新常态、引领新常态的必然选择。

体制创新：释放新的改革红利。适应新常态、引领新常态，必须全面深化改革，加快消除制约经济增长潜力深度挖掘、增长动力顺利转换和经济结构优化调整的体制机制障碍，释放新的改革红利，为经济增长更趋平稳、增长动力更为多元、经济结构更加优化、发展前景更加稳定提供制度保障。

创新驱动：发展动力转变。实施创新驱动发展战略是我国经济进入新常态背景下的重大战略抉择。要依托新技术新产业形成新增长，同时利用技术跨界融合促进传统产业升级。要用新思维推进创新驱动发展，着力激发全面、开放与包容的万众创新，突出区域创新体系建设和创新生态营造，认识和适应创新活动的新变化。力促全社会形成认识创新、崇尚创新、投身创新的积极氛围，让大众创业、万众创新成为中国经济的新引擎。

全球布局：构建全方位对外开放新格局。新常态的新不仅在于困难和挑战、趋势与机遇，也在于对外开放。衡量一个经济体的对外开放程度，不是看从外部获取资源和出口产品的幅度，而是在全球范围内配置资源的能力；不是看参与国际分工的程度，而是领导国际分工的程度。我国从商品输出向资本输出阶段的转变是新常态在对外经济方面的重要表现，也意味着我国经济将从 GDP 阶段走向 GNP 阶段。作为一个大型开放经济体，全面构建开放型经济新体制是我国经济迈入新常态的重要内涵之一。为适应经济全球化新趋势、全球政经版图新变动，我国需要推进实现全方位、宽领域、多层次对外开放水平，以企业"走出去"带动资本"走出去"，实现由"商品输出"为主向"资本输出"为主的重大转变，以更主动的姿态在全球范围内配置资源，带动我国全球贸易布局、投资布局、生产布局的重新调整。以"一带一路"、自贸区建设为重要抓手，推动国际国内要素有序自由流动、市场深度融合、资源高效配置，加快培育参与和引领国际经济合作竞争新优势，逐步打造内外相通、相互促进、共同发展的开放型经济升级版。

最后但并非最不重要的是底线思维：保障国家经济安全。认识新常态、适应新常态、引领新常态的最后关键，在于在认识新的困难和挑战的基础上，切实保障国家的经济安全。要坚持以"底线思维"积极应对，全方位保障我国经济安全。要积极采取应对措施，掌好经济增长的大舵，将经济增速保持在动态的合理区间；要严控风险，防控经济发生系统性风险；要积极应对来自外部政治经济领域的诸多挑战；要强化社会治理机制，切实稳定国内社会大局，要构筑绿屏，严守生态环境的红线。坚持底线思维，既要"有守"，也要"有为"，防止现代化进程被打乱，推动实现全面建成小康社会和中华民族伟大复兴的中国梦。

目 录

中篇：新趋势、新特征

下篇：新导向、新思维

第七章　保持定力：创新宏观调控

上篇：新阶段、新变化

第一章　发展阶段新变化

> 进步，意味着目标不断前移，阶段不断更新，它的视野总是不断变化的。
>
> ——维克多·雨果
> 法国著名作家

2014 年 5 月，习近平总书记在河南考察时指出"我国发展仍处于重要战略机遇期，我们要增强信心，从当前我国经济发展的阶段性特征出发，适应新常态，保持战略上的平常心态。"这一表述明确了新常态是我国经济发展进入更高阶段的客观表现。经济发展进入新常态，是我国经济社会发展的必经阶段。从客观认识的角度看，新常态意味着经济发展阶段特征出现了新变化，这些新变化又集中表现在工业化和城镇化的阶段变化上；而由发展阶段新特征所决定的则是经济基本面出现了一系列新变化，既包括供给与需求总量、结构方面的新变化，也包括政府对经济管理能力和方式的变化。从主观把握的角度看，新的发展阶段是我国迈向高收入国家的关键阶段，对实现中华民族的伟大复兴具有举足轻重的意义。基于此，我们要积极适应新常态，努力把握新机遇，沉着应对新挑战和新困难，在更高水平上开创我国经济社会发展的新局面。

一、经济发展阶段特征的新变化

工业化和城镇化是推动现代国家经济发展阶段变化的主要因素。也就是说，要判断一个国家处于什么发展阶段，最核心的是从该国工业化和城镇化发展水平的角度去分析。当然，在不同的历史时期（特别是不同的技术进步条件）以及不同的发展条件与基础下，一国经济发展的阶段特征既包括共性内容，也包括一些差异性的特点。从我国的情况看，工业化和城镇化仍然是决定我国经济发展阶段变化的最主要内容，经济发展进入新常态后，工业化将从中期转向后期，城镇化进入到以人为核心的深度发展阶段。

（一）工业化进入中后期

工业化是指从农业社会向现代工业社会转变的过程。由于工业化是现代国家发展的核心内容，也成为经济增长的核心特征，经济学家对其进行了深入的理论和实证研究。美国经济学家西蒙·库兹涅茨于20世纪70年代提出了依据三次产业结构划分工业化时期以及经济发展阶段的方法。他的研究表明，随着工业化的推进，第一产业比重持续下降，第二产业和第三产业比重不断提高并超过第一产业。在工业化初期和中期阶段，产业结构变化的核心是农业和工业之间"二元结构"的转化。工业化进入后期阶段，产业结构变化的核心是工业和服务业之间的转化，第三产业比重持续提高并超过第二产业（见表1-1）。20世纪80年代经济学家钱纳里等人，考察了以工业化为主线的二战后发展中国家的发展历程，描述了从不发达经济到成熟工业经济整个变化过程。他们以人均GDP水平（1982年美元计价）为划分依据，将不同国家和地区的经济增长划分为六个时期（见表1-2）：不发达经济（人均GDP为364—728美元）、工业化初期（人均GDP为728—1456美元）、工业化中期（人均GDP为1456—2912美元）、工业化后期（人均GDP为2912—5460美元）、后工业化社会（人均GDP为5460—8736美元）和现代社会（人均GDP为8736—13104美元）。在不同时期，产业结构呈现不同的变化特征。

表1-1 西蒙·库兹涅茨关于产业结构与经济发展阶段的划分

三次产业增加值占GDP的比例（%）			工业化时期	经济发展阶段
第一产业占比	第二产业占比	第三产业占比		
大于33.7	小于28.6	小于37.7	工业化准备期	初级产品生产阶段

续表

三次产业增加值占GDP的比例（%）			工业化时期	经济发展阶段
第一产业占比	第二产业占比	第三产业占比		
小于33.7	大于28.6	大于37.7	工业化初期	工业化阶段
小于15.1	大于39.4	大于45.5	工业化中期	工业化阶段
小于14.0	大于50.9	大于35.1	工业化成熟期	工业化阶段
小于14.0	小于50.0	大于36.0	工业化后期	经济稳定增长阶段

资料来源：〔美〕西蒙·库兹涅茨：《各国的经济增长》，商务印书馆1985年版。

表1-2　钱纳里等人关于经济发展阶段的划分

序号	人均GDP变动范围（1982年美元计价）*	产业结构	发展阶段
1	364—728	以农业为主	不发达经济
2	728—1456	农业逐步向以现代工业为主的工业化结构转变	工业化初期
3	1456—2912	制造业内部由轻型工业向重型工业迅速增长；第三产业开始迅速发展，即重化工业化阶段	工业化中期
4	2912—5460	第一、二产业协调发展，同时第三产业由平稳增长转入持续高增长	工业化后期
5	5460—8736	制造业内部结构由资本密集型产业为主导向技术密集型产业为主导转换	发达经济
6	8736—13104	第三产业开始分化，知识密集型产业开始从服务业中分离出来，并占主导地位	发达经济

注：按照2.6的系数将1970年美元换算为1982年美元。

资料来源：〔美〕霍利斯·钱纳里、谢尔曼·鲁宾逊、摩西·塞尔奎因：《工业化和经济增长的比较研究》，上海三联书店1995年版。

　　从工业化发展进程看，随着我国经济发展进入新常态，工业化处于从中期向后期过渡阶段。根据一般理论和历史经验，在这个阶段服务业比重会逐步提高，高加工度产业比重会趋于上升，要素投入从主要依靠数量

4

专栏 1-1　工业化阶段判断方法对中国的适用性

国外相关理论提出了一系列判断工业化发展阶段的标准，其中比较有代表性的包括：一是依据工业结构进行判断。德国经济学家霍夫曼在 1931 年出版的《工业化的阶段和类型》中提出了霍夫曼比例，即消费资料工业净产值与生产资料工业净产值的比值，并根据这个比例的变化趋势，将工业化分为四个阶段：第一阶段，霍夫曼比例介于 4—6 之间；第二阶段，霍夫曼比例介于 1.5—3.5 之间；第三阶段，霍夫曼比例介于 0.5—1.5 之间；第四阶段，霍夫曼比例小于 0.5。他认为，随着一国工业化的进展，消费品部门与资本品部门的净产值之比是趋于下降的。二是依据产业结构进行判断。美国经济学家西蒙·库兹涅茨的研究认为，工业化作为产业结构变动最迅速的时期，其演进也通过产业结构的变动来表现，随着工业化的推进，第一产业比重持续下降，第二产业和第三产业比重不断提高并超过第一产业。三是结合经济发展水平和产业结构判断。钱纳里等人以人均 GDP 水平为划分依据，将不同国家和地区的经济增长划分为六个时期，其中包括工业化初期、中期和后期三个时期。此外，判断依据还有就业结构、城市化水平等。

上述划分工业化发展阶段的经典理论，是基于几十年前的背景得出的经验结论。在将其用于判断我国工业化发展阶段时确实需要考虑适用性问题：一是经济全球化一定程度上"抬高"了我国工业化水平。全球化的深入发展，构建了沿产业链的国际生产分工体系。我国凭借劳动力资源优势加入到国际分工体系，并主要从事加工和组装，而这些环节多属于制造业，这在客观上使得我国形成了服务于全球的制造业，因此，制造业比重肯定比工业化一般标准更高。二是后发优势大大缩短了我国的工业化进程。作为后发追赶型国家，在我国经济起飞阶段，面临着更为宽广的技术选择，出现了消费结构升级、城市化等需求层面以及新技术等供给层面叠加影响工业主导产业的现象，使得工业化进程在时间上被高度压缩。这也是我国得以在二三十年内完成发达国家历时一二百年的工业化进程的一个重要原因。三是产业融合发展趋势会影响我国工业化发展阶段的转变。随着技术进步，产业分工细化程度越来越高，使得原属于制造业部门的部分服务环节不断分离出来并形成独立的产业门类，比如生产性服务业的迅速发展。同时，二三产业融合发展的趋势日益明显，制造业服务化成为制造业升级的一个重要方向。在这样的大背景下，工业与服务业的内涵与几十年前相比会有差异，可能使得我国工业化发展阶段出现拐点的时间会与一般标准有所偏差。

综上分析，我们认为，我国工业化进程所面临的一些不同于以往的环境或条件，实际上主要影响的是我国的工业化水平和工业化进程快慢；但我国工业化发展的趋势还是符合经典理论得出的经验结论，也就是说，在对我国工业化阶段进行分析时，既要把握住工业化发展的一般趋势，也要准确认识我国工业化发展所具有的特殊性。

资料来源：部分内容参考了冯飞、王晓明、王金照：《对我国工业化发展阶段的判断》，《中国发展观察》，2012年第8期。

扩张向主要依靠质量提升转变，要素结构、产业结构和需求结构都会加速调整。事实上从2008年以来，我国工业化阶段的变化已经开始逐步显现。从三次产业结构看（见图1-1），2008年以后，我国服务经济发展开始提速，第二产业占GDP比重开始小幅下降，第三产业占比开始逐步上升，2013年第三产业占比达到46.1%，第二产业占比为43.9%，三产占比首次超过二产，这一趋势或许还会反复但总体将会继续强化，高加工度产业比重会趋于上升、第三产业比重逐步提高。从人均GDP水平所对应的工业化阶段看，2013年我国人均GDP为6807美元（现价），折合成1982年美元约为3184美元[①]，正处于由工业化中期向后期转变阶段。在向工业化后期转变的阶段，生产要素组合方式将发生重大变化，从劳动密集型产业

---

① 根据IMF网站提供的美国GDP平减指数，以2005年为基准，2005年的100美元相当于1982年的62.726美元，2013年的134.093美元，以此推算，1982年的100美元约相当于2013年的213.78美元。

向资本技术密集型产业升级，从资源能源高消耗性产业向节能减排性产业发展，要素结构、产业结构、需求结构都将加速优化调整。同时，在我国工业化由中期向后期转变的阶段，信息网络技术广泛应用，新一代信息基础设施建设大力推进，现代信息技术产业体系逐步形成，信息化改造推动传统产业向高加工度、高技术含量、高附加值方向发展，产业的信息化、服务化特征日益明显。从工业化与信息化的关系看，发达国家一般是先工业化后信息化，而由于当前全球技术进步条件，决定了我国能够实现工业化与信息化同步发展。从工业化不同阶段的划分看，如果说工业 1.0 是蒸汽机时代，工业 2.0 是电气化时代，工业 3.0 是信息化时代，工业 4.0 则是利用信息化技术促进产业变革的时代。这意味着我国进入新常态后，将同时迈入智能化时代。

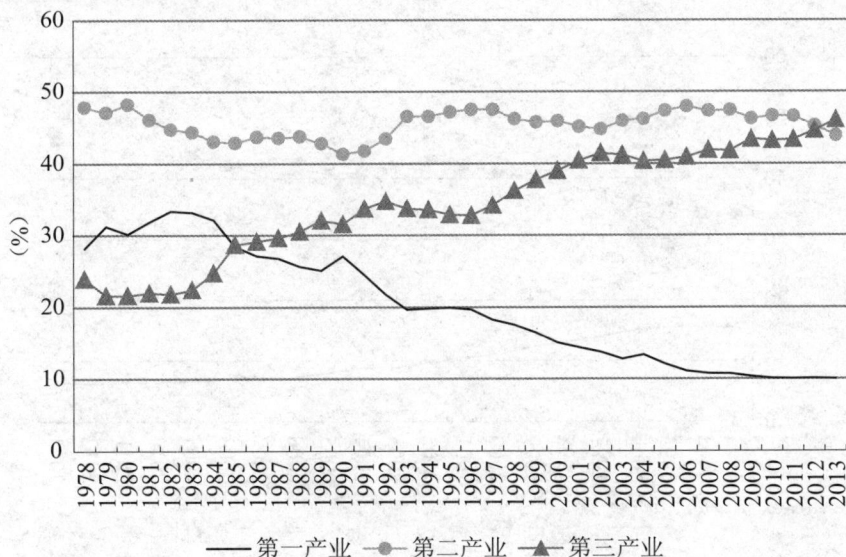

图 1-1　我国三次产业结构变化情况

资料来源：《2014 年中国统计年鉴》。

从地区来看，由于发展基础、发展条件和发展水平的差异，我国东、中、西部地区的工业化进程也是不同的。以三次产业结构来衡量，1993 年以来，东部地区②的三次产业结构总体呈现出一产持续下降、二产先升后降、三产持续上升的变化趋势（见图1-2）；2001年以来，第一产业比重低于10%并且仍小幅下降；2007—2008年，第二产业占比达到历史峰值50.8%，之后稳步下降；2013年第二产业占比达到47.3%，第三产业占比达到46.3%，两者相差仅1个百分点；可预计，第三产业将很快成为主导性产业。总体看，我国东部地区工业化也处于由中期向后期转变阶段。同期，中部地区③的产业结构大体呈现一产稳步下降、二产持续提高和三产波动上升的态势（见图1-3）。中部地区的第一产业占比从1993年24.5%稳步下降到2013年12.3%；第二产业占比从44.7%持续提高并于2011年达到峰值52.9%，2013年降到51.2%；第三产业比重曾在2003年达到峰值39.2%，在经历一段时期回调后2012年又呈现回升态势，2013年达到36.5%。西部地区④的产业结构变化趋势与中部地区非常相似，1993年三

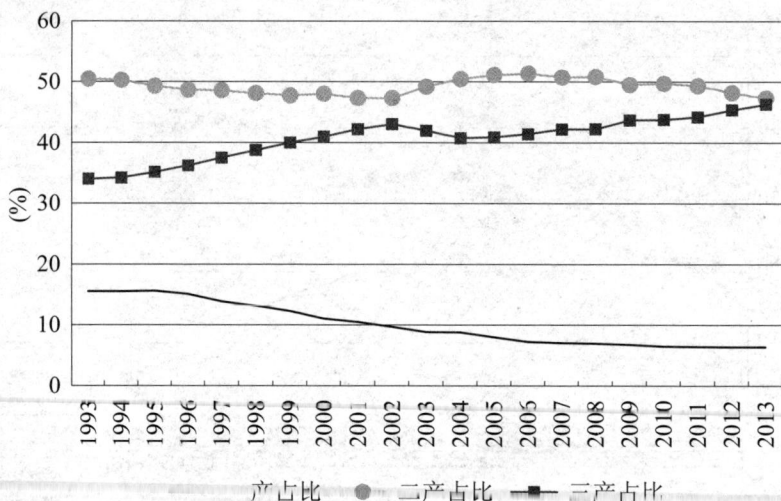

图1-2　我国东部地区三次产业结构变化情况

资料来源：历年《中国统计年鉴》。

② 东部地区包括北京、天津、上海、河北、辽宁、江苏、浙江、福建、山东、广东和海南等11个省、市。

③ 中部地区包括山西、吉林、黑龙江、安徽、江西、河南、湖北和湖南等8省。

④ 西部地区包括内蒙古、广西、重庆、四川、贵州、云南、西藏、陕西、甘肃、青海、宁夏和新疆等12个省、市、自治区。

次产业结构为 26.8∶40.2∶33，2013 年三次产业结构为 12.5∶49.5∶38，第
一产业占比大幅下降，第二产业占比显著提高，第三产业占比有所上升
（见图 1-4）。西部地区二产占比的峰值也出现在 2011 年，为 50.9%。虽然
从三次产业结构变化趋势看，中部和西部地区的第二产业占比也已经开始
下降，但其与第三产业占比之间的差距还是比较大，工业化由中期向后期
转变的阶段才刚刚开始。

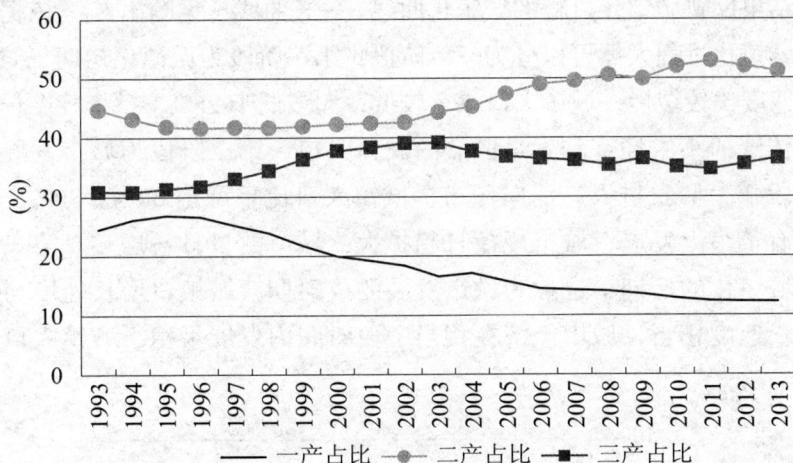

图 1-3 我国中部地区三次产业结构变化情况

资料来源：历年《中国统计年鉴》。

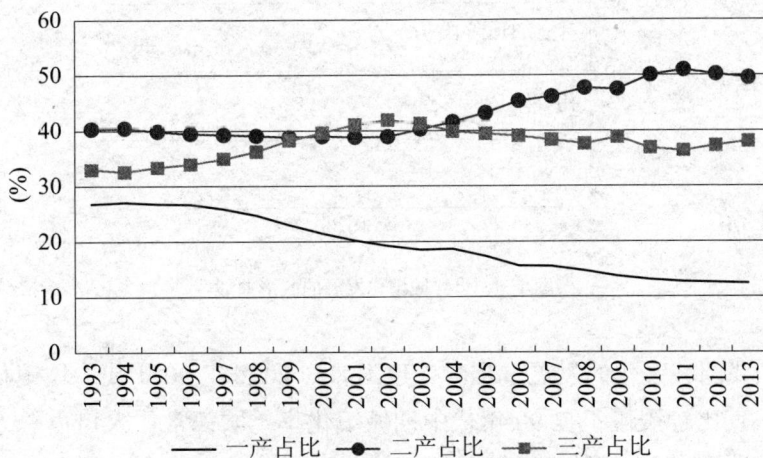

图 1-4 我国西部地区三次产业结构变化情况

资料来源：历年《中国统计年鉴》。

（二）城镇化进入均衡推进期

城镇化是集人口转变、产业结构升级、现代文明进步于一体的综合性过程。完整意义的城镇化由三个要素组成：人口向城镇集中、生产方式非农化、生活方式逐步现代化，人口向城镇集中的过程是外在表现，生产方式和生活方式的转变才是其内核。根据世界范围内城镇化发展实践，研究者总结出反映城镇化过程的城镇化曲线——S曲线（见图1-5）。依据该曲线，城镇化过程大体可以分为三个阶段：第一阶段为城镇化初期，城镇化发展速度比较缓慢，城镇人口比重较低，大多低于25%，整个社会仍然保留着传统的小农经济和大量散居的农村人口。第二阶段为城市发展的加速阶段，大量农村人口涌向城市，城镇人口比重增至60%—70%，城市经济有了很大发展，城市规模日趋扩大，城市数量日益增多。第三阶段则为城镇化的后期，也称为城市发展的成熟期，城镇口增长速度与总人口增长速度相当，城市经济在相当一段时间内发展平稳，城镇人口比重超过70%。

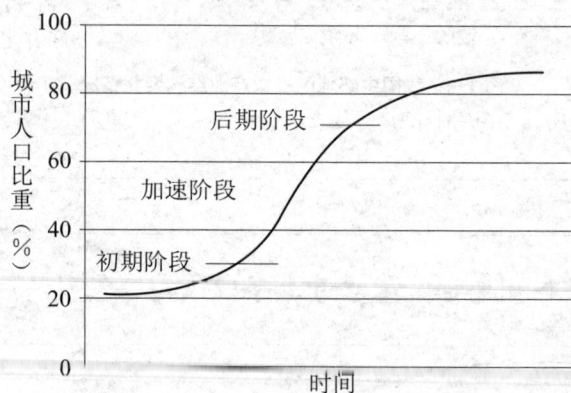

图 1-5　世界城镇化发展的 S 形曲线

从我国城镇化的发展过程看，建国后到20世纪90年代，城镇化发展速度一直比较缓慢；自90年代中期城镇化率（城镇常住人口占总人口的比重）达到30%左右时城镇化开始加速发展，基本符合S形曲线所揭示的规律（见图1-6），2013年我国城镇化率达到53.7%。近20年我国城镇化获得了迅速发展，但也带来了一系列问题，比如，城镇化存在明显的"重物轻人"倾向，过于重视城市空间拓展，忽视了提高人口城镇化水平。当前我国统计的城镇人口中包括了 2.69 亿农民工（2013 年），这部分人并没有享受到城镇化公共服务，并没有转变成完整的城镇人口。从阶段划分看，我国正处于城镇化加速发展并向城镇化后期迈进的关键阶段：不仅在数量上要使更多人口进入城市生活，进一步提高城镇化率；更为重要的是在质量上提升城镇人口生活水平，真正实现生活方式的现代化，也就是要突出"人的城镇化"的要求。

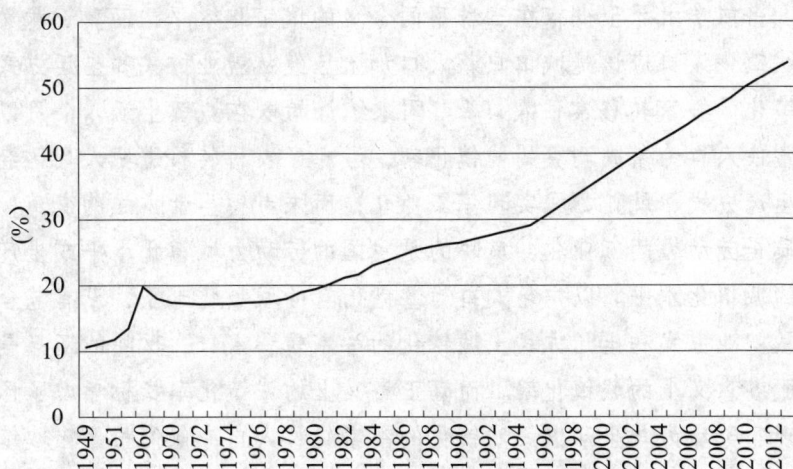

图 1-6　我国城镇化率变化情况

注：这里的城镇化率是按照城镇常住人口口径统计的。

资料来源：历年《中国统计年鉴》。

总体上看，随着我国经济发展进入新常态，城镇化将呈现双速推进、深度发展的特点，城镇化的发展将进入到均衡推进期，城镇化发展质量将不断提升（见表 1-3）：

（1）城镇化双速推进、深度发展。一方面，产业发展推动农民工及其家属就地市民化进入加速阶段。随着我国劳动力供求关系的转折性变化，劳动力向城镇转移的空间日益缩小。已经转移出来的农民工及其家属就地城镇化的速度将进一步加快，这有助于提高城镇化的质量，推动转移人口生产、生活方式彻底转变，实现真正的城镇化。另一方面，消费升级推动的城镇化进入加速阶段。随着经济快速发展，人均国民收入水平不断提高，现代生活方式及消费方式在城乡的普及发展将促进消费者城镇化的发展。在信息技术广泛应用的条件下，现代生活方式对农村居民的影响将日益加深，农村居民向城镇消费靠拢步伐会加快，将推动部分农村人口作为消费者向城市集中的趋势加快。

专栏 1-2　按照不同口径测算的我国城镇化率

当前学术界至少存在三种不同含义的城镇化水平，而真正意义上的城镇化人口应该是城镇户籍人口加上已经从就业方式和生活方式上城镇化的举家转移常住人口[⑤]。国家统计局以在城镇生活六个月以上的常住人口为基础测算的城镇化率，考虑了农村转移进城人员已经作为生产方式、就业方式实现了工业化，而未考虑生活方式的变革，其实质是劳动力的工业化，反映的是我国的劳动力城镇化水平或生产方式的城镇化水平。以户籍人口为基础衡量的城镇化水平，没有包含已经从就业方式和生活方式上城镇化的举家转移人口，反映的还只是公共服务意义上的城镇化率。而真正意义上的城镇化率指标考虑了已经实现了劳动力与生活方式城镇化的举家转移人口，他们虽然在城镇有固定的职业和居住条件，但并没有被城镇公共服务覆盖或完全覆盖，即便还不是完全意义上的城镇居民或没有完全市民化，不过可以反映我国生活方式的城镇化水平，与国际上通行的城镇化率有可比性。

借鉴宋立有关我国真正意义上的城镇化水平的思想测算我国的城镇化率指标，也即"城镇化率＝（城镇户籍人口＋农村举家转移人口）/总人口"，表明不同统计口径下的我国城镇化率相差较大。以常住人口为基础测算的城镇化率从1970年的17.38%上升到2013年的53.73%，共上升了36.35个百分点；以非农户籍人口为基础测算的城镇化率从1970年的15.3%上升到2013年的35.7%，共上升了20.4个

---

⑤　宋立：《劳动力与消费者"分离式"城镇化——劳动过剩经济体的全球化现象还是中国特色问题？》，《经济学动态》，2014年第5期。

百分点；而以非农户籍人口与农村举家转移人口为基础测算的城镇化率从 1970 年的 15.9% 上升到 2013 年的 39.14%，共上升了 23.24 个百分点。可见，常住人口城镇化率，不仅高于户籍城镇化率，也高于我们测算的真正意义上的城镇化率。新世纪以来，二者间的差距更为突出，其中常住人口城镇化率要高出户籍人口城镇化率 10 个百分点以上，高出真正意义上的城镇化率 7 个百分点以上。

资料来源：国家发展和改革委员会经济研究所课题组测算。

表 1-3 我国不同阶段城镇化的主要特征

城镇化阶段	城镇化特征	代表性地区	人口转移特点	城镇化格局
改革开放前	计划经济/行政型	省会城市 工业基地	部队进城、农民招工	去沿海化 或内陆化
70 年代末—90 年代中期	乡镇企业发展驱动	长江三角洲	本地劳动力工业化、城镇化	沿海化
90 年代中期—新世纪初	劳动密集型产业驱动	东南沿海地区	异地劳动力工业化、城镇化	沿海化 非均衡发展
全球化高峰以来	消费升级驱动	大中小城市 人口中心	劳动力市民化 非劳动人口城镇化	内陆化 均衡发展

（2）"市民主导型"社会基本形成。随着城镇化的均衡推进和城镇化水平的进一步提高，城镇体系基本建成，实现与工业化进程大体同步。现阶段我国按照劳动力衡量的城镇化率为 52.7%，按照完全享受公共服务的户籍人口标准衡量的城镇化率为 35%，按照户籍人口加举家转移人口的生产方式的城镇化概念来估计约为 39%—40%。伴随劳动供求关系的变化和地方之间劳动力竞争，农民工市民化条件将越来越宽松，市民化门槛进一步降低，包括农民工落户、社会保障、子女入学、保障性住房等，农民工市民化速度将逐步加快，这有助于突破产业发展推动城镇化的最后环节和最难环节。同时，伴随城镇化进程加快，农村住房与宅基地等基本权利保障方面将有所放松，农民工家属的城镇化成本将明显降低，农民工家属

13

进城和已进城家属从"侨居"向"入籍"转变，农民工家属市民化也将加速。此外，随着农村经济发展和农民生活水平提高，将有越来越多的农村人口转移到城镇尤其是县城生活居住，这包括专业经营承包人员、私营企业主以及其他先富起来的人群等，农村先富人口的市民化也将加速。未来一段时期，预计我国劳动力城市化速度将保持在 0.8%—0.9%，但人口城市化速度可望增加到 1% 以上，社会居民结构由现在的农民（农民工）市民对半型社会向市民主导型社会加速转变，2020 年前后市民主导型社会将进一步成型。

二、经济发展基本面的趋势性变化

进入新常态，我国工业化由中期向后期转变，城镇化进入均衡推进和深度发展阶段，经济发展阶段特征的新变化直接决定了经济基本面也将出现一些趋势性变化。2014 年中央经济工作会议明确提出了新常态的九大趋势，具体来看，既包括供给方面的趋势性变化，如要素比较优势、要素配置方式、生产组织形式和资源环境条件等方面，也包括需求方面的趋势性变化，如投资需求、消费需求和出口的总量和结构。此外，作为影响供给和需求的重要因素，政府对经济管理方式和能力也会发生一些趋势性变化。正如习近平总书记所说，"这些趋势性变化说明我国经济正在向形态更高级、分工更复杂、结构更合理的阶段演化"，"认识新常态、适应新常态、引领新常态，是当前和今后一个时期我国经济发展的大逻辑"。

（一）要素比较优势从传统低成本优势向质量提高优势转变

过去 30 余年，丰富的新生劳动力和农业剩余劳动力使得成本低成为我国最大的比较优势。低成本的劳动与国外的资本、技术、管理和国际市场等相结合，迅速形成现实生产力，使比较优势得以发挥。在我国人口老龄化发展和劳动力总量趋于下降的背景下，传统的低成本优势正在逐渐递减。随着我国经济实力增强，发达国家对我国发展进行挤压的倾向日益增强，技术引进对产业结构升级的支撑作用不断弱化。从发达国家的经验看，向高收入迈进的阶段，经济增长需要更多地依靠人力资本质量提升和技术进步。对我国而言，经济持续健康发展依靠的要素优势应由传统低成本优势转向质量提高优势，即创新要真正成为驱动发展新引擎。从现实情况看，我国要素比较优势的趋势性变化已经具备了一定基础：人力资本积累速度在加快，人力资本质量对经济增长的贡献越来越大，研发投入强度已经接近发达国家水平，技术创新活动更加活跃，技术创新能力逐步加强，国家创新体系基本形成。因此，在新常态时期，我们应准确把握这一趋势性变化，以实施创新驱动战略为核心，加快形成我国要素新优势和增长新动力。

（二）要素配置方式从市场机制起基础性作用向决定性作用转变

改革开放以来，在要素配置方式上市场机制的作用越来越明显，由计划经济为主市场调节为辅逐步发展到市场机制起基础性作用。市场机制在资源配置中作用的增强释放了经济活力，调动了各方面的积极性，要素配置效率的提高直接推动了经济增长。但由于市场机制作用还不完善，地区封锁、部门分割、行业垄断等还仍然存在，市场主体竞争不充分，要素市场还不健全，政府直接配置资源的权限过多过大等，严重阻碍了市场活力进一步发挥和要素配置效率的提高，阻碍了生产力发展。从完成两个百年目标和实现中华民族伟大复兴的要求看，需要继续解放和发展生产力，更多地释放市场经济活力，最重要的就是让市场在资源配置中起决定性作用，提高资源配置效率和效益。从我国发展阶段变化的客观要求看，也需要进一步提高资源配置效率和释放经济活力，把有限稀缺的资源配置到效益更高的行业和部门，也要发挥市场在资源配置中的决定性作用。因此，经济发展进入新常态，在要素配置方式上要实现向市场机制发挥决定性作用转变。

（三）生产组织形式从量能扩张为主向绩效提升为主转变

以往适应我国出口导向型发展战略和国内需求从低收入向中等收入提高的需要，生产组织形式更注重量能扩张，即通过做大规模追求生产能力的扩大，我国也成为世界"制造大国"。而在外部市场需求疲软和国内增速放缓的背景下，传统产业供给能力大幅超过需求。在产能过剩的条件下，产业结构必须要优化升级。新常态下，工业化由中期向后期发展的阶段性变化客观上也决定了产业组织方式要发生相应变化，要由产能扩张为主逐步转向绩效提升为主，应更注重生产效率和质量的提高，更注重依据需求变化灵活调整供给，并通过供给来引导或带动需求。通过工业化与信息化的融合发展，创新生产组织方式，更加重视生产小型化、智能化、专业化等产业组织的新变化。

（四）资源能源利用从规模扩张驱动向质量改善驱动转变

资源能源投入是支撑一国经济增长的重要要素。过去我国资源能源和生态环境空间相对都比较大，受规模扩张驱动，资源能源利用方式粗放。特别是随着我国进入重化工业快速发展的工业化中期阶段，资源能源消耗和污染物排放日益密集化，导致资源环境约束加速强化。目前我国主要战略性资源数量都在下降，尤其是水、耕地、能源和主要矿产等资源，石油和主要矿产资源的对外依存度不断上升。我国每万元 GDP 能耗是世界平均水平的 3.4 倍，美国的 2.3 倍、欧盟的 4.5 倍，日本的 8 倍。长期对资源能源高强度消耗，以及由此带来的高污染排放，使得我国环境承载能力已经达到或接近上限，难以承载粗放型、高消耗的发展。人民群众对清新空气、清澈水质、清洁环境等生态产品的需求越来越迫切，生态环境越来越珍贵。因此，经济进入新常态，客观上要求资源能源利用方式应由规模扩张驱动切实转变到质量改善驱动上来，使"保护生态环境就是保护生产力，改善生态环境就是发展生产力"的理念深入人心，以提高资源能源利用效率和改善生态环境作为调结构、转方式的重要方向，积极推动形成绿色低碳循环发展新方式，创造出新的增长点，为形成经济可持续发展能力提供有力支撑。

（五）投资需求从高强度大规模增长向优结构高效率增长转变

发展经济学把资本作为一国经济起飞的约束条件，认为对发展中国家而言，经济增长率的高低主要取决于投资规模的大小。在我国由低收入向中等收入发展的过程中，投资需求的空间很大，基础设施建设、产业发展等领域存在巨大的投资缺口，投资的高强度大规模增长极大地拉动了经济增长，在一定程度上形成了"投资拉动型"增长模式。经过三十余年的快速发展，投资继续高速增长的空间不断缩小，门槛较低、受益于人口红利和全球化红利的行业或领域的投资相对饱和，如传统产业、房地产投资增速已经开始出现下降。而同时一些外溢效应较大、民生改善相关以及创新领域的投资还有很大发展潜力。从我国的发展实际看，投资仍然对经济发展起着关键作用。为了更好地发挥投资的作用，客观上需要从高强度大规模的粗放式投资增长方式转向优结构高效率的集约式投资增长方式。一方面需要优化投资结构，将更多资源从低效领域转移到高效领域；另一方面则需要通过创新投资方式，消除投资障碍和投资壁垒，发挥投资对经济新增长点的支持作用。

（六）消费需求从群体分化式消费向共富式多样化消费转变

改革开放以来，伴随经济快速增长，我国居民消费主要经历了三次以耐用消费品的快速升级换代为主要内容的重大升级变化，"老三件"、"新三件"和"新新三件"等专有名词形象地描述了消费结构的变化特征，这种排浪式的消费升级也是工业化快速推进在消费方面的集中表现。同时，经济快速发展过程中收入分配差距的扩大也直接导致消费的群体分化，甚至出现一定程度的消费两极化现象。随着我国发展进入新常态，工业化由中期向后期转变和城镇化的均衡推进，将会带来消费需求的重大变化。群体分化式消费将向共富式多样化消费转变。这就意味着，一方面，收入分配差距的缩小将直接体现为城乡、不同收入阶层之间消费差距的缩小；另一方面，消费者个体需求的差异性将得到更多尊重和体现，消费多样性会更加突出。顺应这一变化趋势，供给体系必须做出调整，应更加注重提高产品和服务质量，更加注重通过创新供给激发需求。政策作用的重点在于为消费潜力的释放提供良好的环境和条件。

（七）出口和国际收支向平稳增长和基本平衡转变

自上世纪 90 年代到国际金融危机发生前，经济全球化发展迅速，收入效应大于替代效应，不论是发达国家还是发展中国家均从全球化深入发展中获得收益，可以说全球都处于"全球化繁荣"阶段。国际市场空间广阔并且增速很快，只要有成本优势，出口就能扩大。以加入世界贸易组织为标志，我国成为国际分工体系中重要的制造环节，成本优势迅速转为出口的快速增长，出口成为拉动经济高速增长的重要动能。金融危机后，随着全球化进入到收入效应与替代效应并存阶段，全球化繁荣递减，国际市场空间扩张放缓，加之我国低成本优势正在弱化，出口竞争压力日益增大。同时，随着发展阶段的转变，高水平引进来、大规模走出去正在同步发生，人民币国际化程度明显提高。对外开放与国内发展紧密结合，我们需要考量的已不仅仅是国内生产总值GDP的概念，更为重要的是国民总收入GNP的概念，人民币国际化水平增强；需要逐步建立以我为主的分工体系，以分工体系为载体或平台，统筹布局要素以实现收益最大化。这些都决定了未来我国的出口和国际收支将逐渐从快速增长和双顺差，转向稳步增长和收支基本平衡，为我国的经济大国地位提供支撑。需要加紧培育新的比较优势，积极影响国际贸易投资规则重构。

（八）经济管理重点向创造环境与激发市场主体活力转变

作为追赶型的后发国家，政府掌握着社会所稀缺的现代性元素、组织资源和技术与经济发展趋势信息，政府必须扮演现代化发动者与推动者的角色。以往，由于市场机制本身的不健全和微观主体市场化程度不高，微观主体的行为不完全是基于市场理性的，政府需要对经济进行一定程度的直接干预。在我国由中等收入向高收入迈进的过程中，随着社会主义市场经济体制逐步健全，市场要在资源配置中发挥决定性作用，同时也要更好发挥政府的作用。按照这一要求，在新常态时期，政府对经济管理的重点应逐渐从以往过多直接干预资源配置，向创造环境与激发市场主体活力转变。政府对经济活动应适度干预但不盲目，按照"法无授权不可为"、"法无禁止皆可为"、"法定职责必须为"的原则，维护公平竞争的市场环境，激发市场和社会活力，支持"大众创业"、鼓励"万众创新"，促进形成适应新常态的发展新局面。

（九）宏观调控向化解风险和区间与定向调控相结合转变

在过去经济高速增长的条件下，经济风险爆发的可能性小，更大程度上表现为隐性风险。宏观调控对风险的积累关注不够，更多关注的是通过总量调控来刺激经济增长，经济发展中的各类风险，如地方政府性债务、影子银行、房地产等领域的风险，持续积累。虽然目前来看，我国经济风险仍处于总体可控水平，但新常态下，随着经济增速放缓，各类隐性风险会逐步显性化，引发系统性风险的可能性在上升。一方面，客观上要求宏观调控应充分利用市场化的风险管理措施，提升风险的防范与化解能力。另一方面，以总量调控为主的调控方式容易导致政策连续性较差、政策灵活性不足以及干预市场机制正常作用等问题。因此，我国经济迈向新常态，客观上要求改革宏观调控方式，应以保持定力、有所作为、统筹施策、精准发力为基本思路和原则，区间调控与定向调控相结合，注重政策连续性和稳定性，平衡稳增长与调结构之间的关系，为经济持续健康发展保驾护航。

三、迈向高收入国家的关键阶段

从客观角度看，随着我国经济发展进入新常态，阶段特征和发展趋势都会出现新变化；而从主观角度看，或者说从打造中国奇迹第二季，实现中国梦的角度看，进入新常态意味着进入到了迈向高收入国家的关键阶段：经济发展要继续爬坡过坎，跨越中等收入陷阱；全面深化改革将进入攻坚期，充分释放改革红利对经济社会发展的促进作用；中国特色社会主义市场经济体制将进入定型期，为国家可持续发展提供稳定的基本制度框架。

（一）跨越"中等收入陷阱"的关键期

经过 30 多年的快速发展，我国于 2010 年跨越世界银行关于中等收入国家分组中中低收入国家和中高收入国家的分界线，成功进入中上等收入国家行列。进入中上等收入国家行列，既是迈向高收入的重要机遇，也意味着前所未有的挑战。从世界范围内一些国家发展的实践看，在达到中等收入阶段后的走势出现了分化。历史地看，除了日本、韩国等少数非西方国家进入中等收入阶段后仍然保持了较高的经济增速并顺利进入高收入国家行列，战后许多国家在成功跨入中等收入国家尤其是中上等收入国家行列后，并没有如愿以偿地进入高收入国家行列，而是陷入了"中等收入陷阱"。比如，拉美一些国家早在 20 世纪 70、80 年代就达到了中等收入阶段，但由于没能相应做到"各项制度更加完善"，制度建设落后于财富增长，未能形成可持续发展能力，长期陷入增长停滞、社会动荡的"中等收入陷阱"。根据其他国家发展的实践，能否成功跨越"中等收入陷阱"决定着我国是否可以顺利迈向高收入阶段，实现两个百年目标的第二个目标，即 2050 年前后基本实现现代化。我国在经历了 30 余年高速发展后，一方面存在一系列导致财富增长速度减慢的因素；另一方面导致社会矛盾激化的因素等长期存在，陷入"中等收入陷阱"的风险不能低估。

专栏 1-3　中等收入经济体发展中陷入"中等收入陷阱"的教训

世界银行《东亚经济发展报告（2006）》提出了"中等收入陷阱"（Middle Income Trap）的概念，其基本涵义是指：一个经济体从中等收入向高收入迈进的过程中，既不能重复又难以摆脱以往由低收入进入中等收入的发展模式，很容易出现经济增长的停滞和徘徊，人均国民收入难以突破高收入的下限。进入这个时期，经济快速发展积累的矛盾集中爆发，原有的增长机制和发展模式无法有效应对由此形成的系统性风险，经济增长容易出现大幅波动或陷入停滞。从二战后世界经济发展进程看，仅有为数不多的几个国家和地区成功跨越"中等收入陷阱"，大部分国家长期在中等收入阶段徘徊。从拉美地区和东南亚一些国家的情况看，陷入"中等收入陷阱"的原因主要有以下几个方面：

一是错失发展模式转换时机。拉美国家在工业化初期实施进口替代战略后，未能及时转换发展模式，而是继续推进耐用消费品和资本品进口替代，即使在 20 世纪 70 年代初石油危机后，还是维持"举债增长"，使进口替代战略延续了半个世纪。

二是难以克服技术创新瓶颈。一个经济体在进入中等收入阶段后，低成本优势逐步丧失，在低端市场难以与低收入国家竞争，但在中高端市场由于研发能力和人力资本条件制约，又难以与高收入国家抗衡。在这种上下挤压的环境中，很容易失去增长动力而导致经济增长停滞。

三是对发展公平性重视不够。公平发展不仅有利于改善收入分配，创造更为均衡的发展，还能够减缓社会矛盾和冲突，从而有利于经济持续发展。拉美国家在进入中等收入阶段后，由于收入差距迅速扩大导致中低收入居民消费严重不足，消费需求对经济增长的拉动作用减弱。如20世纪70年代，拉美国家基尼系数高达0.44—0.66之间，到90年代末巴西的基尼系数仍高达0.64，一些国家还由于贫富悬殊，社会严重分化，引发激烈的社会动荡，对经济发展造成严重影响。

四是宏观经济政策出现偏差。从拉美国家看，受西方新自由主义影响，政府作用被极度削弱，宏观经济管理缺乏有效制度框架，政策缺乏稳定性，政府债台高筑，通货膨胀和国际收支不平衡等顽疾难以消除，经济危机频发造成经济大幅波动，如20世纪80年代拉美债务危机，1994年墨西哥金融危机、1999年巴西货币危机、2002年阿根廷经济危机，都对经济持续增长造成严重冲击。

五是体制变革严重滞后。在拉美国家，体制变革受到利益集团羁绊，严重滞后于经济发展，精英集团的"现代传统主义"片面追求经济增长和财富积累，反对在社会结构、价值观念和权力分配等领域进行变革，或者把这种变革减少到最低限度。经济财富过度集中，利益集团势力强大，造成寻租、投机和腐败现象蔓延，市场配置资源的功能受到严重扭曲。

资料来源：转引自国家发展改革委宏观经济研究院课题组：《改革红利与发展活力》，人民出版社，2013年。

根据初步预测，我国将在2025年左右成功跨越中等收入阶段，进入高收入国家行列（见图1-7）。其中，在基准情景下，我国有望在2024年成为高收入国家。在乐观情景中，我国有望在2022年成为高收入国家。

但在悲观情况下，我国或许要在 2028 年前后才能成为高收入国家。因此，经济发展进入新常态并不意味着我们可以忽视经济发展，也不意味着我们可以放松努力轻易地迈向高收入阶段。从发展阶段划分上，未来 5—10 年是我国跨越中等收入阶段最后时期的关键阶段，也是我国迈向高收入国家，实现中等发达国家发展目标的关键阶段。这在客观上决定了我国经济发展的新常态要更加凸显形成可持续发展能力的重要性，新常态更加强调的是发展质量。

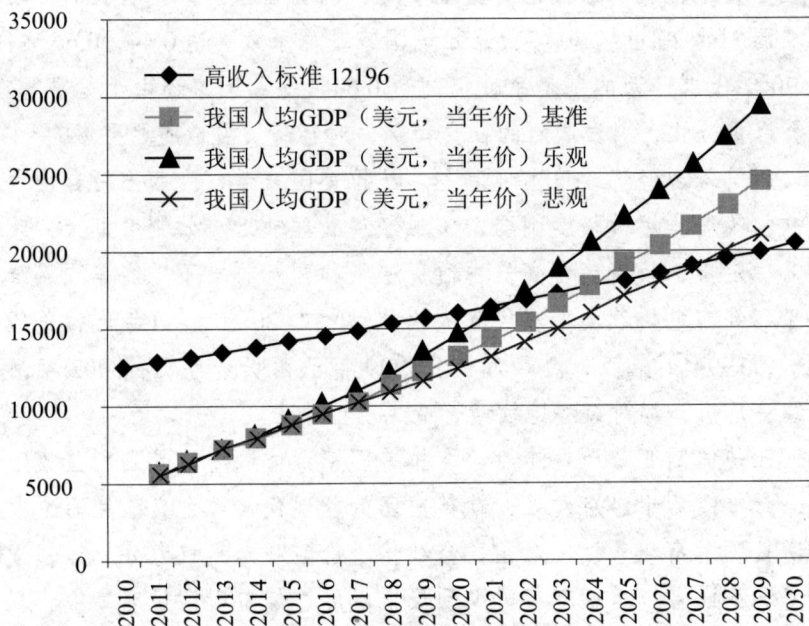

图 1-7　对我国进入高收入阶段时间的预测

资料来源：国家发展和改革委员会经济研究所课题组测算。

（二）全面深化改革的攻坚期[⑥]

十八届三中全会通过的《决定》，将改革的范围从以往的经济体制改革推广到经济、政治、文化、社会、生态等五位一体改革领域，并增加了

[⑥] 本部分主要参考了国家发展改革委宏观经济研究院课题组：《改革红利与发展活力》，人民出版社 2013 年版。

国防军队建设和党的建设等两个新领域（5+1+1），强调要实施更加注重改革系统性、整体性、协同性的全面改革。全面深化改革的总目标是完善和发展中国特色社会主义制度，推进国家治理体系和治理能力现代化。按照总体部署，在改革阶段安排上，到 2020 年，在重要领域和关键环节改革上要取得决定性成果。经济进入新常态，我们面临的改革在广度和深度上都超过了以往历次改革，改革的复杂性、艰巨性前所未有，改革进入攻坚期、深水区。

一是深化改革的难度明显增大。经过 30 多年的改革，容易改的基本上都改了，剩下的大都是难啃的"硬骨头"，有时难免要"伤筋动骨"。各方面普遍受益和广为接受的改革措施越来越难找到，达成改革共识的难度增大。从改革领域看，一些方面的改革取得了突破性进展，但市场化导向的改革还没有彻底完成，市场机制尚未在资源配置中发挥决定性作用，政府作用还存在越位、缺位和错位问题，市场主体活力尚未被充分激发和调动等。财税金融体制改革、收入分配制度改革、国有资产管理制度改革等重要环节与社会主义市场经济体制所要求的目标之间仍然有较大距离。

二是改革进入了"非帕累托改进"阶段。随着改革日益触及经济社会发展的深层次问题，改革不再是"普惠式"，改革很难再带来全面受益。一方面，因难度较大而被搁置的改革，在攻坚期必须予以解决；另一方面，由于经济社会发展条件的变化，在经济快速发展的同时也积累了一些新的矛盾，客观上要求对既有制度进行适应性调整与完善，以应对化解新矛盾，这也需要通过改革来完成。这就决定了现阶段的改革，一部分人的福利或满足程度获得提高的同时，很可能会导致另一部分人的福利或满足程度下降，更多情况下面临的是改革成本与收益的比较，或者是短期成本与长期收益之间的比较与选择，更需要用战略的眼光，从民族复兴和国家富强的高度推进改革。

三是改革受到既有利益格局的牵制。随着我国经济体制深刻改革，社会结构深刻变动，利益格局深刻调整，思想观念深刻变化，改革越来越多地触及深层利益关系，越来越要求对既有利益格局进行重大调整。改革必然会受到既有利益集团的掣肘。以往作为改革组织者、推动者的各部门、区域，自身也成了改革的对象，改革就意味着要触及部门利益或局部利益，而这往往是难度最大的。这就要求我们必须以更大的决心和勇气推进改革。

四是改革面临着跨越"中等收入陷阱"特殊阶段的挑战。从发展阶段上看，过去 30 多年我们推进的改革，实现了从低收入向中等收入的跨越，追赶型经济和后发优势决定了发展势头总体是向上的。而目前我国已经处于由中高收入向高收入迈进的关键时期。从二战后世界经济发展进程看，仅有为数不多的几个国家和地区成功跨越"中等收入陷阱"，大部分国家长期在中等收入阶段徘徊。这就决定了，改革的紧迫性是前所未有的，因为前方的道路并不必然是通向高收入国家的"康庄大道"；同时，改革的任务是非常复杂的。按照"使各方面制度更加成熟更加定型"的要求，各种错综复杂的关系交织在一起，改革面临前所未有的挑战，稍有松懈，我们就可能重蹈一些中等收入国家经济徘徊不前、社会矛盾尖锐的覆辙。

上述情况表明，经济发展新常态下，全面深化改革进入攻坚期。改革如逆水行舟，不进则退。全面深化改革既是广大人民群众的热切期盼，也是决定当代中国命运的关键抉择。必须推进深层次矛盾的攻坚克难，以"敢闯"的锐气和"会闯"的睿智，最大程度地凝聚深化改革的共识，注重改革的统筹谋划，调动各方面的积极性，坚持不懈地推进改革。

（三）社会主义市场经济体制的定型期

社会主义市场经济体制是中国特色社会主义的经济运行基础。近 20 年来，党中央先后提出了初步建立社会主义市场经济体制、完善社会主义市场经济体制和健全社会主义市场经济体制的认识和判断，反映了我国经济社会发展的实际，也体现了发展的要求。1992 年党的十四大明确提出我国经济体制改革的目标是建立社会主义市场经济体制，从所有制结构、分配制度和宏观调控等方面阐述了社会主义市场经济体制。1993 年党的十四届三中全会通过《关于建立社会主义市场经济体制若干问题的决定》，明确规划了建立社会主义市场经济体制的蓝图，提出要使市场在国家宏观调控下对资源配置起基础性作用。2003 年党的十六届三中全会通过《关于完善社会主义市场经济体制若干问题的决定》，指出社会主义市场经济体制初步建立；以此为基础，提出了完善社会主义市场经济体制的目标——更大程度地发挥市场在资源配置中的基础性作用，增强企业活力和竞争力，健全国家宏观调控，完善政府社会管理和公共服务职能。2012年党的十八大报告提出要加快完善社会主义市场经济体制。2013年党的十八届三中全会通过《关于全面深化改革若干重大问题的决定》，创新性地提出使市场在资源配置中起决定性作用和更好发挥政府作用，强调健全社会主义市场经济体制必须遵循市场决定资源配置的市场经济的一般规律，要积极稳妥从广度和深度上推进市场化改革；公有制为主体、多种所有制经济共同发展的基本经济制度是社会主义市场经济体制的根基，科学的宏观调控、有效的政府治理，是发挥社会主义市场经济体制优势的内在要求。

经过20年的发展和完善，社会主义市场经济体制已经形成了比较完整的体制架构，内部各项制度之间已经建立起了比较紧密和有效的联系，对中国特色社会主义建设发挥了重要且稳定的支撑作用。随着我国发展进入新常态，从经济社会发展的客观需要和体制发展的一般规律看，社会主义市场经济体制也进入到定型期，重点任务是按照市场在资源配置中发挥决定性作用和更好发挥政府作用的基本原则，在基本体制框架内通过深化改革进一步提高制度有效性，使经济体制内部各项制度更加成熟更加定型，为全面建成小康社会提供强有力的体制保障，也为下一个百年目标的顺利实现奠定坚实的制度基础。

参考文献

1. [美] 霍利斯·钱纳里、谢尔曼·鲁宾逊、摩西·塞尔奎因：《工业化和经济增长的比较研究》，吴奇、王松宝等译，上海三联书店1995年版。

2. [美] 西蒙·库兹涅茨：《各国的经济增长》，常勋等译，商务印书馆1985年版。

3. 国家发展改革委经济研究所课题组：《面向2020年的我国经济发展战略研究》，国家发展改革委宏观经济研究院2011年重点课题报告。

4. 国家发展改革委宏观经济研究院课题组：《改革红利与发展活力》，人民出版社 2013 年版。

5. 杨伟民：《如何使市场在资源配置中起决定作用》，《宏观经济管理》2014 年第 22 期。

6. 王一鸣：《全面认识中国经济新常态》，《求实》2014 年第 22 期。

7. 宋立：《劳动力与消费者"分离式"城镇化——劳动过剩经济体的全球化现象还是中国特色问题？》，《经济学动态》2014 年第 5 期。

8. 宋立：《新常态的"新"意》，《中国外汇》2015 年第 3 期。

9. 江泽民：《加快改革开放和现代化建设步伐夺取有中国特色社会主义事业的更大胜利》，中国共产党第十四次全国代表大会报告。

10.《关于建立社会主义市场经济体制若干问题的决定》，中国共产党第十四届三中全会。

11.《关于完善社会主义市场经济体制若干问题的决定》，中国共产党第十六届三中全会。

12. 十八大报告文件起草组：《十八大报告辅导读本》，人民出版社 2012 年版。

13.《关于全面深化改革若干重大问题的决定》，中国共产党第十八届三中全会。

14. 冯飞、王晓明、王金照：《对我国工业化发展阶段的判断》，《中国发展观察》2012 年第 8 期。

第二章 新优势、新机遇

机遇从不光顾没有准备的头脑。弱者坐待良机，强者制造时机。

——居里夫人
史上首位两获诺贝尔奖的科学家

我国过去30多年的发展成就，既源自我国劳动力供给充裕、自然资源储备丰富等传统比较优势，也源自把握住了世界和平与发展、全球化等发展机遇。然而，2008年国际金融危机之后，随着我国经济迈入新常态、世界经济进入新阶段，我国既面临传统比较优势弱化的国内不利发展条件，也遭遇旧有发展机遇消逝的国际发展环境，经济社会发展进入新的转折期。古人云"塞翁失马焉知非福"：在传统比较优势弱化、旧有机遇逆转的情况下，我国在国内已逐步具备大批高素质人才、大量新建优良基础设施、丰富的创新资源和新一轮改革红利等新优势，在国外正面临世界版图深刻变化、全球经济格局嬗变、方兴未艾的新产业革命和新一轮全球化等新机遇。在新常态下，利用新优势、把握新机遇，将有力推进我国在复杂多变的全球变革中、激烈的国际竞争中实现中华民族伟大复兴的中国梦。

一、新常态下我国面临的新优势

改革开放30多年以来，我国依靠人口红利、资源红利、全球化红利等比较优势铸就了举世瞩目的增长奇迹，但随着人口老龄化、耕地红线触顶、环境恶化等国内发展条件的变化，原有诸多红利因素已悄然弱化。不过，在旧有发展优势逐渐消失的同时，我国也逐步形成了包括人力资本红利、完善的基础设施、丰富的创新资源、广阔的后发发展空间及新一轮改革红利等新优势。这将为我国在新常态下实现经济社会又好又快发展奠定坚实基础。

专栏 2-1　红利家族

　　随着改革开放政策的纵深推进，我国较为丰富的劳动力资源、土地资源、矿产资源及面临的新一轮全球化机遇等，逐步转变成为有利于我国经济较快发展的显性条件，形成了包括改革红利、人口红利、资源红利、全球化红利等在内的"红利家族"。在整个发展过程中，改革始终引领着人口资源、土地与矿产资源、全球化优势等潜在优势对我国经济发展的推动，是打开我国各种新的"红利之门"的"总开关"和"总钥匙"，使得改革红利成为"红利家族"的"族长"。

　　改革红利又称为制度红利和体制红利，是指制度变迁或制度创新带来的收益。通过改革调整制度或体制，使潜在优势和条件充分发挥，从而极大地提高了全社会生产效率，释放出巨大的正能量，带来巨大的发展收益。改革开放以来，我国就相继确立了家庭联产承包责任制，设立经济特区积极吸引外资，开展国有企业改革，启动财税、金融、投资、外贸等领域改革。这些改革措施破除了各时期阻碍我国经济发展的若干体制机制，从而解放了市场活力，激发了市场潜力，提高了经济运行效率，促进了我国经济较快发展。

　　人口红利是指一个国家在一定阶段因劳动年龄人口占总人口比重较大、抚养率比较低、储蓄率和投资率提高，从而形成的有利于经济发展的人口条件。改革开放以来，我国低抚养率的人口结构，保证了源源不断的劳动力供给，使得我国较长时期都保持了低劳动力成本的比较优势，保障了我国经济较快发展。

　　资源红利是指土地资源、矿产资源等资源禀赋比较丰富，形成了低资源成本的优势，从而为经济发展创造了有利的资源条件。改革开放以来，随着工业化、城镇化加快推进，我国丰富而价格相对低廉的矿产、土地等资源的资源优势得到有效利用，推动了我国经济快速发展。

全球化红利是指通过走开放经济发展道路，尤其是实施以出口导向为特征的对外开放政策，放松了市场对一国经济发展的硬性约束，从而促进了经济发展。改革开放以来，我国坚定不移地走开放经济道路，特别是 2000 年以来，抓住了加入 WTO 的历史性机遇，积极参与国际产品内分工、大力吸收对外直接投资和发展加工贸易，放松了市场对我国经济发展的硬性约束，使得我国成为全球化的受益者。

资料来源：厉以宁：《加快改革会产生新的人口红利、资源红利和改革红利》，财经网 2012 年 11 月 18 日；国家发展改革委宏观经济研究院课题组：《改革红利与发展活力》，人民出版社，2013 年；常修泽：《中国"红利家族"剖析》，《人民论坛》，2013 年 3 月 6 日。

（一）不断积累的人力资本创造经济增长新动力

人力资本概念最早由美国经济学家舒尔茨提出，指凝聚在劳动者身上的知识、技能及其表现出来的能力提高。作为经济增长的重要源泉之一，人力资本是推动经济增长的重要引擎，是经济持续、快速、健康发展的不竭动力，成为决定各国综合竞争力、人民福利水平的关键因素。注重人力资本积累的国家和地区不仅能取得更好的经济增长表现，而且也有助于发展中国家跨越"中等收入陷阱"进入高收入阶段。国际发展经验表明，重视人力资本积累的国家，在 20 世纪 60—70 年代的实际人均国民生产总值平均增长率达到 4.7%，而实施物质资本积累战略的国家则仅取得 3.9% 的年均增长率，进入 20 世纪 80 年代后，二者的差距还进一步扩大。重视人力资本积累的"亚洲四小龙"及日本成为世界经济发展史上率先走出"中等收入陷阱"的国家，而委内瑞拉、智利、秘鲁等不太重视人力资本积累的拉美国家则成为陷入"中等收入陷阱"的案例。

当前我国已跨入中等收入阶段，并逐渐从劳动力数量和人力资本"双增长"旧阶段进入劳动力数量减少而人力资本仍保持增长新阶段，旧有劳动力数量优势逐渐消失而新的人力资本优势逐步凸显，将为我国未来经济增长创造新动力。截至 2013 年年末，我国 16 周岁以上 60 周岁以下（不含 60 周岁）的劳动年龄人口 93481 万人，比 2012 年年末减少了 244 万人；

60 周岁及以上人口 20274 万人，占总人口的 14.9%，其中 65 周岁及以上人口占总人口的 9.7%。据世界银行预测，从 2015 年到 2020 年，我国劳动力数量还将会"较温和"地下降，从 8.537 亿跌到 8.489 亿。人口结构的变化意味着我国原有劳动力"无限供给"的情形会发生变化，劳动力数量必然出现持续下降，过去很长一段时间我国参与国际竞争的劳动力成本优势将逐步消失。不过，伴随人口红利的递减，我国劳动力素质在不断改善、人力资本加速积累，人力资本红利在逐渐形成。2013 年我国每 10 万人口高等学校在校学生人数达到 2418 人，是本世纪初的 3.3 倍。2013 年度普通本专科毕业生达到 638.7 万人，则是本世纪初的近 5.7 倍，研究生毕业人数达到 51.4 万人，更是本世纪初的 7.7 倍。人力资本加速积累将促使我国经济增长效率大幅提升，有助于我国彻底摆脱旧有发展模式对经济增长的束缚，最终告别追赶型增长过程中的数量扩张型高增长阶段，迈向质量提升型的中高速增长阶段。

（二）日臻完善的基础设施奠定经济较快发展坚实基础

基础设施尤其是一些经济性基础设施具有规模效应和网络效应，其不仅可以通过提高产出效率促进经济增长，还可以通过引导发达地区对落后地区经济增长的溢出效应来促进经济增长，有利于保障一国经济又好又快发展。世界银行 1994 年发布的《世界发展报告：为发展提供基础设施》开篇即指出"基础设施完备与否有助于决定一国的成功和另一国的失败，无论是在使生产多元化，扩大贸易、解决人口增长问题方面，还是在减轻贫困及改善环境条件方面，都是如此"，"基础设施能力与经济产出同步增长——基础设施存量增长 1%，GDP 就会增长 1%"。从全球来看，进入高收入阶段的英国、法国、德国、美国等国家都具有良好的基础设施。美国公路密度达到每 100 平方公里 67 公里，铁路密度达到每 100 平方公里 2.3 公里，而英、法、德三国的公路和铁路密度比美国还要高，公路密度大约是美国的 3 倍，铁路密度则是美国的 2 倍以上。对于后发国家而言，良好的基础设施也是个福音，有助于其跨越"中等收入陷阱"步入高收入阶段。二战后走出"中等收入陷阱"的日本、韩国等国家的基础设施均不亚于英美法德等早期高收入国家，而陷入"中等收入陷阱"的阿根廷、墨西哥、马来西亚等国家的基础设施存量则很低。日本的公路密度达到英、法、德等国的 2 倍左右，铁路密度基本与英、法相当；韩国每 100 平方公里的公路和铁路密度分别为 105 公里和 3.4 公里，均比美国高出 50% 左右；而马来西亚每 100 平方公里的公路和铁路密度分别仅为 30 公里和 0.5 公里，阿根廷、墨西哥等国家公路密度与铁路密度也与其差不多。

我国基础设施建设不断突破"瓶颈"，成为世界上少数实现基础设施跨越式发展的成功国家，这不仅为我国过去高速经济增长创造了基本条件，也将为我国未来经济跨越式发展奠定坚实基础。改革开放以来，尤其是为应对 1998 年亚洲金融危机而实施第一次扩大内需政策以来，我国先后实施了西部大开发、东北老工业基地振兴、中部地区崛起等地区协调发展战略，2008 年为应对国际金融危机又实施了第二次扩大内需政策，加强基础设施建设均是各次宏观政策的主要内容。由此带动了我国各项基础设施的跨越式发展。1978 年至 2013 年，我国铁路里程从 5.17 万公里增长到 10.31 万公里，公路里程从 89 万公里增长到 435.6 万公里，高铁通车里程达到 1.1 万公里，高速公路里程达到 10.4 万公里，内河航道达到 12.6 万公里，沿海主要规模以上港口吞吐量达到 728098 万吨。当前我国各项基础设施存量均位居世界前列。基础设施跨越式发展将原来限制我国经济增长的"瓶颈"转化为促进经济增长的"加速器"。良好的基础设施亦相应地成为实现我国经济增长奇迹的重要因素之一，并为我国未来经济较快发展奠定坚实基础。

（三）日益充裕的创新资源促生新的全要素生产率

技术创新是经济增长的重要源泉，而创新资源的积累与有效配置则是加快技术创新的主要途径。创新资源是指以知识为核心，包括创新人才、新技术和新思想等在内的一系列综合性科技资源的总称。国际发展经验表明，随着知识经济时代的到来，决定一国经济增长和社会发展的关键要素已不再是劳动力、土地等自然资源，而是以人才、技术等为核心的创新资源。创新资源已然成为经济社会发展的中坚力量和主导时代走向的战略资源。经济合作与发展组织（OECD）在 1996 年发布的报告《以知识为基础的经济》中就曾指出，发达国家经济增长比过去更加依赖于知识的生产、传播和利用，以知识为基础的经济已占到其 GDP 的 50% 以上，高技术产品在制造业中的比重达到 20%—25%，而且随着教育、通讯、信息等知识密集型产业部门相对其他产业更快增长，以知识为基础的经济部门所占比重还将进一步提升。

改革开放以来，尤其是 1995 年党中央制定并实施科教兴国战略以来，通过引进吸收与加强自主创新，我国创新资源加速积累、创新效率不断提高、科技对经济增长的贡献稳步上升。1995 年至 2013 年，我国 R&D 人员全时当量从 75.2 万人年增长到 353.3 万人年，R&D 经费支出从 349 亿元增长到 11846.6 亿元，占国内生产总值比重从 0.57% 上升到 2.08%。研发投入的较快增长推动了我国创新资源加速成长。1995 年至 2013 年，我国国内外三种专利申请受理数从 83045 件增加到 2377061 件，授权数从 45064 件上升到 1313000 件，年末有效专利数达到 3508561 件，高技术产业出口交货值达到 6603 亿美元，技术市场成交额达到 7469 亿元。另外，根据基本科学指标数据库（ESI）的统计，2001—2011 年间，我国论文发表数量仅次于美国位居世界第 2 位，论文引用次数则仅次于美国、德国、英国、日本、法国、加拿大等 6 个发达国家位居世界第 7 位。与此同时，科技进步对我国经济增长速度的贡献率则不断上升，已从 1998 年至 2003 年间的 39.7% 上升到 2007 年至 2012 年的 52.2%。十八届三中全会后，随着新一轮全方位改革的启动，技术创新的持续突破及其与制度创新相结合，还将成为继劳动力再配置和技术引进效应之后推动我国全要素生产率提高的重要因素，并将进一步有力地推动我国实现从资本、劳动、土地等要素投入型增长方式向技术创新主导的效率增进型增长方式转变、从数量扩张型增长方式向质量提升型增长方式转型。

（四）新时期区域协调发展催生新的经济增长极和增长带

随着世界经济继续调整和我国区域协调发展战略实施，我国区域发展将从过去的部分人和部分地区先富起来的"非均衡发展"转向所有人和所有地区共同富裕的"均衡协调发展"，广阔的后发地区将成为我国未来经济发展最大的回旋余地。一方面，随着我国"刘易斯拐点"的到来、人口红利的消失、耕地红线触顶、环境恶化等要素条件变化，东部地区劳动力、土地等要素成本上升推动了相关产业向要素成本优势仍较为明显的中西部地区转移。这为中西部地区充分发挥后发优势提供了难得的发展机遇，进而也为我国加快区域平衡发展提供了宝贵的契机。另一方面，后危机时代，主要发达国家重新调整经济发展战略，转变负债消费型发展方式，压缩进口，并同时采取技术壁垒、绿色壁垒等层出不穷的新贸易壁垒，挤压了包括我国在内的新兴经济体的出口增长，我国外部需求逐渐走弱而内部需求尤其是消费需求相对走强，将导致产业发展集聚从传统的沿海和临港型发展布局，转向人口中心、内陆地区等内需空间较大的地区聚集。尤其是，在新的发展阶段，我国启动了"一带一路"、京津冀协同发展和长江经济带等三大区域发展战略，将补充曾经推动我国相关区域加快发展的西部大开发、振兴东北老工业基地、中部崛起、东部率先发展等区域发展战略，而成为新时期带动中西部有条件地区、环渤海地区、长江沿线地区等广阔区域经济发展进入快车道，必将造就一批具有一定辐射力和带动力的新增长极和增长带，同时这也将为我国"稳增长、调结构、促改革"的国策赢得时间和空间。

专栏 2-2　"一带一路"、京津冀协同发展和长江经济带

2014 年 12 月召开的中央经济工作会议指出，要进一步优化经济发展空间格局，完善区域政策，促进各地区协调发展、协同发展、共同发展，重点实施"一带一路"、京津冀协同发展和长江经济带三大战略。自此，"一带一路"、京津冀协同发展和长江经济带等三大战略成为本届政府实施区域发展的主要施政国策。

"一带一路" "一带一路"指的是构建跨亚欧的"丝绸之路经济带"和"21 世纪海上丝绸之路"，由国家主席习近平分别于 2013 年 9 月 7 日在哈萨克斯坦纳扎尔巴耶夫大学发表演讲和 2013 年 10 月 3 日在印尼国会发表演讲时提出。"丝绸之路经济带"和"21 世纪海上丝绸之路"均借用了我国古代"丝绸之路"的历史符号，体现了我国继承古丝绸之路开放传统、吸纳东亚国家开放的区域主义，秉持和平、

交流、理解、包容、合作、共赢的精神。作为我国合作发展的理念和倡议，"一带一路"依靠我国与有关国家既有双多边机制及行之有效的区域合作平台，高举和平发展旗帜，主动地发展与沿线国家经济合作伙伴关系，共同打造政治互信、经济融合、文化包容的利益共同体、命运共同体和责任共同体。这一战略构想契合了沿线国家的共同需求，为沿线国家优势互补、开放发展开启了新的机遇之窗，是我国参与国际合作的新平台，对我国现代化建设和屹立于世界的领导地位具有深远的战略意义。

京津冀协同发展 国家主席习近平2014年2月26日在北京主持召开座谈会，专题听取京津冀协同发展工作汇报，强调实现京津冀协同发展，是面向未来打造新的首都经济圈、推进区域发展体制机制创新的需要，是探索完善城市群布局和形态、为优化开发区域发展提供示范和样板的需要，是探索生态文明建设有效路径、促进人口经济资源环境相协调的需要，是实现京津冀优势互补、促进环渤海经济区发展、带动北方腹地发展的需要，是一个重大国家战略，要坚持优势互补、互利共赢、扎实推进，加快走出一条科学持续的协同发展路子来。习近平主席强调京津冀协同发展意义重大，要将京津冀协同发展上升到国家战略层面。

长江经济带 继长江经济带首次写入2014年全国"两会"政府工作报告后，国务院于2014年9月25日发布了《关于依托黄金水道推动长江经济带发展的指导意见》和《长江经济带综合立体交通走廊规划（2014—2020年）》，正式提出将依托黄金水道推动长江经济带发展，打造中国经济新支撑带，这标志着长江经济带正式上升为国家战略，成为与"一带一路"和京津冀协同发展并行的三大区域发展战略之一。长江经济带涉及上海、重庆、江苏、湖北、浙江、四川、湖南、江西、安徽、贵州、云南9个省2个直辖市，覆盖了全国205万平方公里及超过40%的人口和生产总值。实施长江经济带发展战略将有效拉动沿线经济，对我国稳增长和调结构都具有战略意义。

资料来源：课题组根据公开资料整理。

（五）全面深化改革释放新一轮制度红利

实践证明，改革与开放是我国长期持续快速发展的两大动力。通过制度改革与对外开放，我国社会主义市场经济体制不断完善、市场体系对外开放程度不断提高，从而解放了市场活力、激发了市场潜力、提高了经济运行效率、扩大了市场空间，保障了我国经济又好又快发展。我国过去30多年的发展经验表明，三个阶段三次重大改革浪潮分别带来了20世纪80年代、90年代和新世纪三次中周期发展繁荣。改革创造繁荣已深深地嵌在了我国经济运行的逻辑里。党的十八届三中全会通过的《中共中央关于全面深化改革若干重大问题的决定》将改革的范围从以往的经济体制改革推广到政治、经济、文化、社会、生态等五位一体改革领域及国防军队建设和党的建设等两个新领域，而且还从原来的单一改革推广到更加注重改革的系统性、整体性、协同性。全面深化改革必将释放新一轮改革红利。不过，考虑到现阶段我国无论外部发展环境还是内部发展条件均已大不如前，尤其是随着改革的边际成本上升，本轮改革红利将可能不会像以往那样成比例释放而是会稍有"缩水"。

专栏 2-3　改革周期与高增长周期

改革开放提高了资源配置效率，拓展了资源配置空间，提升了经济增长动力。我国过去30多年的发展经验表明，我国经济增速三次大上升与我国三次大的改革周期紧密联系，甚至可以说改革周期带来经济繁荣周期。

第一轮改革红利　20世纪70年代末期，我国国民经济陷入了"崩溃边缘"。以邓小平同志为核心的党中央力挽狂澜，开展了解放思想的"真理标准"大讨论，启动了对后世影响深远的改革开放伟大国策。自此，从80年代初期开始，我国逐步在农村实行家庭联产承包责任制，在沿海设立经济特区，积极吸引外资等。本轮"危机式改革"带动了我国经济在20世纪80年代的强劲上升，推动了我国经济进入

改革后的第一轮繁荣期。

图 2-1 1978—2013 年我国改革红利释放与经济增长上升

数据来源：《中国统计年鉴 2014》

第二轮改革红利 20 世纪 90 年代，针对当时"姓资姓社"的争论，邓小平同志在 1992 年的南方讲话中明确指出社会主义也能搞市场经济，再一次解放了人们的思想，将改革开放事业推向了新一轮高潮。党的十四大确立了建立社会主义市场经济改革目标，党的十四届三中全会明确了社会主义市场经济体制基本框架，随后还相继推出了财税、金融、投资和外贸等领域的改革。这一轮"顶层设计式改革"推动了我国经济进入第二轮繁荣期。

第三轮改革红利 1997 年亚洲金融危机爆发之后，我国经济增速出现大幅下滑。面对国内对加入世贸组织（WTO）利弊得失的长期争论，党中央果断决策，加快入世谈判进程，大幅调整国内既有法律法规和行政性规定。自 2001 年 12 月 11 日我国成功加入世贸组织之后，我国经济逐步全面对外开放。本轮"倒逼式改革"推动了我国经济步入新一轮的繁荣期。

资料来源：国家发展改革委宏观经济研究院课题组：《改革红利与发展活力》，人民出版社，2013 年。

二、新常态下我国面临的新机遇

世界著名未来学家约翰·奈斯比特认为，随着以中国为代表的新兴市场国家的兴起，全球格局将经历 20 世纪"冷战"结束后的最显著的一次"大变革"。2008 年以来，全球经济政治格局已呈现出显著变化，而伴随新产业革命和新一轮全球化的孕育，各国迎来了经济发展新机遇。如何把握全球发展环境变化带来的新契机，是新常态下我国经济社会发展需要考量的重要层面。

（一）世界政治版图发生深刻变化

20 世纪 90 年代初"冷战"结束后，美苏"两个超级大国"、社资"两大阵营"的格局出现裂变，取而代之的是美国主动引导、欧洲与日韩发达国家积极跟随、新兴市场国家和发展中国家被动接受的世界政治格局，这样的全球政治版图主导了 20 世纪最后一个十年和本世纪第一个十年。然而，近年来，随着新兴市场国家的异军突起和中国的强势崛起，各国"政治角力"杠杆开始异动，全球政治版图出现显著变化，对新常态下我国经济社会发展提供了诸多机遇，主要表现在以下几个方面：

一是全球政治多极化⑦趋势进一步深化，有利于我国结交更多互利共赢的战略互信伙伴。20 世纪 90 年代，东欧剧变、苏联解体，旧的两极格局被打破。在那之后，全球政治版图呈现美国"一支独大"的局面。但是，一直以来，美国加快推行单边主义扩张战略，引起世界各国的不满，全球政治多极化的诉求从未停歇。2008 年金融危机以后，各国经济发展逐步分化，大国关系经历重大而深刻的调整，世界各种力量正在出现新的分化、组合。首先，美欧"跨大西洋"关系出现微调，欧洲开始改变跟从于美国领导的国际政治策略，已经开始提出战略倡议，并在加快与亚太地区"合纵"的基础上，改变欧美双边战略关系，寻求更多制衡杠杆。同

---

⑦ 全球政治多极化是指国际关系格局由一、两个超级大国为中心向两个以上的实力相当国家或国家集团组成力量中心转化的趋势。20 世纪 90 年代初，由于苏联的解体，东欧形势的剧变，美、苏两个超级大国垄断国际政治的局面被打破，标志世界格局正向多极化发展。

时，新兴市场国家和发展中国家开始形成全球政治新势力，开始成为继欧美国家之后全球政治舞台上的新角色。全球政治多极化的趋势加深，有利于打破过去全球政治版图的板结"模块"，给我国致力于同世界各国发展友好合作，实施互利共赢的开放战略提供了新机遇。

二是新型大国关系加快构建，有利于提升我国在全球的话语权。中美两国是当今世界上最重要的两个国家。两国经济总量占世界 1/3、人口占世界 1/4、贸易总量占世界 1/5。近年来中美两国关系的发展取得许多进展和突破：中美高层会晤往来持续不断，各层次对话交流不断加强，在应对气候变化、新能源开发等方面的合作进一步推进。双方经贸关系持续稳步发展，双边投资保护协定谈判进入实质性阶段。中美之间建立的新型大国关系凝聚了如下基本共识：21 世纪的中美关系必须避免大国对抗和零和博弈的历史覆辙，切实走出一条新路——"不冲突不对抗、相互尊重和合作共赢"，以相互尊重、互利共赢的合作伙伴关系为核心特征，打破"崛起国与守成国必然冲突"的历史魔咒、以"新答案"解决"老问题"。尤其值得一提的是，作为中美关系薄弱环节的军事关系也得到了显著改善：两国防长和总参谋长实现互访；2013 年和 2014 年中美两军多次举行联演联训，促进了双方的理解与信任。新型大国关系以相互尊重、互利共赢的合作伙伴关系为核心特征，是崛起国和既成大国之间处理冲突和矛盾的新方式，有利于中美两个大国合作引导全球政治走向，更有利于我国不断提升在全球政治领域的话语权。

三是欧亚一体化进程开始启动，有利于我国加快实施新时代对外经济战略。近年来，欧洲加快其"太平洋"政治关系的构建，加大了与亚太国家特别是亚洲大陆国家的交流，企图促成美国、欧盟与东亚之间稳定的三角平衡关系。与此同时，西方国家和俄罗斯的对抗迫使俄罗斯加快与中国、韩国等亚洲国家的交往。为此，俄罗斯加快了与中亚国家及东亚国家的经济合作，韩国提出了亚欧倡议，亚欧一体化的步伐正在加快。亚欧峰会等平台机制将助推亚欧在基础设施、能源、金融、创新、贸易等方面全方位的"大通道"互联互通建设，亚欧一体化的前景十分广阔，2013 年，中欧共同制定了《中欧合作 2020 战略规划》，涉及 100 多个领域的合作。亚欧一体化进程开启，通过倡导亚欧基础设施的互联互通——使亚欧基础设施朝着更加连通、更加兼容、更加智能、更加高端、更加便利的方向发展，打造综合枢纽，促进亚欧交通"大联通"和经济"大融合"，为我国实施"一带一路"⑧战略提供了重要机遇。

（二）全球经济格局发生显著嬗变

金融危机后，全球经济格局发生嬗变，为以中国为代表的发展中国家提升资源配置能力和经济控制力提供了机遇。主要表现在以下两方面：

一是新兴市场⑨国家"群体式"崛起，有利于我国提升在全球经济格局地位。新兴经济体崛起成为过去10多年全球经济格局变动中的典型事实，2001年至2008年，有106个新兴经济体和发展中国家平均增速高于世界平均水平1个百分点，有73个新兴经济体和发展中国家平均增速高于世界平均水平2个百分点，有47个新兴经济体和发展中国家平均增速高于世界平均水平3个百分点。新兴经济体群体性的崛起特别是以中国为代表的新兴大国的崛起，使得新兴经济体之间相互带动作用不断提升。先发国家和后发国家之间，大国和小国之间，制造业出口国和初级产品出口国之间，形成了相互贸易和投资的良性循环，使得新兴经济体的增长可以不断持续下去。新兴市场国家"群体式"崛起，在一定程度上改变了过去在西方的主导下更多主张"华盛顿共识"的全球潮流，即强调经济自由化、市场化、贸易、投资和金融全球化，而使得全球经济治理在内容上更多地反映新兴市场国家的诉求，这些都有利于我国加快利用在新兴市场国家和发展中国家中的影响力，提升在全球经济格局中的地位。

二是部分发展中国家开启全球化进程，有利于我国加快提高开放型经济水平。美国《外交》杂志前总编辑法里德·扎卡里亚认为，20年来，西方之外的国家的工业化以过去不可想象的速度发展，这意味着世界其他地区的崛起，这些地区不仅包涵着充满经济活力的亚洲及发展中大国的崛起，而且包涵着其他地区及其他发展中国家也正在发生的"悄然的巨变"。

---

⑧ "一带一路"是指构建跨亚欧的"丝绸之路经济带"和"21世纪海上丝绸之路"。

⑨ 在"金砖四国"之后，经济学家又提出了"金钻11国"的说法，涵盖了除"金砖四国"之外其他主要发展迅速的新型经济体，包括墨西哥、印度尼西亚、尼日利亚、韩国、越南、土耳其、菲律宾、埃及、巴基斯坦、伊朗和孟加拉，这些国家被认为涵盖在现有新兴市场国家行列。

2013 年，国际货币基金组织在报告《新前沿：崛起中的经济体》中指出，玻利维亚、加纳、洪都拉斯、蒙古、尼日利亚、塞内加尔、坦桑尼亚、越南和赞比亚等"前沿经济体"已经迈入中等偏低收入国家的行列，这些国家一直在加快融入全球化和深化其金融市场，它们已经能利用国际资本市场，相比新兴市场国家更能够提供更高的回报率亦是投资多元化的好去处，其将成为未来全球经济发展的重要引擎，也是未来经济全球化的新亮点。开拓新兴经济体市场和发展中国家市场，以资本输出带动商品和劳务输出，部分发展中国家开启全球化进程，将为我国加快资本输出和在更高水平上进一步扩大出口提供机会，有利于我国全面提高开放型经济水平。

三是货币体系改革加快，有利于全面推进人民币国际化。现有的全球货币体系是建立在布雷顿森林体系框架之上，是西方主导、大国协调与多边协调并存的局面。但 2008 年国际金融危机给现有全球货币体系提出了挑战，且随着新兴经济体地位的不断上升，特别是国际金融危机爆发后发达国家与新兴经济体之间的力量对比发生变化，全球货币体系亟需加快调整和完善。全球货币体系改革的主要方向之一就是国际货币多元化，除了传统的美元、欧元等主要发达国家经济体的货币外，以人民币为代表的若干主要新兴市场国家的货币也应被越来越多的国际交易使用，成为国际货币体系中的重要组成部分。截至 2014 年 12 月，全球有 2.17% 的支付以人民币结算，其比例首次超过加元和澳元，位居全球第五大支付货币。人民币的下一步发展目标是成为区域锚货币，而即将运行的亚洲基础设施投资银行预计将推动直接投资输出人民币以优化人民币的跨境循环模式。人民币作为国际储备货币的吸引力也在逐步上升，包括英国和澳大利亚央行在内的全球 50 多家央行已将人民币纳入外汇储备。人民币如能进入国际货币基金组织的特别提款权体系，被纳入这一全球性金融公共产品的官方储备货币篮子，那么人民币作为国际储备货币的地位将得到切实巩固。

（三）新产业革命方兴未艾

历史经验表明，在经济危机的暴风骤雨之后，往往会出现新一轮技术革命，并由此导致产业模式的变革。国际金融危机爆发以来，全球技术创新渐趋活跃，新产业、新技术、新业态、新模式层出不穷。具体而言，技术革命及其导致的产业变革可能体现在以下几个层面：

一是新能源技术和能源输送技术取得突破，能源产业革命方兴未艾。现代社会将实现由主要依赖化石能源向依靠可再生能源与清洁能源的逐步转变，能源输送效率、稳定性、安全性和智能化技术将全面提升，多种能源将实现互补与系统融合，信息技术与新能源相结合将产生能源互联网等新型工业模式。

二是新一代信息技术取得突破，传统产业链和商业模式面临变革。新型信息功能材料、器件和工艺不断创新，智能传感器、大数据存储将取得突破，云计算、物联网、工业互联网等技术的兴起促使信息技术渗透方式、处理方法和应用模式发生变革，促进人机物融合，消费者将在更大程度上参与设计和制造过程，甚至成为生产过程的一个重要环节。

三是农业生命科学加快发展，农业生物化趋势逐步显现。高产稳产、高效安全、优质生产始终是农业科技创新的主题，生命科学重大理论创新成果推动农业基础科学快速发展，农业生物组学和动植物分子设计育种已成为农业科技的前沿和热点。

四是人口健康领域孕育重大理论突破，基因产业成为"大健康"产业的重要组成部分。人类基因组及其在生命过程中的功能调控，特别是细胞命运调控机制等基本问题面临重大理论突破，传统医学模式正在发生深刻变化，健康医学将迎来全新发展机遇。

五是材料与数字制造领域技术突飞猛进，绿色和智能制造将替代传统制造业。材料设计与性能预测科技发展迅速，环境协调和低成本合成制备技术受到重视，材料制造的工艺、流程以及结构与性能关系的研发面临新突破，材料更加绿色、高效、可循环利用，3D打印技术、人机共融的智能制造模式成为新的热点。

六是生态与环境领域技术逐步成熟，全球监测与研究产业正在兴起。全球范围的生态环境监测体系与系统模拟正在形成，全球生态与环境研究正逐步向可测量、可报告、可评价和可动态模拟的方向发展。

七是空间与海洋技术加快完善，空间与海洋产业成为新的增长点。空间探测向更深更遥远的宇宙迈进，持续探索宇宙起源、演化、暗物质暗能量的本质；国际空间站主体建造完成，将不断产生新的科学认知和效益；

围绕国家安全与海洋权益、资源可持续利用和深海探索三大方向，建立基于生态系统的近海管理体系和走向深海大洋，海洋新技术突破正催生新型蓝色经济的兴起与发展。

全球科技革命导致的产业变革，有利于我国利用现有的人力资本和基础科研优势，加快产业转型和培育新兴产业，如把握机遇就有可能在某种程度上实现对发达国家的技术赶超。

专栏 2-4　未来五到十年可能突破和产业化的颠覆性技术

根据麦肯锡《决定未来经济的 12 大颠覆技术》报告，以下 12 项技术及其运用将颠覆现有人类的生产与生活模式，是未来 5—10 年产业革命的重要技术方向。

移动互联网　主要技术包括无线技术，小型、低成本计算及存储设备，先进显示技术，自然人机接口，先进、廉价的电池。关键应用包括服务交付，员工生产力提升，移动互联网设备使用带来的额外消费者盈余。

知识工作自动化　主要技术包括人工智能、机器学习，自然人机接口，大数据。关键应用包括教育行业的智能学习，医疗保健的诊断与药物发现，法律领域的合同 / 专利查找发现，金融领域的投资与会计。

物联网　主要技术包括先进、低价的传感器，无线及近场通讯设备，先进显示技术，自然人机接口，先进、廉价的电池。关键应用包括流程优化（尤其在制造业与物流业），自然资源的有效利用（智能水表、智能电表），远程医疗服务、传感器增强型商业模式。

云技术　主要技术包括云管理软件（如虚拟化、计量装置），数据中心硬件，高速网络，软件 / 平台即服务（SaaS、PaaS）。关键应用包括基于云的互联网应用及服务交付，企业 IT 生产力。

先进机器人　主要技术包括无线技术，人工智能 / 计算机视觉，先进机器人机敏性、传感器，分布式机器人，机器人式外骨骼。关键应用包括产业/制造机器人，服务性机器人—食物准备、清洁、维护，机器人调查，人类机能增进，个人及家庭机器人—清洁、草坪护理。

自动汽车 主要技术包括人工智能，计算机视觉，先进传感器，如雷达、激光雷达、GPS，机器对机器的通信。关键应用包括自动汽车及货车等。

下一代基因组 主要技术包括先进DNA序列技术，DNA综合技术，大数据及先进分析。关键应用包括疾病治疗，农业，高价值物质的生产。

储能技术 主要技术包括电池技术—锂电，燃料电池，机械技术—液压泵，燃气增压，先进材料，纳米材料。关键应用包括电动车，混合动力车，分布式能源，公用规模级蓄电。

3D打印 主要技术包括选择性激光烧结，熔融沉积造型，立体平版印刷，直接金属激光烧结。关键应用包括消费者使用的3D打印机，直接产品制造，工具及模具制造，组织器官的生物打印。

先进材料 主要技术包括石墨烯，碳纳米管，纳米颗粒（如纳米级的金或银），其他先进或智能材料（如压电材料、记忆金属、自愈材料）。关键应用包括纳米电子，显示器，纳米医学，传感器，催化剂，先进复合物，储能、太阳能电池，增强化学物和催化剂。

先进油气勘探开采 主要技术包括水平钻探，水力压裂法，微观监测。关键应用包括燃料提取能源（包括页岩气、不透光油、燃煤甲烷），煤层气，甲烷水汽包合物（可燃冰）。

可再生能源—太阳能与风能 主要技术包括光伏电池，风力涡轮机，聚光太阳能发电，水力发电、海浪能。关键应用包括发电，降低碳排放，分布式发电。

（四）新一轮全球化正在孕育

2008年国际金融危机后，世界经济进入大调整大重组大变革的时期，经济全球化出现新特征，经济总量、产业发展、能源供给等格局深刻调整，由此导致围绕国际贸易金融规则主导权展开的争夺更加激烈，全球治理结构发生重大变化。以 WTO 规则为核心的上一轮全球化正在消退，而以新规则和新模式为核心的新一轮全球化正在酝酿，为我国加快对外开放提供了重大机遇。

一是服务和资本全球化壁垒开始削减，为我国大力发展服务贸易和资本"走出去"提供机遇。在服务贸易方面，TPP、TTIP 和 TISA⑩ 着力于打开过去自贸协定往往不会列入开放的部门，如金融、娱乐、医疗、会计等高端服务行业，提高这些行业的市场准入，并设置条款以消除跨境服务贸易壁垒，提高各成员国服务贸易政策的透明度。同时，TPP 更新增了包括金融服务、电子商务等服务业专门条款。在投资方面，TPP 强调母国企业要在东道国之间建立一个共同的监管条款，避免东道国滥用本国法律给投资者要制造壁垒。服务贸易和投资正超越实物贸易日益成为核心，我国如能把握时机、积极应对、利用各种平台对服务贸易与资本国际流动的便利，就能加快转变对外贸易方式和"走出去"步伐，在新的全球化模式缔造中争取有利的契机。

二是新的贸易金融规则谈判尚在进行，为我国积极塑造负责任和建设性的经济大国提供机遇。TPP、TTIP 和 TISA 各协议均在电信、金融等关键领域和电子商务等新兴领域主张全方位自由化，领域之广泛前所未有。新贸易投资规则的标准比 WTO 与 APEC 现行规则更高，其中很多要求都超出了发展中国家的发展水平。如 TPP 成员国须在 10 年内实现百分之百零关税，并在知识产权保护部分，加入了加强互联网知识产权保护、延长

---

⑩ 跨太平洋伙伴关系协议（Trans-Pacific Partnership Agreement, TPP），前身是跨太平洋战略经济伙伴关系协定（Trans-Pacific Strategic Economic Partnership Agreement），是由亚太经济合作会议成员国中的新西兰、新加坡、智利和文莱四国发起，从 2002 年开始酝酿的一组多边关系的自由贸易协定，原名亚太自由贸易区，旨在促进亚太地区的贸易自由化。跨大西洋贸易与投资伙伴关系协议（Transatlantic Trade and Investment Partnership, TTIP）由美国提出，主要由欧盟国家与美国参加，这个协定如果达成，将成为史上最大的自由贸易协定：美欧关税降至零、覆盖世界贸易量的 1/3、全球 GDP 的 1/2；很大程度上，TTIP 将改变世界贸易规则、产业行业标准，挑战新兴国家，尤其是金砖国家间的准贸易联盟。国际服务贸易协定（Trade in Service Agreement, TISA）简称服务贸易协定，是由少数 WTO 会员国组成的次级团体 WTO 服务业真正之友集团（Real Good Friends of Services, RGF）展开的，致力于推动服务贸易自由化的贸易协定。

著作权的保护时间、规范临时性的侵权行为等高要求条款。在互联网自由与执行上，涵盖进了数据的跨境流动，这关涉国家安全和公民隐私等敏感问题。这些都是前沿性的问题，有争议是难免的，但也为我国提高谈判技巧和能力，积极介入世界新规则的制定、维护国家利益和塑造国家形象提供了难得的机会。

三是新一轮全球化规则仍未成型，为我国及时调整完善国内经济体制并与国际接轨提供机遇。随着信息化和电子商务得到广泛应用，贸易操作的形式发生变化，国际贸易环境随之改变，谈判中产生了许多新的交叉议题，如监管一致、国有企业、电子商务、中小企业等。这些议题使得谈判重点从边境贸易壁垒议题深入国境内部，构建边界后规则。边界后规则试图在关乎成员国国内经济制度建设方面建章立制，包括竞争中性、贸易便利化、数据自由流动、非歧视政策、知识产权保护、信息技术发展、政府透明度等。这些新一轮全球化规则的变化都为我国的改革开放指明了方向，如果我国能化国际规则压力为国内改革动力、变外部环境挑战为完善国内规则机遇，将为我国经济体制改革注入新动力，也为我国深度融入新一轮全球化创造条件。

参考文献

1. 常修泽：《中国"红利家族"剖析》，《人民论坛》2013 年 3 月 6 日。

2. 川濑刚志、刘洁：《TPP 谈判与国企监管规则制定》，《国际经济评论》2014 年第 5 期。

3. 国家发展和改革委员会经济研究所：《"十三五"规划研究经济发展和深化改革》，经济科学出版社 2014 年版。

4. 国家发展和改革委员会经济研究所课题组：《面向 2020 年的我国经济发展战略研究》，内部资料，2012 年。

5. 国家发展改革委宏观经济研究院课题组：《改革红利与发展活力》，人民出版社 2013 年版。

6. 黄群慧、刘湘丽、邓洲、黄阳华、贺俊：《新工业革命，塑造全球竞争新格局》，《人民日报》2014 年 2 月 10 日。

7.厉以宁:《加快改革会产生新的人口红利、资源红利和改革红利》,财经网 2012 年 11 月 18 日。

8.刘生龙、胡鞍钢:《基础设施的外部性在中国的检验:1988—2007》,《经济研究》2010 年第 3 期。

9.宋立:《"十三五"时期我国经济发展环境条件与趋势特征》,内部资料,2014 年。

10.宋立:《读懂新常态》,《半月谈》2014 年第 17 期。

11.巫和懋、冯仕亮:《人力资本投资与跨域"中等收入陷阱"》,《当代财经》2014 年第 8 期。

12.周茂荣:《跨大西洋贸易与投资伙伴关系协定(TIPP)谈判及其对全球贸易格局的影响》,《国际经济评论》2014 年第 1 期。

第三章　新困难、新挑战

不经巨大的困难，不会有伟大的事业。

——伏尔泰

法国启蒙运动思想家

新常态，"新"反映出不同以往，代表了又一个发展阶段；"常"表示相对稳定，固有的生产方式将得到根本性改变，并进入稳态。在新常态期，我国不仅要解决经济下行问题，还要应对在经济快速发展期所积累或隐性化的各领域矛盾。同时，新常态孕育着新的动力，指引新的方向。因此，新常态并不像有些人所说的，意味着好日子过完了，接踵而至的全是坏日子。实际上，进入新常态既有坏日子也有好日子——只要努力了，坏日子也有可能变成好日子；如果不努力，好日子也会变成坏日子。

一、新常态下我国发展面临的内部困难

新常态下，劳动力、土地等要素价格持续上升，我国经济发展面临传统劳动密集型生产模式转换的压力，同时粗放型增长方式所产生的资源环境约束明显增强，倒逼我国加快产业结构调整。值得注意的是，在经济高速增长期逐步形成或累积的财政金融、房地产、产能过剩等风险将更加显性化。随着人口年龄结构变化和社会需求多元化的发展，各类社会诉求明显增多，进行社会治理的难度和付出的成本将增加。

（一）要素供给约束增强导致传统比较优势弱化

新常态期，我国劳动力、土地等要素的供求关系发生了深刻的变化。

随着"刘易斯拐点"的到来,劳动力增速逐步放缓甚至出现了负增长。一方面土地处于必要的农用地供给、保证耕地红线愈加紧张的局面,另一方面城镇化带来的建设用地需求持续上升,结果必然是建设用地价格居高不下。

1. 劳动力要素供求变化与价格上升

伴随着生育率持续下降,劳动力人口减少,老龄化步伐加快,劳动年龄人口比重将大幅下降,劳动力"无限供给"的状态趋向结束(见图3-1)。从结构看,我国劳动力转移已经接近尾声(见图3-2)。一方面,农村剩余劳动力的数量减少,转移难度加大。另一方面,随着我国第二产业增加值占 GDP 的比重出现下降,第二产业扩张态势放缓,劳动力转移的速度将会出现下降,并且更多地转向第三产业。其结果必然是,我国劳动力成本持续上升,在劳动密集型产业的竞争优势逐渐丧失。

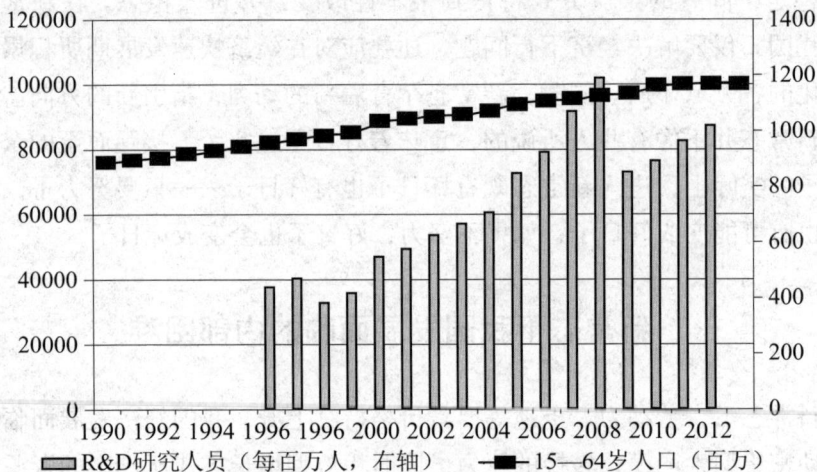

图 3-1 我国劳动年龄人口数及每百万人口 R&D 研究人员数

数据来源:《中国统计年鉴 2014》,世界银行数据库。

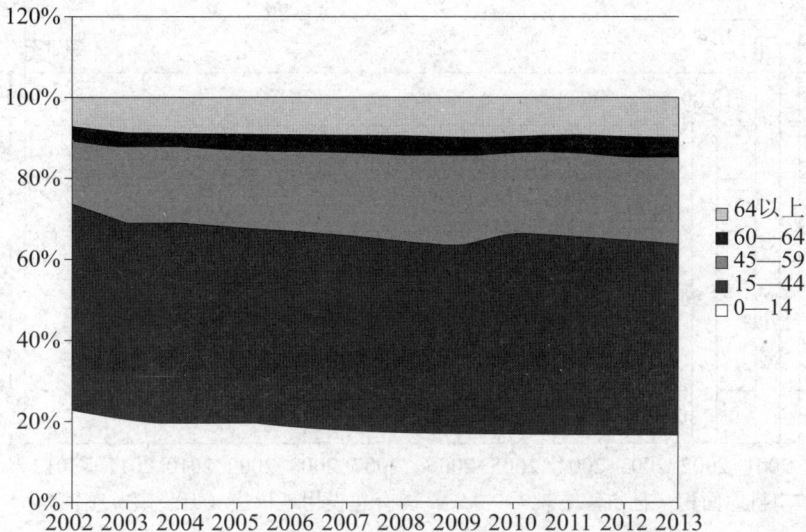

图 3-2 我国劳动年龄人口结构

数据来源:《中国统计年鉴 2014》,第五次全国人口普查资料,第六次全国人口普查资料。

2. 土地要素供求变化与价格上升

建设用地的供需矛盾更加突出。我国正处于城镇化、工业化扎实推进的阶段,城镇工矿用地需求量将在相当长时期内保持较高水平。推进城乡统筹和区域一体化发展,将拉动区域性基础设施用地的进一步增长。但随着耕地保护和生态建设力度的加大,我国可用作新增建设用地的土地资源十分有限,各项建设用地面临前所未有的供给压力(见图3-3)。根据《全国土地利用总体规划纲要(2006—2020 年)》,按照 2011—2020 年全国新增建设用地 585 万公顷的目标,"十三五"时期新增建设用地每年约 58.5万公顷。预计"十三五"时期,伴随人口持续增长和城镇化发展,每年建设用地需求将持续增加,未来几年,我国建设用地需求将延续"十一五"以来的刚性增长趋势,由此会导致供不应求局面长期存在,土地要素价格上升将成为长期趋势。

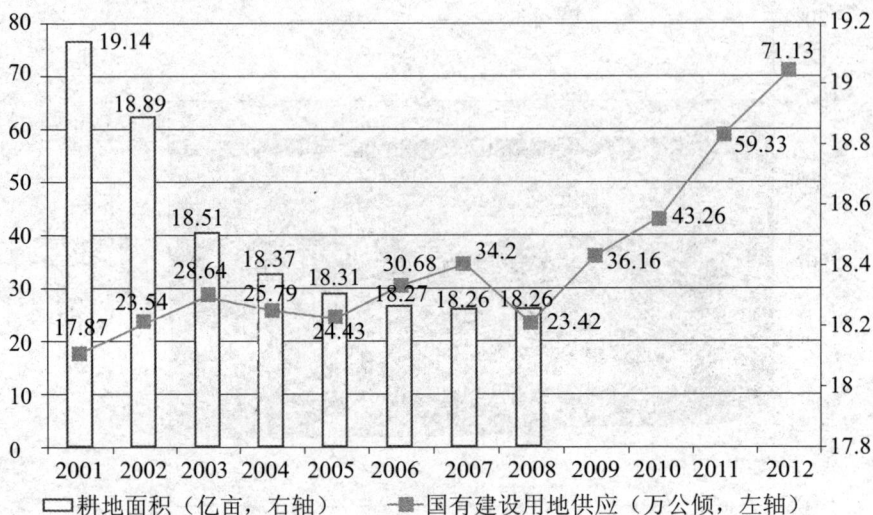

图 3-3　我国各年耕地面积及国有建设用地供应情况

数据来源：《中国国土资源统计年鉴 2013》。

（二）资源环境对经济发展的约束加强

我国经济中资源环境利用的最大特征是单位 GDP 能耗较高，是发达国家甚至发展中国家的数倍，这凸显了多年来我国经济发展中生产要素之间投入关系不协调、不均衡、不可持续的矛盾，延续传统的经济发展模式将变得更加困难。新常态期，资源环境的约束将更强，并成为倒逼我国加快结构转变的新挑战。

1. 传统资源逐渐匮乏，开发利用难度加大

目前，中国钢铁产量占世界总产量的 35%，水泥、玻璃产量占世界总产量的 50%，铝产量占 28%，大量的原材料生产必然意味着对资源的过度使用。随着工业化与城镇化推进，我国对矿产资源和一次能源进行高强度、透支式开发的驱动因素将长期存在，由此带来的资源匮乏、耗竭的形势将更加严峻。与近年来不断攀升的能源需求相对应，我国能源供给受到的瓶颈约束加强。矿产、石油资源的开发量的持续扩大，已度过产量峰值的主要油田面临产量递减的境地；另一方面，新发现的矿产资源由于开发与生产成本高，实现规模化生产困难重重，加之非常规油气新领域开

模化困难重加之非常规油气新领域开发、转换效果较差，传统资源约束将严重限制矿产稳定生与工规油气新领域开发、转换效果较差，传统资源约束将严重限制矿产稳定生与工规油气新领域开发、转换效果较差，传统资源约束将严重限制矿产稳定生与工业的原料供应。

从未来趋势看，资源安全将成为相当长一段时期的主题，因此需要同时满足供给稳定性、获取经济性、时间有效性和渠道安全性的基本要求。由于资源稀缺程度上升，各国对资源争夺更加激烈，资源政治愈演愈烈。作为主要的能源进口国，我国对国际市场的资源对外依存度不断提高（见图3-4），石油、铁矿石、铝土矿、铜等大宗矿产对外依存度均超过了50%，使我国主要矿产资源供给极易受到资源供应国政策变动的冲击。同时，由于卖方市场定价，矿产资源的进口成本可能随之上升，更加剧了资源保障的潜在风险。受地缘政治影响，我国资源矿产从南美、南亚等地区的输送也存在着海上运输的风险，如通道被阻隔，将严重影响我国重要矿产资源供给安全和经济安全。

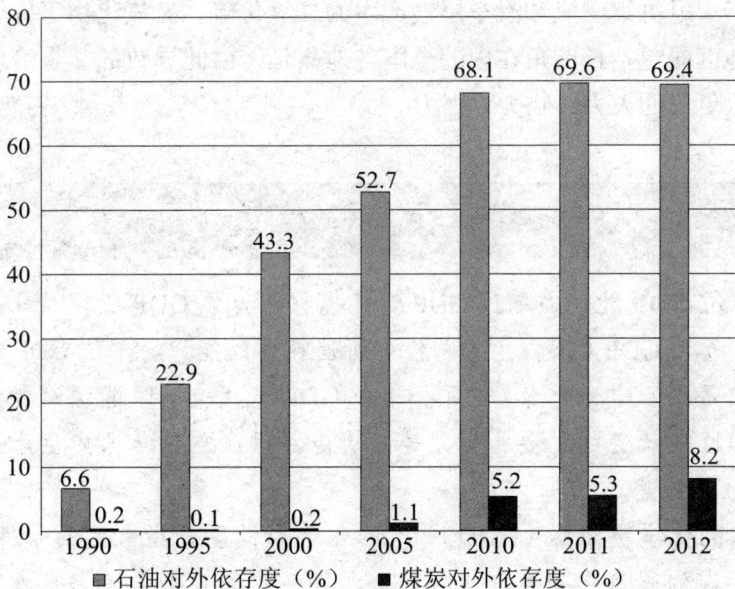

图 3-4　我国主要年份石油和煤炭对外依存度

数据来源：《中国统计年鉴 2014》。

2. 能源消耗保持较高水平，环境约束显著增强

我国经济增长的能源使用强度较高。2012年，我国单位GDP能耗是世界平均水平的2.5倍，OECD国家的4.7倍，美国的4倍，日本的6倍，巴西的2.4倍，甚至高于印度、墨西哥等发展中国家。主要原因是我国工业能耗较高，我国工业能耗占总能耗的比重达到70%，是美国的1倍多，其中高能耗、低GDP的重工业比重较大。目前，我国仍处在工业化中后期，至少要到2020年前后才能基本完成工业化，我国仍将处于工业化、城镇化同步发展的历史阶段，能源资源消耗将保持刚性增长。

同时，环境问题也成为制约中国经济增长的重要因素。当前中国的水、大气、土壤等污染严重，近17%的土地受到重金属污染，近1/4的地表水处于污染状态。固体废物、汽车尾气、重金属等污染持续增加，使得生态系统更加脆弱。新常态期，发达国家两百年工业化进程中的环境问题将在短期内集中爆发，不仅影响经济发展，还会持续威胁居民健康并带来社会风险。从能源开发利用导致的大气污染看，未来污染防治面临新的挑战。由于火电机组燃煤和汽车尾气产生的二氧化硫、氮氧化物等排放物正从华北地区向包括长三角在内的全国各地蔓延，由此导致的雾霾治理必然需要投入更大的人力、物力、财力。

专栏 3-1 资源环境常用指标

单位GDP能耗 单位GDP能耗也称为万元GDP能耗，就是每产生1万元GDP（国内生产总值）所消耗掉的能源。单位GDP能耗的单位是：万吨标准煤/亿元。单位GDP能耗是反映能源消费水平和节能降耗状况的主要指标，是一次能源供应总量与国内生产总值（GDP）的比率。

水的化学需氧量（COD） 水的化学需氧量是指一定的条件下，采用一定的强氧化剂处理水样时，所消耗的氧化剂量。它是表示水中还原性物质多少的一个指标。水中的还原性物质有各种有机物、亚硝酸盐、硫化物、亚铁盐等，但主要是有机物。因此，化学需氧量

（COD）往往作为衡量水中有机物质含量多少的指标，化学需氧量越大，说明水体受有机物的污染越严重。

可吸入颗粒物 环境科学中，颗粒物特指悬浮在空气当中的固体颗粒或液滴，是空气污染的一个主要来源。其中，空气动力学直径（以下简称直径）小于等于 10 微米的颗粒物称为可吸入颗粒物，也称 PM10。

PM2.5 PM2.5 指大气中直径小于或等于 2.5 微米的颗粒物，也称为可入肺颗粒物。它的直径还不到人的头发丝粗细的 1/20。虽然 PM2.5 只是地球大气成分中含量很少的组分，但它对空气质量和能见度等有重要的影响。与较粗的大气颗粒物相比，PM2.5 粒径小，富含大量的有毒、有害物质且在大气中的停留时间长、输送距离远，因而对人体健康和大气环境质量的影响更大。PM2.5 产生的主要来源，是日常发电、工业生产、汽车尾气排放等过程中经过燃烧而排放的残留物，大多含有重金属等有毒物质。

二氧化硫、二氧化碳 二氧化硫又称亚硫酸酐，是最常见的硫氧化物，硫酸原料气的主要成分。二氧化硫是无色气体，有强烈刺激性气味，是大气主要污染物之一。二氧化碳是一种在常温下无色无味无臭的气体，碳氧化物之一，俗名碳酸气，在环境指标中称为温室气体。由于人类活动（如化石燃料燃烧）影响，近年来二氧化碳含量猛增，导致温室效应、全球气候变暖、冰川融化、海平面升高等。

国务院办公厅关于印发《2014—2015 年节能减排低碳发展行动方案的通知》（国办发〔2014〕23 号）提出了工作目标：2014—2015 年，单位 GDP 能耗、化学需氧量、二氧化硫、氨氮、氮氧化物排放量分别逐年下降 3.9%、2%、2%、2%、5% 以上，单位 GDP 二氧化碳排放量两年分别下降 4%、3.5% 以上。

资料来源：课题组根据公开资料整理。

（三）高速增长期累积的风险逐渐显现

以往的快速经济发展过程中虽然积累了一定的矛盾，但这些矛盾往往被高速增长现象所掩盖或高速成长红利所化解。当经济进入新常态期，经济增速的换挡将使得过去高速增长时隐形化的或支撑高速增长的部分矛盾和风险逐渐凸显，加之经济结构出现调整，传统优势与生产方式被打破，必然导致财政、金融、房地产等多领域风险被更加放大。即使其中一点爆发，都将对经济整体产生十分严重的后果。

1. 财政金融风险

新常态期，我国面临财政的不可持续问题。传统的土地财政将随着需求放缓、土地供给减少与审批加强而出现明显减少，地方财政收入出现下滑风险。尤其是地方政府性债务风险，虽然目前我国政府负有偿还责任的债务余额与 GDP 比率为 36.8%，在安全线以内，显示政府性债务风险总体可控（见图 3-5）。但地方债务中，承担较多基层财政支出的市县级债务占比较大，由于财政收入没有稳定的收入来源与增长长效机制，因此债务风险更加难控、更易爆发。2015—2017 年是地方偿债高峰期，不仅地方靠举债进行基础设施建设和提供必要的社会公共服务变得更加困难，而且之前隐性的各类债务可能随着巨额地方债务进入集中偿债期而增加了债务风险爆发的扩散效应，形成严重的财政金融风险。

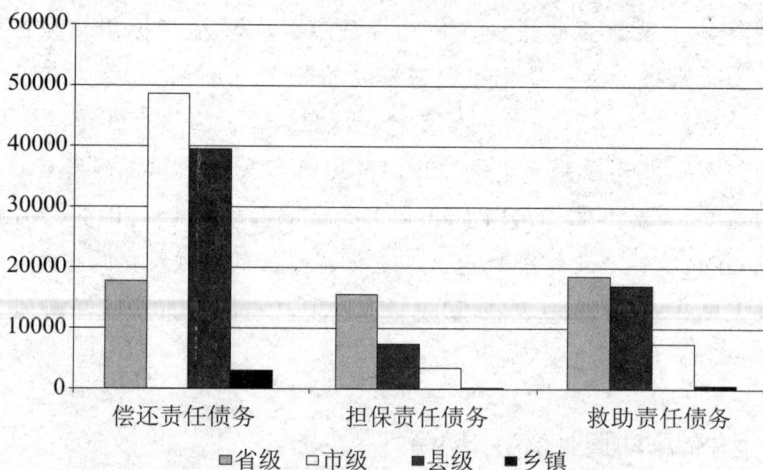

图 3-5　政府性债务规模（单位：亿元）

数据来源：审计署 2013 年 12 月 30 日《全国政府性债务审计结果》。

短期看，我国金融风险主要集中于房地产泡沫、地方政府债务、产能过剩等领域形成的银行信用风险和影子银行风险。2008年金融危机以来的连续大规模信贷投放和低利率水平，导致杠杆率持续增加，长期处于较高水平，已经接近国际经验的风险高发区间。一方面M2/GDP、信贷/GDP、政府债务/GDP等指标不断上行，预示着潜在的金融风险的存在。另一方面，由高杠杆率导致的我国银行体系信贷风险日益上升，高速发展期扩大信贷投放使得现在产能过剩严重，企业利润持续下跌，企业信贷风险上升。此外，为了将信贷资产从资产负债表内转移到表外，躲避监管机构对商业银行的管制和法规约束，近年来我国影子银行的规模迅速膨胀，工具层出不穷。这样一方面使得表外业务规模不易察觉，难以把握；另一方面使得这部分资金缺乏有效甚至必要的监管手段，金融领域爆发风险的可能性增加。同时，地方融资平台借助影子银行融资的规模快速膨胀，财政领域受到的风险传导可能性增强。

2. 房地产风险

新常态期，多重因素推动房地产业发展速度面临下台阶风险。随着我国劳动年龄人口已出现绝对数量的下降，25—45岁主力购房群体数量持续减少，人口结构的变化将导致我国城镇住房需求增长减缓。2014年以来，我国开始出现商品房销售面积负增长，房地产开发投资增速大幅下滑，房地产开发企业房屋新开工面积大幅减少的问题。房地产的投资需求增速也将呈现下降态势，将直接影响整体投资需求。同时，房地产市场逐步进入存量市场阶段，这对新建住房的需求也将是负面影响。房地产行业作为我国国民经济中的重要部门，牵一发而动全身，在下行趋势可能出现的局部"去泡沫化"现象值得注意。如果房地产市场长期萎靡甚至出现房价硬着陆，很大可能将诱发区域性乃至系统性经济风险，对上下游相关产业以及就业状况产生严重的负面影响，并进而对地方政府财政收入、债务风险、银行不良资产等多个领域产生较大冲击。

3. 产能过剩风险

从产能过剩形成看，产能过剩是市场经济的产物。我国在经济高速增长期过度依赖投资，导致大批工业项目迅速扩张，传统资源性工业保持着连年的膨胀势头。但近年来，随着增速回落，对初级加工品和原材料工业的需求减少，产能过剩问题更加凸显，表现为工业品出厂价格指数的连续回落，工业企业产成品库存大幅增加，工业企业利润出现负增长。我国目前产能利用率为 78.7%，处于较低水平，其中有 19 个制造业产能利用率在 79% 以下，7 个在 70% 以下，均低于欧美国家公认的 79%—83% 的产需合理配比区间。更为严重的是，目前产能过剩的范围，已经从钢铁、水泥、电解铝、平板玻璃、造船等传统产业逐渐扩展到战略性新兴产业，更增加了实现产业转型升级的困难。

（四）社会问题对经济发展的制约作用日益凸显

伴随经济持续发展和收入提高，社会利益日益多样化，将形成对经济持续稳定发展的极大制约，尤其是社会公众对各类不公平现象和环境污染问题的承受力的下降。同时，新生代农民工对生活质量的追求使其思维方式、表达方式、处理问题的办法与前辈相比都发生了根本性变化。因此，社会领域出现的新情况新问题对社会治理提出了更高的要求。

1. 社会诉求多元化

新常态阶段，伴随我国经济减速，社会领域问题将可能逐渐显现，类似于过去发达国家所经历的时期一样，公众对收入分配与环境的心理承受力下降，而对社会公平与诉求得到回应和满足的要求越来越高。同时，随着人们思考方式的改变，生活方式、利益关系将更加多元化，表达方式也随之改变。群众诉求涵盖的领域更加广泛，表达方式趋于强烈。过去更多的是简单要求政府对问题加以解决，目前演变为公众更多地希望参与整个问题的解决过程，更多地希望将公民的意识和对问题的诉求直接作用于问题根源，表现得更加全面也更加专业，涉及的领域也从收入、环境扩展到社区与城市发展等方方面面。

新的城乡二元结构，使得在农民工市民化过程中存在着一定社会融合问题。新生代农民工希望能够加快融入城市，享受同等的福利待遇和公共服务，受到足够的尊重与关爱。与老一代农民工相比，新生代农民工的受教育程度更高，在务工地就地消费的比例也更高，融入城市的愿望更强烈，权益观念和维权意识也更强。而实际上，由于农民工的流动性导致自身和城市居民都缺乏一种长期共存的观念，结果导致农民工在城市中更多地扮演了被管理角色而不是城市的主人，使问题不仅没有得到解决，反而更加容易被激化，进而产生严重的社会后果。劳资纠纷引发的群体性事件和有组织的集体罢工事件时有发生，就是该问题的突出表现。

2. 社会治理难度增大

一方面，目前，我国社会领域存在着社会治理制度和能力没有保持与经济社会发展同步的问题，尚未形成完善的应对社会领域负面效应的体制机制，在出现社会治理和突发事件时缺乏有效甚至必要的处置与应对措施，社会风险可能由此带来更加显著的扩大效应。另一方面，目前社会组织也无法承担起相应的社会责任，缺乏足够的社会治理纾解与协调能力，使得社会矛盾无法及时察觉，察觉后无法准确反映、实施有效干预。此外，由于信息化时代的到来，人民诉求表达渠道更加多样，表达诉求的声音可能在短时间内迅速扩散，使得社会治理需要更多的投入，进一步增加了治理的难度。

二、新常态期我国面临的外部挑战

新常态期，从我国发展面临的外部环境看，不利因素和不确定性因素在持续增加。具有战略重点的区域合作与贸易新格局，地缘政治可能带来的国家与经济安全问题，以及资源博弈背景下的大国关系变化，都会在短时间内由潜在风险迅速转化为约束条件，波及多国、多领域的经济发展与国家安全。

（一）经济全球化放缓与国家间竞争加剧

金融危机后，全球经济增长放缓，需求整体减弱，银行与金融领域的合作步伐减慢或暂时搁置，企业间业务往来延缓了之前迅速增长的势头。各国为保证国内经济平稳复苏和就业率的持续回升，往往采取有利于本国的经济政策，并一定程度上限制他国的产品输出。反观我国，一方面需要面对其他发展中国家对我国劳动密集型产业的替代和冲击，另一方面还要应对其他资本与技术密集型领域与发达国家的激烈竞争。

（二）大国关系与全球格局加速重构

新常态期，国际治理体系与大国间关系仍然是影响我国经济发展的重要因素。一方面，美国重返亚洲、欧盟与北约东扩，俄罗斯对乌克兰的政治与军事外交带来了区域性的国家间直接或间接对抗，一国的单方面决定就可能带来国家间甚至全球性的地缘政治格局变化。另一方面，随着发达国家、新兴国家在经济危机后发展步伐存在差距，国与国之关系出现大的调整，发展中国家与新兴市场国家正在国际社会中扮演越来越重要的角色，对全球经济增长的贡献大幅提升，经济话语权得到显著增强，但也可能由此带来发展空间被发达国家挤压的风险。

美国作为超级大国，调整了全球的经济贸易战略，力推"跨太平洋伙伴关系协定"（TPP）和"跨大西洋贸易与投资伙伴关系协定"（TTIP）谈判，希望建立新的跨太平洋与跨大西洋的新兴自由贸易区，并以广覆盖、高水平、高标准发起"服务贸易协定"（TISA）谈判，强化双边关系，建立双边投资条约（BIT），构建新型国家关系。新常态期，我国仍将同美国等大国间建立多维度、多领域的合作关系，同时也会在能源、贸易等领域存在一定的竞争，更增加了国际关系的复杂性。

（三）地缘政治存在诸多不确定性

新常态期，我国周边关系存在更多的不确定性——南海局势、中亚局势有可能趋于恶化，东北亚和南亚局面则可能继续复杂化，对我国形成美日和穆斯林极端势力"东西夹击"的地缘格局。南海局势从局部领土争端问题，逐渐演变成国家间资源能源的争夺战场，其中不仅是地区所有权和话语权的争夺，更是对南海利益的索取与博弈。南海争端本身存在着天然的不宜解决问题，要达到双赢结果十分困难，加之参与进来的各方势力相互角力，更增加了地区和平安全风险。中亚由于同我国有长达3300多公里的共同边界，是我国国家安全、能源安全、贸易拓展、民族稳定和军事防御的前沿阵地，关系着我国西部地区安全、经贸合作与能源输送。东北亚虽然总体处于和平与发展的国际环境中，但存在着潜在的危机。朝鲜半岛局势冷战状态将长期持续，中日关系相互僵持陷入冰期。南亚地区矛盾突出，各民族、宗教矛盾频发，地区发展极其不平衡，可能成为风险培养的土壤，从而构成了我国西部边界发展稳定的不确定因素。

（四）围绕资源争夺的国际政治博弈更为复杂

国际资源政治色彩渐浓，逐步从过去价格争夺当中转到目前对市场份额的争夺当中。过去从重要资源生产国到期货市场的商人，都期望通过对资源的垄断和市场的预判确定价格形成机制，控制资源的国际定价权与话语权。在这些因素的驱动下，国际大宗商品价格呈现大幅波动，需求与供给呈现严重的背离，这种脱离市场机制的价格飙升更像是国际金融资本的一场游戏。

大宗商品包括能源、矿物原材料和农副产品三类。图3-6呈现了大宗商品价格的整体走势和三类大宗商品的价格波动情况。图3-7进一步给出了若干细分产品的实际价格及其未来走势。总体来看，国际大宗商品价格在2014年经历了显著下降后在2015年仍将在低位徘徊，部分商品价格可能出现小幅回升。新常态期，全球铁矿石、石油等资源的国家巨头，期望通过增加产量抵消价格下跌影响，依靠成本优势不断挤出高成本矿商，从而达到垄断市场份额的目的。这样在需求上升时或环境改善需求更加迫切时，垄断矿商将获得相应收益。

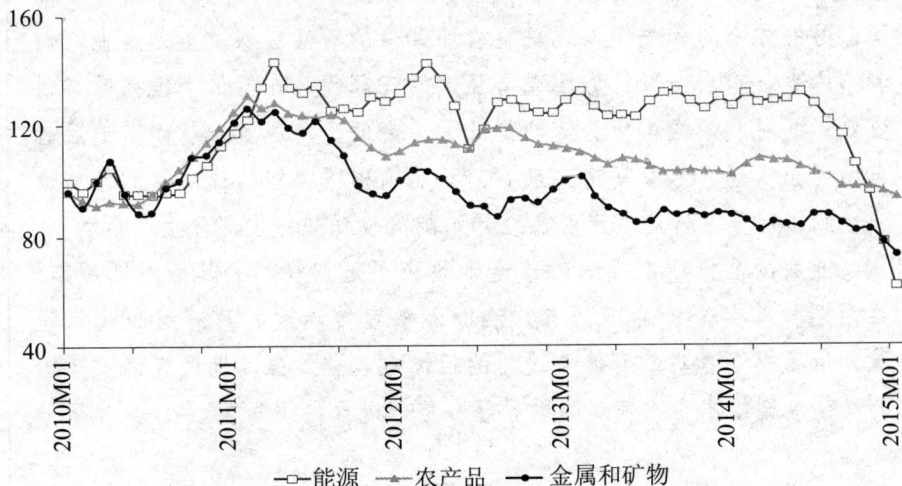

图3-6 2010—2015年国际大宗商品月度价格指数

说明：月度数据根据名义美元价格计算（2010=100）。

数据来源：世界银行网站。

专栏 3—2　油价下跌背后的政治博弈

　　原油作为一种战略性较强的重要大宗商品，其价格波动往往备受关注。历史经验表明，油价的波动与世界政治格局和经济发展情况密切相关。自 2014 年 6 月下旬以来，国际原油期货（WTI）价格从每桶 100 美元附近一路下滑，到 2015 年 1 月下旬，跌落到 45 美元以下，下跌幅度达到近 60%。尽管原油期货价格在 1 月末有所反弹并攀升到 50 美元上方，但原油价格仍属于历史中的低位。本轮的原油价格下跌，表面上与国际经济总体疲弱导致需求不振、页岩油开采提升供给造成供过于求有关，但背后却暗含着多股政治势力的博弈。

　　石油工业发端于美国，随着二战后石油取代煤炭成为主要能源，加上绝大部分石油均产于中东，中东成为全球能源中心。尤其是 1960 年石油输出国组织（OPEC）的建立，强化了美国与中东在世界能源版图的角力。与以往不同，本次油价下跌的一个显著特征是各国的政治博弈正在从价格战主导权的争夺演变为对市场份额的争夺。具体而言，是两大阵营的市场占有率之争：一方是以沙特为首的 OPEC 产油国，另一方则为率先投入北美页岩油革命的石油勘探及生产企业。前者不愿丧失市场份额，力图凭借强大的资源优势在低价下维持原有供应量，同时利用成本优势使油价低于后者的生产成本，从而逼迫后者自动退出市场。从最新情况来看，石油输出国组织的这一目的已经部分达到，部分页岩油生产商已经开始削减投资并停止部分生产活动。

　　低廉的油价所产生的政治连带效应不可忽视。尤其是对俄罗斯、委内瑞拉等部分产油国而言，油价下跌直接导致其政府财政收入锐减，市场投资者对政府债务违约的担忧也日益加强，地区经济和政治的动荡加剧给本已不确定的世界经济复苏进程再添变数。

　　资料来源：课题组依据公开资料整理。

　　受国际资源政治影响，在新的气候变化与碳排放的全球性治理框架下，国际政治与各国发展利益相互竞争相互博弈。在统一的《联合国气候变化框架公约》下，如何获得更多的资源和排放权成为了国际政治博弈的重点，由此可能形成加快对新兴国家传统产业转型升级的压力。

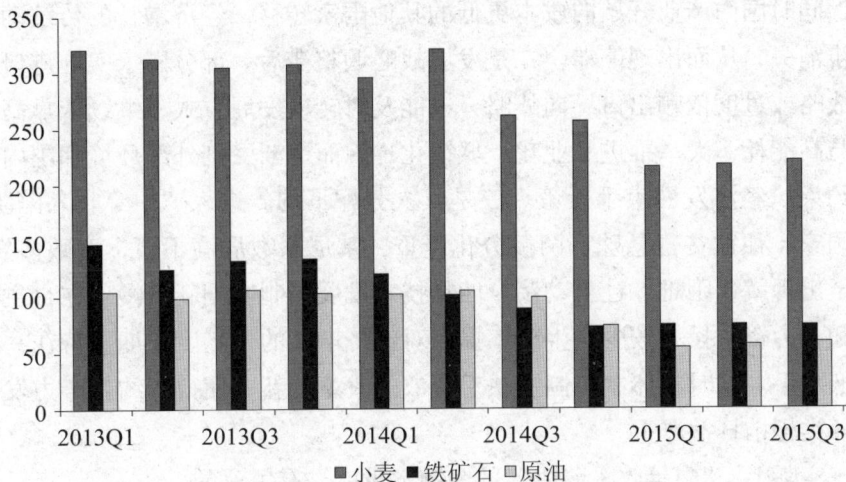

图3-7　小麦、铁矿石和原油国际市场价格

　　说明：小麦、铁矿石的价格单位为 $/MT；原油的价格单位为 $/bbl。其中原油价格为 Brent，Dubai 和 WTI 价格的加权值。2015 年价格为预测值。

　　数据来源：国际货币基金组织网站。

三、新常态期我国仍然存在落入"中等收入陷阱"的可能

　　"中等收入陷阱"概念是世界银行 2006 年在其题为《东亚复兴：关于经济增长的观点》报告中首次提出的。所谓"中等收入陷阱"指的是一个国家从低收入阶段进入中等收入阶段后，经济增长长期徘徊在中等收入区间，无法跻身高收入国家行列的现象，普遍表现为经济的持续减速或保持缓慢增长。从历史数据看，在 1960 年的 101 个中等收入经济体中，到 2008 年只有 13 个成为高收入经济体，87% 的中等收入经济体在将近 50 年的时间跨度里，都无法成功突破中等收入阶段进入到高收入阶段，因此中等收入国家陷入经济增长停滞的几率是很大的（世界银行和中国国务院

发展研究中心，2013）。

对于进入"中等收入陷阱"的原因，比较有代表性的解释有以下几个：一是成本价格上升。拉美、东南亚等地区国家在进入中等收入阶段后，土地、资本、劳动力等要素成本迅速上升，要素的边际报酬不断下降，同时国内产业开始向成本更低的其他国家转移，经济增长的传统动力逐步消失，从而出现停滞。二是发展战略调整滞后。部分国家实施进口替代战略或过度依赖出口导向战略，未能及时转换发展方式，继续依靠高投资与高能耗，大举推进工业化、城镇化，因而逐渐受到外部环境和国内资源约束，经济发展束手无策。三是收入分配不均。进入"中等收入陷阱"的国家，往往贫富悬殊、两极分化严重，基尼系数居高不下，腐败多发，甚至出现就业困难、社会动荡。四是技术发展与制度创新缓慢。在自主创新和人力资本投入较少，生产率提高对经济增长的贡献度长期保持在一个较低水平。同时在体制机制上缺乏有效的改革创新，使得制约生产力发展的各类桎梏日益严重。

实际上，"中等收入陷阱"的命题本身就是有争议的。

有观点认为，快速增长的经济体是一定会出现增速下滑的，制造业就业人数占比达到顶峰后，经济增长将更加依赖服务业的增长，而服务业的生产率提高更加困难；更大的资本存量意味着更多的折旧，需要更多的经济资源去弥补这部分折旧；经济接近技术前沿，必须从技术引进转向本土技术创新（巴里·艾肯格林，2011）。类似的，有专家认为经济飞速增长后将出现"均值回归"是不争的事实，20世纪不少国家的经济在"经历了短暂的飞速发展阶段后，马上跌回了世界平均发展水平"（劳伦期·萨默斯，2014）。

还有一种观点认为，中等收入国家掉入陷阱的概率在不同收入组中是比较低的，"中等收入陷阱"比"低收入陷阱"和"高收入陷阱"都要小，只有40%。也就是说，低收入国家和高收入国家的增长率超过美国的概率更低，中等收入国家的增长率超过美国的概率更高一些（姚枝仲，2014）。从中国的经济增长出发，即使根据现在比较悲观的预测，如果中国保持5%左右的增长速度，在2020年后不久肯定进入高收入国家行列，没有必要担心"中等收入陷阱"问题。

事实上，"中等收入陷阱"本质上是增长陷阱，其本质是一国经过一段经济高速发展后，已有增长动力出现乏力、后续动力不足，而经济下行导致高速增长积累的经济风险与社会矛盾开始显现，导致经济高速增长停滞和社会问题频出。因此，本文所说的"中等收入陷阱"并不是指世界银行最初意义上的概念，即中等收入国家要进入高收入国家存在诸多困难，而是指后发国家在高速发展后可能落入的"增长陷阱"。

本部分将以世行公布的人均收入及不同收入阶段分类标准，将主要国家分为"处于中收入或高收入阶段"以及"处于低收入阶段"两类，随后对第一类国家进一步分为"未跨过中等收入阶段国家"、"进入高收入阶段国家"两类。在此基础上分析这两类国家的原因与经验。

（一）基本特征

世界银行各时期有关中等收入阶段的划分标准表明，二战以来只有少数国家能够成功从中等收入阶段跨入高收入阶段，而同时则存在大量发展中国家难以进入高收入阶段而长期在中等收入阶段停滞不前或缓慢前行。在这些国家当中，具有代表性的经济体包括哥伦比亚、秘鲁、阿根廷、墨西哥、巴西、乌拉圭、智利、委内瑞拉等拉美八国，菲律宾、马来西亚、泰国、印度尼西亚等亚洲"四小虎"，以及香港、台湾、新加坡、韩国等亚洲"四小龙"与日本（见表 3-1）。

表 3-1　主要经济体在经济发展关键时点的人均 GDP（单位：现价美元）

经济体	进入中等收入行列时的人均 GDP 及年份	进入高等收入行列时的人均 GDP 及年份（或 2013 年人均 GDP）	中等收入时期
拉美八国			
哥伦比亚	1061（1979 年）	7831（2013 年）	停留 34 年
秘鲁	1084（1975 年）	6662（2013 年）	停留 38 年
阿根廷	1148（1962 年）	14715（2013 年）	停留 51 年
墨西哥	1231（1974 年）	10307（2013 年）	停留 39 年
巴西	1143（1975 年）	12594（2011 年）	36 年
乌拉圭	1405（1973 年）	13866（2011 年）	38 年
智利	1097（1971 年）	12640（2010 年）	39 年
委内瑞拉	1138（1960 年）	13658（2010 年）	50 年

经济体	进入中等收入行列时的人均 GDP 及年份	进入高等收入行列时的人均 GDP 及年份（或 2013 年人均 GDP）	中等收入时期
亚洲"四小虎"			
菲律宾	1070（1995 年）	2765（2013 年）	停留 18 年
马来西亚	1084（1977 年）	10538（2013 年）	停留 36 年
泰国	1114（1988 年）	5779（2013 年）	停留 25 年
印度尼西亚	1014（1995 年）	3475（2013 年）	停留 18 年
亚洲"四小龙"与日本			
香港	1102（1971 年）	12098（1989 年）	18 年
台湾	1151（1976 年）	12918（1995 年）	19 年
新加坡	1071（1971 年）	13737（1991 年）	20 年
韩国	1041（1977 年）	12094（1996 年）	19 年
日本	1059（1966 年）	16882（1986 年）	20 年

数据来源：世界银行数据库。

比较这些国家的主要经济发展特征表明（见图 3-8），首先，成功跨入高收入阶段经济体的经济增长速度略高于陷入"中等收入陷阱"经济体。拉美经济体当中，成功跨入高收入阶段的智利在中等收入阶段的年均增速达到 3.7%，而陷入"中等收入陷阱"的阿根廷在同一发展阶段的年均增速则仅为 2.9%。类似的，亚洲国家当中，跨入高收入阶段的日本、韩国、新加坡在中等收入阶段的年均增速分别达到了 5.5%、8.6% 和 8.4%，而陷入"中等收入陷阱"的菲律宾在中等收入阶段的年均增速仅有 4.6%。就这些经济体在中等收入阶段的年均增速平均值而言，成功跨入高收入阶段的巴西、乌拉圭、韩国和日本等在中等收入阶段的年均增速为 5.4%，这略高于陷入"中等收入陷阱"的哥伦比亚、秘鲁、菲律宾和马来西亚等的年均增速 4.2%。较快的经济增长速度保障了这些国家在中等收入阶段人均收入水平稳步提高，并帮助这些国家最终成功实现从中等收入阶段向高收入阶段的"惊险"跨越。

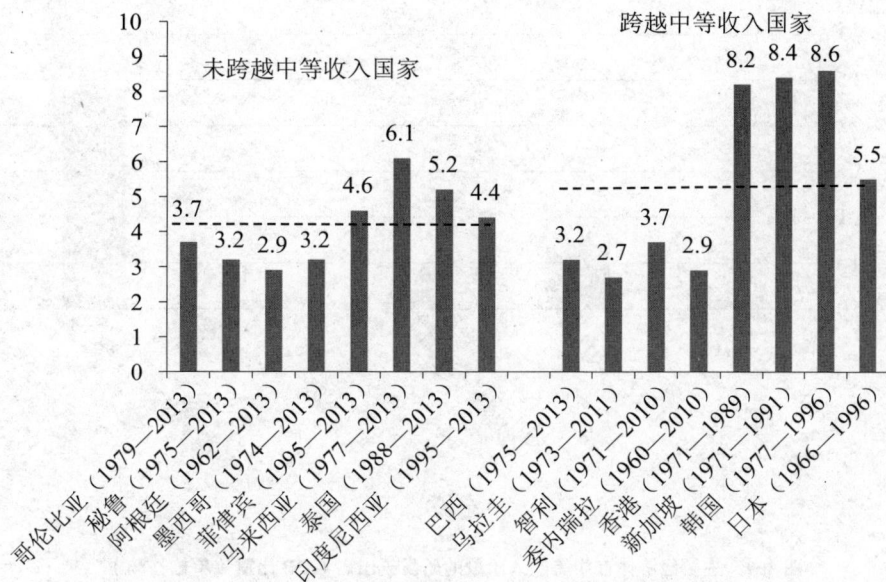

图 3-8 主要经济体在中等收入阶段 GDP 年均增速（单位：%）

注：黑色虚线表示均值。

数据来源：世界银行数据库。

其次，成功迈入高收入阶段经济体在科研投入上也保持了更高水平（见图 3-9，3-10）。以亚洲国家为例，步入高收入阶段的韩国在中等收入阶段的科研投入占 GDP 比重年均值高达 2.4%，而陷入"中等收入陷阱"的菲律宾、马来西亚、泰国和印度尼西亚在相同发展阶段的科研投入占 GDP 比重年均值则分别仅为 0.1%、0.7%、0.2% 和 0.1%。事实上，即使跨入高收入阶段之后，韩国等已成功实现高收入的国家在科研投入上仍然保持突出优势，这为它们进入高收入阶段后仍然保持持续较快增长输送不竭动力。

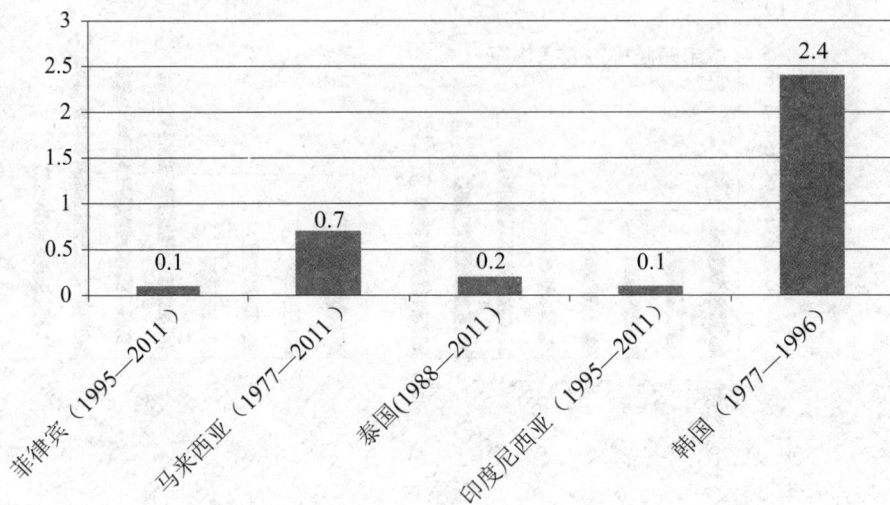

图 3-9　主要经济体在中等收入阶段的研发支出占 GDP 比重（单位：%）

数据来源：世界银行数据库。

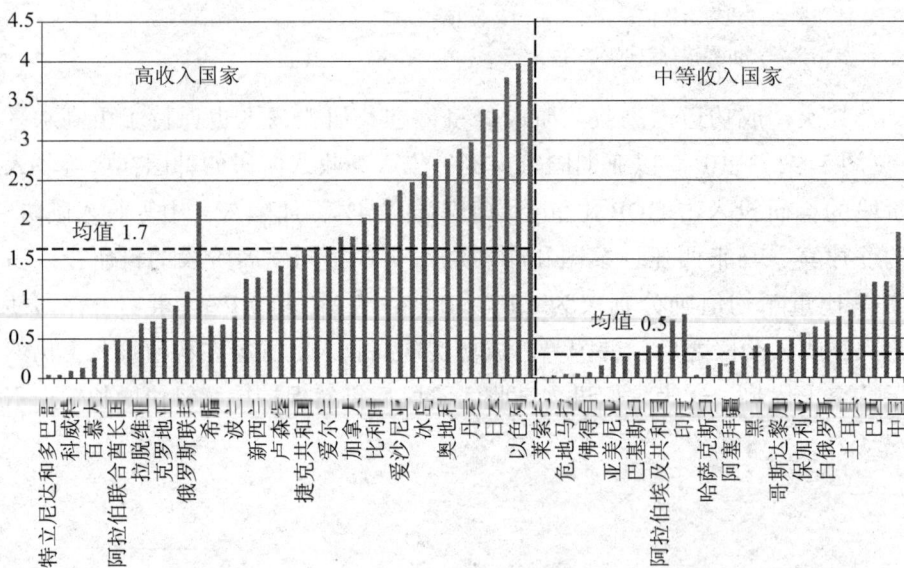

图 3-10　2013 年中等收入国家研发支出占 GDP 比重显著低于高收入国家（单位：%）

数据来源：世界银行数据库。

再次，成功跨入高收入阶段经济体的消费率略低于陷入"中等收入陷阱"经济体而投资率略高于陷入"中等收入陷阱"经济体（见图3-11，3-12）。拉美主要经济体中，成功跨入高收入阶段的智利在中等收入阶段的消费率低于陷入"中等收入陷阱"的阿根廷、哥伦比亚等经济体；而与此同时，智利的投资率则略高于阿根廷、哥伦比亚等经济体。类似的，亚洲诸国中，成功跨入高收入阶段的韩国、日本等经济体在中等收入阶段的消费率也低于同地区陷入"中等收入陷阱"的菲律宾、印度尼西亚等经济体；而与此同时，韩国、日本的投资率则略高于处于相同发展阶段的菲律宾、印度尼西亚等经济体。就这些国家的消费率和投资率年均值而言，成功跨入高收入阶段的巴西、乌拉圭、韩国、日本等在中等收入阶段的消费率均值71.8%略低于陷入"中等收入陷阱"的哥伦比亚、秘鲁、菲律宾、马来西亚等的均值74.3%；而与此同时，前者的投资率均值25.8%则略高于后者的均值23.7%。较低的消费率及较高的投资率，保证了巴西、乌拉圭、韩国、日本等经济体取得较高积累率，这为这些经济体成功从中等收入阶段跨入高收入阶段提供了源源不断的资本。

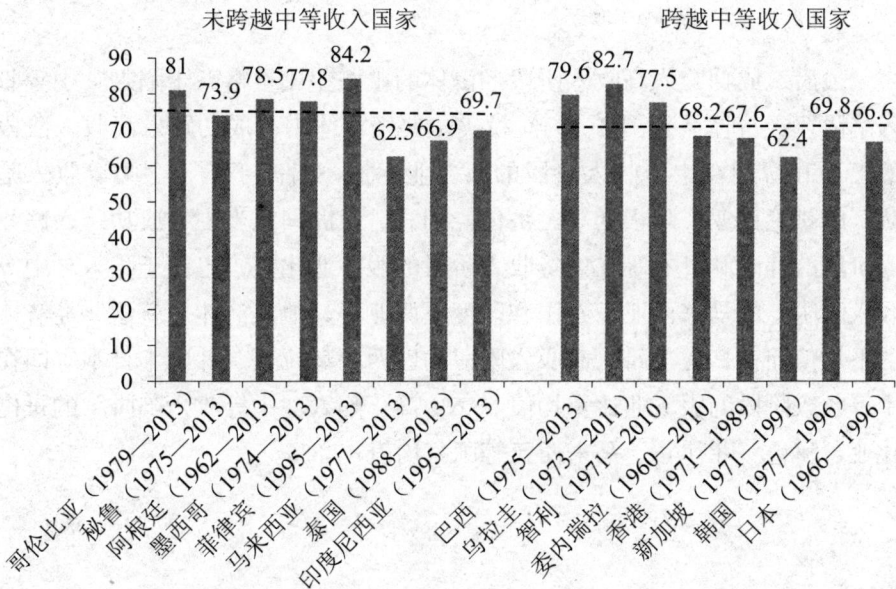

图3-11 主要经济体在中等收入阶段的消费率（单位：%）

注：黑色虚线表示均值。

数据来源：世界银行数据库。

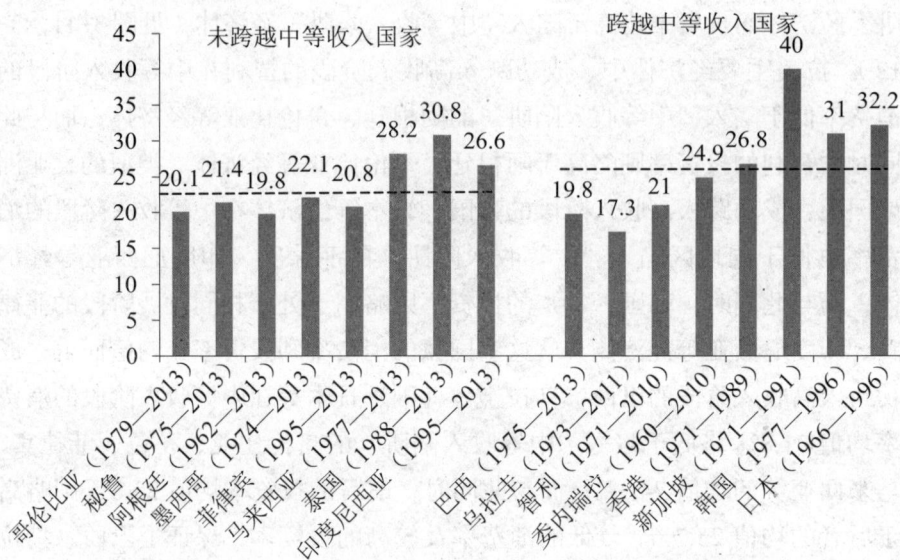

图 3-12　主要经济体在中等收入阶段的投资率（单位：%）

注：黑色虚线表示均值。

数据来源：世界银行数据库。

最后，成功跨入高收入阶段经济体的服务业比重略高于陷入"中等收入陷阱"经济体（见图 3-13）。拉美主要经济体中，成功跨入高收入阶段的巴西和智利在中等收入阶段的服务业比重，略高于陷入"中等收入陷阱"的哥伦比亚、阿根廷等经济体。同样，亚洲国家当中，成功跨入高收入阶段的韩国和日本等在中等收入阶段的服务业比重，也高于陷入"中等收入陷阱"的马来西亚、泰国和印度尼西亚等其他经济体。就这些经济体的平均值而言，成功跨入高收入阶段的巴西、乌拉圭、韩国、日本等国在中等收入阶段的服务业比重均值 56.6% 高于陷入"中等收入陷阱"的哥伦比亚、秘鲁、菲律宾、马来西亚等国家均值 47.8%。

未跨越中等收入国家　　　　　　跨越中等收入国家

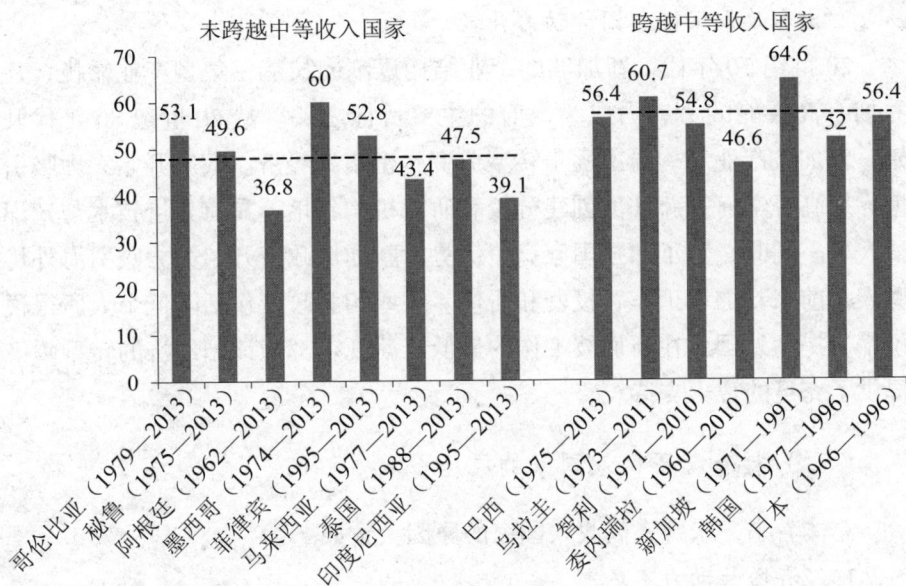

图 3-13　主要经济体在中等收入阶段的服务业增加值占 GDP 比重（单位：%）

注：黑色虚线表示均值。

数据来源：世界银行数据库。

（二）成功迈入高收入国家的经验分析

从迈入高收入国家的经验看，主要是适时加快产业结构调整，采取措施应对国内劳动力匮乏。新常态期，我们需要警惕经济结构不合理与社会领域不公平现象可能导致的"中等收入陷阱"问题。

1. 适时调整产业结构

在鼓励出口和加大招商引资力度，并实现产业结构调整与 20 世纪六七十年代的经济飞速发展后，新加坡于 20 世纪 80 年代开始正式着重于技术和资本密集型出口工业，大力发展服务业，并以成为亚太地区的区域性服务中心为发展目标。同时，将制造业和服务业作为经济发展的两大动力，把资讯业和金融业转变为两大支柱产业，鼓励本国企业的海外投资和产业转移。配合以国内龙头企业为重点扶持对象，通过扶持重点企业从而引导整个产业链的蜕变和升级，提升企业的国际竞争力。

2. 出台政策促进本国劳动力升级

20 世纪 70 年代，新加坡的产业结构逐渐向技能密集型产业靠拢，建立拥有高技能的劳动力成为政府的主要目标之一。从 20 世纪 80 年代开始，新加坡产业结构再次逐步转型成资本密集型经济。政府开始大力吸引世界级高等学府来新加坡创建分校和研发机构，培养具有先进技术与知识的人才。同时，为了加强国家竞争优势，新加坡政府开始大力吸引海外优秀人才前来新加坡工作、投资和居住。一些相关政策包括降低个人所得税税率、提高外国人在新加坡工作的最低工薪规定都为该国经济的转型腾飞提供了充足的智力支持。

（三）未跨入高收入国家的原因分析

总体看来，未跨入高收入国家的原因大致如下：

1. 经济增长动力不足

部分陷入"中等收入陷阱"的国家未能及时对旧有的增长模式进行转换，过去依靠劳动密集型和出口导向型企业，由于传统产品成本上升和国内外需求变化，低技术、低成本的产品优势被其他后发的市场国家所挤占。同时，高技术、高投入的产品由于研发能力与人力资本条件不足，难以和发达国家展开竞争。在双重挤压的情况下，以泰国为代表的市场空间逐步缩小，国内产业缺乏本土自主的技术与研发能力，没有提前应对、及时步入新的增长轨道，导致国内产业失去增长动力，甚至陷入工厂被迫停产、产业空心化的困境。

2. 经济结构不合理

秘鲁一直是以出口农产品以及矿物为经济发展的主要支柱。虽然秘鲁矿业资源十分丰富，但由于技术不足，加之政府财政连年赤字，外债严重，财力有限，因此矿产开采水平很低。同时，虽然制造业发展迅速，但大部分工业原材料和机械设备还需要依靠进口。因此，秘鲁长期以来都需要依赖海外投资、贸易进口和外债来支撑经济发展。秘鲁从 20 世纪 70 年代起，之前大量的财政支出已经导致国家外债累积加剧，不断偿新还旧、进口国内生产必需品等多项需求使得政府越来越依赖于海外资本，缺乏独立发展国内经济的能力。

3. 各类不公平问题延滞劳动力转移

在20世纪70年代巴拉圭经济飞速发展时期，为了刺激海外资本入驻、鼓励邻国参与经济发展，政府出台了一系列经济政策。例如：减少征收个人所得税、降低进口关税，等等。跨国企业的进入以及一系列的企业鼓励措施的结果，使得贫富差距加大。与此同时，一系列经济刺激政策导致政府没有足够的税收来支付公共基础设施的建立，远离发达城市的居民无法获得正规的医疗、教育福利，劳动力数量和受教育程度无法进一步提升，经济转型升级的动力被弱化。

参考文献

1. 国家发展和改革委员会经济研究所：《面向2020年的我国经济发展战略研究》，2011年国家发改委宏观经济研究院重点课题。

2. 国家发展和改革委员会经济研究所：《"十三五"规划研究经济发展和深化改革》，经济科学出版社2014年版。

3. 杜飞轮：《当前通胀压力下仍须防范新一轮产能过剩风险》，《新华文摘》2011年第17期。

4. 国家发展和改革委员会经济研究所：《"十三五"时期经济社会发展的主要风险和应对机制研究》，2014年国家发改委宏观经济研究院重大课题。

5. 王一鸣：《全面认识中国经济新常态》，《求是》2014年第22期。

6. 马晓河：《迈过"中等收入陷阱"的结构转型——国际经验教训与中国挑战》，《农村经济》2011年第4期。

7. 世界银行和国务院发展研究中心联合课题组：《2030年的中国：建设现代、和谐、有创造力的高收入社会》，中国财政经济出版社2013年版。

8. 巴里·艾肯格林：《中国经济即将出现显著下滑》，《第一财经日报》2011年4月6日。

9. 姚枝仲：《什么是真正的中等收入陷阱？》，《国际经济评论》2014年第6期。

10. Pritchett Lant and Summers Lawrence H., Asiaphoria Meets Regression to the Mean, NBER working paper, No. 20573, 2014.

中篇：新趋势、新特征

第四章 速度转变：从高速超高速到中高速转变

真正迅速的人，并非事情仅仅做得快，而是做得成功且有效的人。

——培根
英国文艺复兴时期哲学家

提到新常态，大多数人首先想到的就是经济增速从过去两位数以上的高增长下降到现在7%—8%的中高速增长。甚至很多人认为，所谓新常态指的就是经济增长速度下降这一现象。虽然这种观点有失偏颇，但也可反映出经济增长速度之与新常态的重要性和代表性，甚至可以从一定程度上说，是经济增长速度的下行催生了新常态这一概念。其实，经济增长速度的下行是新常态条件下经济增长动力转换、模式转变、发展转型的结果体现，是经济新常态内在本质的集中外在表现。

一、我国经济增长的趋势发生了改变

过去30年，在改革开放的大背景下，我国创造了全球任何一个经济体都望尘莫及的增长奇迹——年均超过10%的GDP增长速度。但近年来，经济增长的轨迹出现了变化。自2010年开始，我国经济增长速度开始持续下行，由2010年的10.4%回落至2014年的7.4%，跌幅达到3个百分点，为90年代以来的最低点，已经低于亚洲金融危机冲击后的最低点。

（一）我国经济增长的动力发生了改变

近年来，从供给面来看，第三产业对经济增长的贡献逐渐增大，2013

年超过第二产业，成为经济增长的主要动力。从需求面来看，消费对经济增长的贡献也在逐渐提高，近年来取代了资本投入成为经济最主要的拉动力。这表明我国经济增长的趋势发生了改变，从本次经济下行的性质也可以得到印证。与以往经济下行多为周期性波动不同，本次经济下行更多是受到结构性因素的影响。经济基本面也发生了趋势性变化，主要表现在：人口结构变化，劳动年龄人口减少，人口抚养比上升，高储蓄不可持续，资本投入增速放缓，劳动力转移速度放缓等。

1. 从供给面看，经济增长主要动力从第二产业转移到第三产业

20 世纪 90 年代以来，第二产业一直是经济增长的主要拉动力。20 世纪 90 年代第二产业对经济增长的平均贡献率达到 62.9%，超过第一产业和第三产业之和。2000 年以后，第二产业的贡献率开始有所下降，2000—2010 年，为 52.5%，较 20 世纪 90 年代下降了近 10 个百分点，但是仍然高于第一产业和第三产业之和。2010 年以后，第二产业对经济增长的贡献率继续下降，而第三产业的贡献率开始迅速增加。2011—2014 年第二产业的贡献率为 47.5%，比 20 世纪 90 年代下降了 15.4 个百分点，第三产业贡献率达到 47.3%，基本与第二产业持平，较 90 年代上升了 18 个百分点。2013 年，第三产业对经济增长的贡献率超过第二产业 1.9 个百分点，2014 年第三产业的贡献率继续上升，首次超过 50%，高出第二产业 8.4 个百分点。经济增长的第一拉动力从第二产业转向了第三产业。

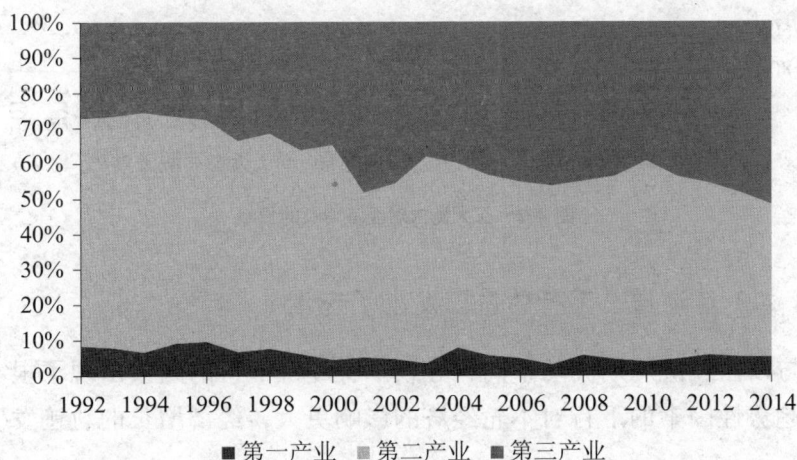

图 4-1　三次产业对经济增长的贡献

2. 从需求面看，经济增长主要动力从资本投入转移到消费支出

从需求面看，改革开放以来，经济增长的主要动力发生了几次转换
（见图 4-2）。20 世纪 80 年代，最终消费支出是经济增长的主要动力，其
对经济增长的贡献率达到 63.5%，远超资本形成和货物和服务净出口贡
献之和。20 世纪 90 年代，最终消费支出对经济增长的贡献率下降，为
55.9%，但仍然是经济增长的第一动力，超过资本形成和货物和服务净出
口贡献之和。2000 年以来，形势发生了改变，资本形成对经济增长的贡
献开始迅速上升，个别年份甚至接近 90%。2000—2009 年，资本形成的
贡献率为 52.8%，超过最终消费贡献率 10.4 个百分点。2010 年以来，形
势再次改变，最终消费对经济增长的贡献率再次超过资本形成，2010—
2014 年最终消费对经济增长的贡献率年均达到 51.2%，高出资本形成贡献
率近 11 个百分点。

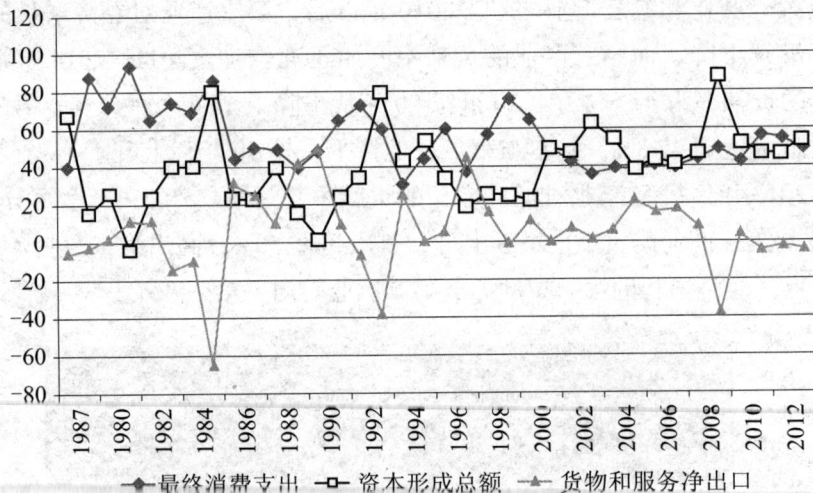

图 4-2　三大需求对经济增长的贡献

（二）经济增长下行的原因发生了变化

与以往经济周期波动不同，导致本次经济下行的因素出现了根本变
化，趋势性因素的下行对本轮经济的影响更大，经济增长的轨迹发生了
变化。

1. 本轮经济下行周期性因素影响占 3/4，结构性因素影响占 1/4

什么因素导致了经济下行？鉴于周期性因素和结构性因素具有完全不同的含义，有必要准确识别二者的影响。判断经济下行的性质，即下行是周期波动还是结构调整导致的趋势性下行，通常有两种方法：第一种是通过计量方法分析当前经济运行数据是否偏离了长期趋势，若出现偏离，则存在趋势性变化；第二种是分析经济增长的基本面因素是否发生了趋势性的变化。

从运行数据分析看，本轮经济下行周期性因素影响约占 1/4，趋势性因素影响约占 3/4。为了更好地理解周期性因素和趋势性因素在多大程度上阻碍了本轮经济增长，我们使用经济增长的潜在增长速度和实际增长速度数据来进行分析。从 2011 年至 2014 年，经济增长的实际增速和潜在增速都出现了下降，实际增速由 2010 年的 10.4% 降至 2014 年的 7.4%，降幅达到 3 个百分点，潜在增速由 2010 年的 9.8% 降至 2014 年的 7.6%，降幅达到 2.2 个百分点（见图 4-3）。

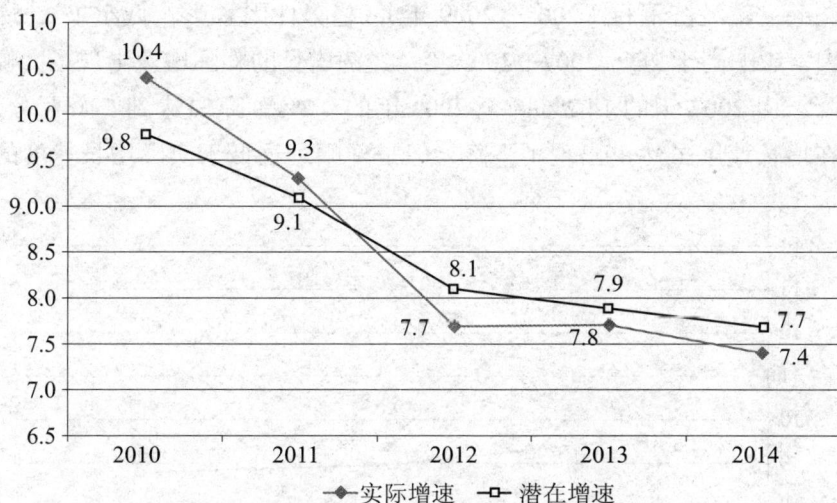

图 4-3 经济潜在增长速度、实际增长速度（单位：%）

经济潜在增长速度的下滑表示经济长期增长能力的下降，可以视为经济结构性下滑，而实际增长速度与潜在增长速度间差距的变化可视为经济周期性波动，数据计算结果如下表 4-1 所示。在本轮经济下行中，周期性因素的影响逐渐减弱，结构性因素的影响呈增强趋势。到 2013 年，周期性因素拉动经济增速上行，但经济结构性下滑的幅度要大于周期性因素的上拉作用，最终造成经济实际增速的下降。从平均影响来看，本轮经济下行中，结构性因素的影响超过 3/4，周期性因素的影响不足 1/4。

表 4-1　本轮经济下行的影响因素

年份	实际增速（%）	潜在增速（%）	增速下降（百分点）	周期波动（百分点）	趋势下降（百分点）	周期影响（%）	趋势影响（%）
2010	10.4	9.8					
2011	9.3	9.0	1.1	0.3	0.8	27.3	72.7
2012	7.7	8.0	1.6	0.6	1.0	37.5	62.5
2013	7.7	7.8	0.0	−0.2	0.2	0.0	100.0
2014	7.4	7.6	0.3	0.1	0.2	33.3	66.7
均值	8.5	8.4	0.8	0.2	0.6	24.5	75.5

数据来源：课题组计算。

上一轮经济下行（2007—2009 年），趋势性因素影响低于 1/3，周期性因素影响高于 2/3。2007—2009 年，经济增长的实际增速出现了大幅的下降，由 2007 年的 14.2% 降至 2009 年的 9.2%，降幅达到 5 个百分点。潜在增长速度虽然也出现了下降，但是降幅远远低于实际增长速度的下

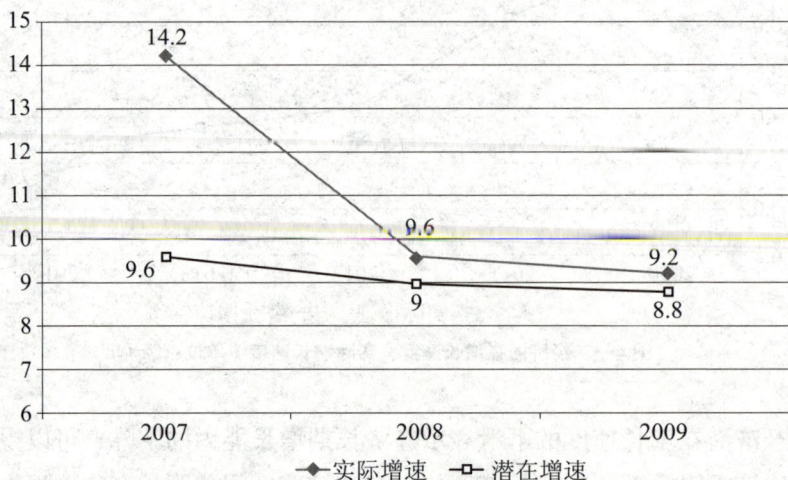

图 4-4　经济增长实际增速和潜在增长速度（单位：%）

降，由 2007 年的 9.6% 下降至 2009 年的 8.8%，降幅为 0.8 个百分点（见图 4-4）。

使用与上文相同的方法进行分析，发现 2007—2009 年的经济下行中，周期性因素影响占比达到 68.5%，趋势性因素影响占比为 31.5%（见表 4-2）。与 2010—2014 年的经济下行相比，这一轮经济下行更多表现为经济增长的周期性波动。

表 4-2　2007—2009 年经济下行的影响因素

年份	实际增速（%）	潜在增速（%）	下降幅度（百分点）	周期波动（百分点）	趋势下降（百分点）	周期影响（%）	趋势影响（%）
2007	14.2	9.6					
2008	9.6	9.0	4.6	4	0.6	87.0	13.0
2009	9.2	8.8	0.4	0.2	0.2	50.0	50.0
均值	11	9.1	2.5	2.1	0.4	68.5	31.5

数据来源：课题组计算。

2. 基本面因素的趋势性改变降低了经济长期增速

首先是人口结构改变影响要素投入增长速度。一是劳动力投入增速下降。自 2010 年开始，我国劳动年龄人口数量开始下降。且劳动力受教育时间不断延长，劳动就业时间不断推迟，就业率呈不断下降趋势。受此双重影响，劳动力投入的增速出现明显下降。二是人口抚养比上升降低高储蓄率从而影响投资增速。我们分析了我国人口抚养比和储蓄率之间的关系，发现人口抚养比每上升 1 个百分点，储蓄率将下降 0.8 个百分点。人口结构发生改变后，我国的高储蓄率将呈下降趋势，这会使得利率趋于升高，从而降低投资增长速度。三是人口老龄化加速显著提高劳动力成本。有利的生产型人口结构使我国在改革开放后劳动年龄人口数量大幅增加，极大地压低了劳动成本。而当前人口结构发生改变，劳动力供给减少、人口老龄化加快将带动劳动力成本进入长期上升通道。

其次是劳动力转移速度放缓降低全要素生产率提高速度。我们的测算表明，2004—2010 年，我国全要素生产率提高的 40% 左右来源于劳动力再配置效应，即就业结构的转变。种种迹象表明，当前我国劳动力大规模再配置的进程已经趋于尾声。2013 年二产就业人数绝对值和比重都出现了下降，2013 年二产就业人数比 2012 年减少 71 万人，占比下降了 0.2 个百分点（见图 4-5）。

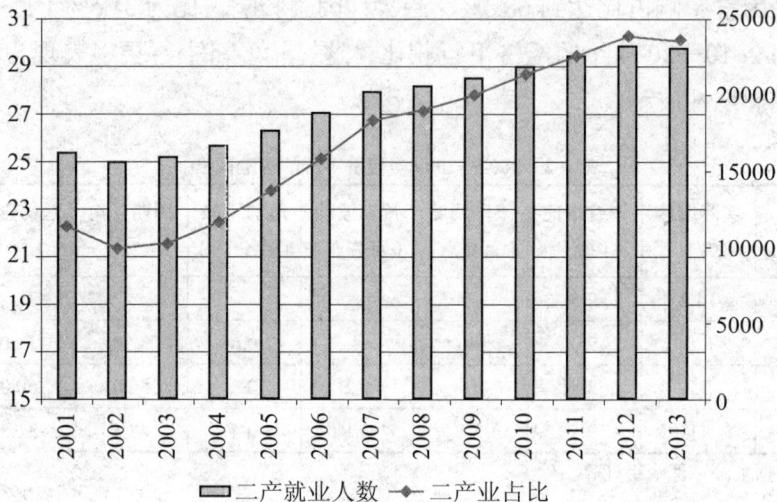

图 4-5　二产就业人数和占比（单位：万人、%）

2010 年我国第二产业增加值占比达到 46.7%，之后开始下降，2014 年为 42.6%，但仍然明显高于已经完成工业化的国家二产比重的历史峰值（见表 4-3）。据此判断，我国的第二产业很难再出现大的扩张，劳动力转移的速度将会继续下降，并且更多的转向第三产业。

表 4-3　各国第二产业增加值占比峰值

	德国	美国	日本	韩国	中国（2010 年）
第二产业增加值占比峰值	39.1%	29.3%	38.8%	34.5%	46.7%

数据来源：wind 数据库。

第三是资源和环境约束增强提高企业的生产成本。过去长期粗放型的经济增长方式伴随着资源的高消耗和污染物的高排放，严重影响了资源环境的长期供给能力。生态环境的恶化和人民对生活环境越来越高的要求会显著增加企业的生产成本：一是需要在生产过程中增加环保支出，二是对已经造成的污染的治理力度加大，也会造成企业税费支出增多。

二、高增长经济体经历一段时期的高速增长之后显著减速 是世界性普遍现象

我们的研究发现，由于全要素生产率增长速度放缓，高增长经济体高速增长之后约九成出现显著减速现象，且大部分发生在中等收入阶段。受需求结构、产业结构和人口结构等因素影响，减速时点出现的早晚差异较大。

1. 94.4%的高增长经济体在持续高速增长之后显著减速

根据我们对 Conference Board 世界经济数据库中 125 个经济体的分析（国家发改委经济研究所课题组，2011），发现有 36 个经济体以购买力平价计算的人均 GDP 达到 1 万国际元（1990 年美元，下同），且经历过 3.5%以上的高增长。其中，有 34 个在高增长之后出现了显著减速（通常所谓的显著减速是指任一时点之后 7 年平均增速比之前 7 年降低 2 个百分点以上），概率高达 94.4%，减速前后平均增速由 6.5% 下降到 0.2%，平均减速幅度为 6.3 个百分点。

2. 大部分高增长经济体显著减速发生在中等收入阶段

高增长经济体显著减速时人均 GDP 平均水平为 11000 国际元，其中 2/3 在此之前减速，1/3 在此之后减速（见图 4-6）。具体来看，不同经济体显著减速时人均 GDP 差异较大，9500 国际元为中位数。5000 国际元以下出现显著减速的经济体占 14.4%，5000—10000 国际元之间占 40.4%，10000 国际元及以上占 45.2%（其中超过 15000 国际元以后才减速的经济体比例仍有 23%）。从经济赶超度（即人均 GDP 相对于领先国家美国人均 GDP 的比例）来看，当高增长经济体的赶超度达到 30% 以后，出现显著减速的可能性明显上升（见图 4-7）。从时点来看，概率最大的减速时点为人均 5000 国际元和 8000 国际元，或赶超度 50% 和 80%。

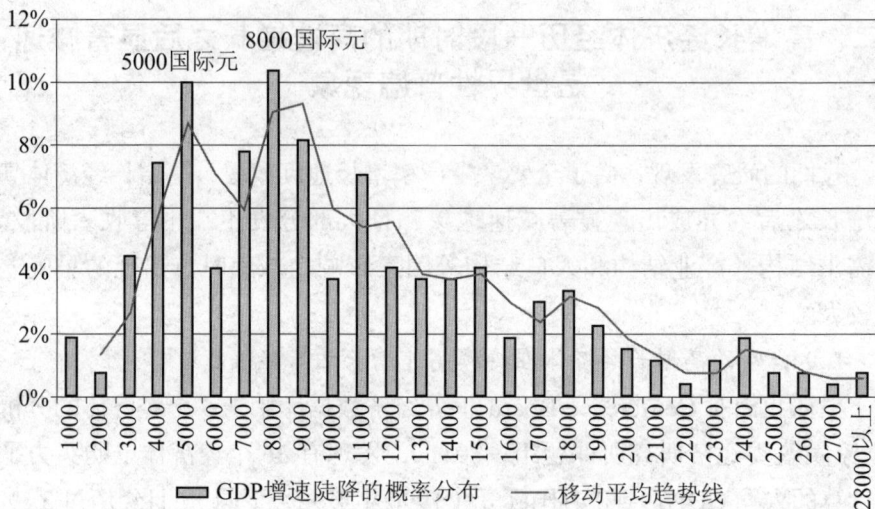

图4-6 高增长经济体显著减速时人均GDP分布

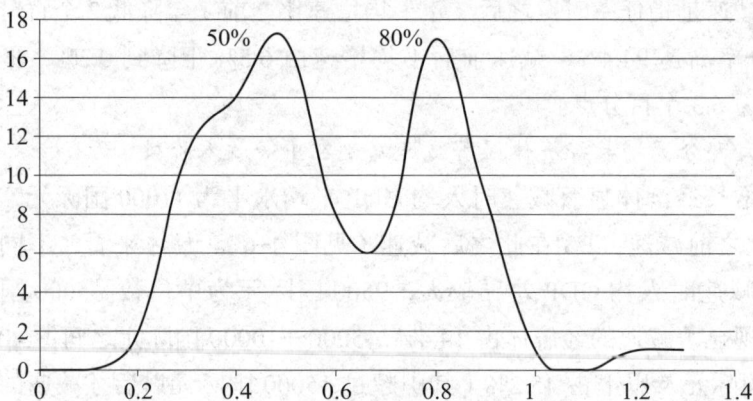

图4-7 高增长经济体显著减速时赴趋度分布

3. 全要素生产率增速放缓可解释87%的减速幅度

从增长核算角度来看，34个经济体显著减速前后，资本存量增速由2.4%下降到1.79%，劳动投入增速由0.89%下降到0.86%，而人力资本增速由0.44%上升到0.51%，变化最大的是全要素生产率的增速，由减速之前的3.04%下降到0.09%，下降幅度达到2.95个百分点（见表4-4）。全要素生产率增速之所以出现如此大幅度的下降，一方面是由于经济成熟度

82

提高，劳动力再配置进程结束，剩余劳动力由农业部门向工业部门转移显著减少；另一方面则是由于高增长经济体与领先经济体的差距缩小导致技术引进效应降低，而自主创新效应又未能及时跟进。

表4-4　不同要素投入对样本经济体经济减速的影响

	资本存量投入增长	劳动投入增长	全要素生产率增长
放缓百分点	1.39	0.03	2.95
对减速的贡献	12.7%	0.003%	87.6%

数据来源：课题组计算。

注：劳动和资本投入的弹性分别为0.3和0.7。

4. 减速时点出现早晚受需求结构、产业结构、人口结构和其他因素影响

尽管高增长经济体在高速增长之后出现显著减速是个普遍现象，但不同经济体减速时点存在较大差异。计量检验结果表明，对高增长经济体减速时点具有显著影响的因素主要包括消费率、农业产值和就业比重、工业就业比重、外贸依存度、汇率低估程度以及抚养比等，这些因素可以解释显著减速时人均GDP变化的95%。其中，使经济体减速时点推迟的因素包括第一产业就业比重、外贸依存度、抚养比，而使减速时点提前的因素包括消费率、第一产业产值比重、工业就业比重和汇率低估程度。

三、我国很可能在"十三五"前后进入"波浪式"减速时期

我国经济和人口结构特征决定经济减速时的人均GDP可能超过样本经济体平均水平，"十三五"时期为我国经济减速的高概率时期，双重二元结构决定我国很可能出现"波浪式"减速。

（一）经济显著减速存在"台阶式"和"波浪式"两种轨迹

大多数高增长经济体显著减速呈现"波浪式"轨迹，小部分经济体呈现"台阶式"轨迹。与"波浪式"减速相比，"台阶式"减速发生更早、幅度更大。从原因来看，"台阶式"减速多为受外部冲击，也有可能因政策失误所致。

1. 大部分高增长经济体显著减速呈现"波浪式"轨迹

高增长经济体的减速形式大体可分为"台阶式"和"波浪式"两种轨迹。其中，"台阶式"减速是指减速后经济增速的最高点低于减速前经济增速的平均水平。"波浪式"减速是指减速后的增速最高点虽然低于减速前的最高点，但高于减速前的平均水平，且仍有可能出现次高点。在我们研究的34个样本经济体中，经历过"台阶式"减速的包括日本、德国、意大利、法国、荷兰、比利时及我国台湾；经历过"波浪式"减速的包括英国、西班牙、葡萄牙、加拿大、美国、韩国、马来西亚、澳大利亚和新西兰等其余经济体。

2. "台阶式"减速比"波浪式"减速发生时点更早、减速幅度更大

"台阶式"减速与"波浪式"减速相比具有两个显著特征：一是"台阶式"减速发生更早。第一次"台阶式"减速发生时，人均GDP平均值为5500国际元左右；第一次"波浪式"减速发生时，人均GDP平均值为6500国际元左右，明显晚于"台阶式"减速发生时点。从相对发展水平来看，"台阶式"减速发生在经济体赶超度为30%时，而"波浪式"减速发生在接近40%时。二是"台阶式"减速的减速幅度更大。从样本经济体第一次减速情况来看，"台阶式"减速经济体平均减速幅度高达近7个百分点，而"波浪式"减速经济体平均减速幅度不到5个百分点，二者相差约2个百分点。

3. "台阶式"减速多为"三高型"经济体

发生"台阶式"减速的经济体普遍是工业比重较高、出口比重较高和对能源净进口依赖较高的"三高型"经济体。就平均值而言，发生"台阶式"减速的经济体与"波浪式"减速经济体相比，工业增加值比重高6.1个百分点，出口比重高7.3个百分点，能源净进口比重高约15个百分点（见表4-5）。

表4-5 "台阶式"减速与"波浪式"减速特征对比（单位：%）

	工业增加值比重	出口比重	劳动人口比重	能源净进口比重	资本形成比重
波浪式减速	33.6	27.2	63.9	44.6	26.9
台阶式减速	39.7	34.5	64.5	59.4	26.3

数据来源：课题组整理。

4. "台阶式"减速多受外界冲击或宏观政策失误影响

与"波浪式"减速经济体相比，"台阶式"减速经济体的经济增长更加依赖世界经济拉动，外部冲击必然对其经济增速产生较大影响，甚至改变原本的经济增速变化趋势。从34个样本经济体的显著减速时点来看，多数发生"台阶式"减速经济体的显著减速均受到石油危机的冲击（见表4-6）。如德国、荷兰、希腊等发生"台阶式"减速均是受到石油危机冲击的结果。而日本的两次"台阶式"减速则有所不同，第一次发生在石油危机之前，第二次则发生在20世纪90年代初，均是因国内宏观经济政策失误所致。

表4-6　"台阶式"减速经济体减速时点与主要诱因

经济体	减速时点	主要诱因
比利时	1974	石油危机冲击
法国	1974	石油危机冲击
德国	1974	石油危机冲击
希腊	1973	石油危机冲击
荷兰	1973	石油危机冲击
日本	1970	宏观政策失误
	1992	宏观政策失误
马来西亚	1997	亚洲金融危机冲击

数据来源：课题组整理。

5. 双重二元结构决定我国"波浪式"减速可能性较大，但"台阶式"减速可能性仍不能排除

由于我国经济存在较为特殊的"双重二元结构"，理论上我国经济增长可以具有多速非同步增长的特点，从而使我国经济增长的主要驱动力有可能呈现彼伏此起的接力状态，因此我国的经济减速更有可能呈现"波浪式"轨迹。我们的计量研究表明，我国经济减速呈现"波浪式"轨迹的概率高达90%以上，但发生"台阶式"减速的概率仍接近10%。

（二）"十三五"时期可能是我国显著减速的高概率时期

我国经济结构决定我国的经济减速时点可能较样本经济体更晚，经济

减速的最高概率时点为 2016 年和 2019 年。其中 2016 年为"台阶式"减速的高概率时点，2019 年为"波浪式"减速的高概率时点。

1. 我国有可能较一般经济体减速时点出现相对较晚

从经济结构指标看，使我国经济减速时点提前和推后于样本经济体减速时点平均水平的因素均存在。其中可能导致我国经济减速时点推后、高速增长时期较平均水平持续更长的因素包括：低于平均水平的消费率、高于平均水平的农业就业比重、低于平均水平的制造业就业比重和低于平均水平的人口抚养比。而可能导致我国经济减速时点提前、高速增长时期较平均水平缩短的因素包括：低于平均水平的外贸依存度、高于平均水平的农业产值比重和高于平均水平的汇率低估程度。总体来看，以上各种因素的共同作用结果有利于我国减速时点推后，我国可能较样本经济体平均水平保持更长时期的高速增长（见表 4-7）。

表 4-7　我国与样本经济体减速时点主要经济结构指标对比（单位：%）

	减速时点人均GDP（国际元）	之前 7 年平均增长率	消费率	投资率	外贸依存度	城市化率
平均值	10802.9	6.3	72.7	28.4	74.2	72.7
最大值	16903.6	10.8	87.8	47.6	185.7	100.0
最小值	7008.2	3.7	55.9	18.3	10.5	42.0
我国 2013		10.4*	49.8**	47.8**	45.4	53.7
	农业就业	制造业就业	农业产值	二产产值	名义汇率 /PPP	人口抚养比
平均值	11.5	33.8	7.3	37.1	1.4	1.4
最大值	27.3	48.5	22.7	50.8	2.2	2.5
最小值	1.0	23.4	0.0	26.6	0.9	0.9
我国 2013	31.4**	24*	10.0	43.9*	3.5**	0.78**

数据来源：课题组计算。

注：* 接近极值 ** 超过极值。

2. 2016 年和 2019 年是我国经济显著减速的关键时点。

预计 2016 年我国人均 GDP 将超过 13000 国际元，接近美国的 30%，有可能进入显著减速开始阶段，此时为"台阶式"减速的高概率时点；

2019 年前后，我国人均 GDP 将达到 20000 国际元左右，接近美国的 40%，有可能进入显著减速高概率区间，此时发生"波浪式"减速的概率更高。

四、中长期我国经济的潜在增长率

考虑到我国存在明显的二元经济特征，农业经济和非农经济之间无论是资源配置还是生产效率都存在着显著差异，劳动力在农业与非农业部门的边际产出相差悬殊，在总劳动力不变的情况下，劳动力在不同部门之间的转移对产出具有相当大的影响。可探索建立农业部门和非农业部门的生产函数。使用分产业生产函数方法计算潜在产出主要基于以下两方面考虑：首先，数据方面的限制使得估计潜在产出的整体方程非常困难。非农业部门的数据较为齐全，但其他部门的数据不是很完整。这就会约束所采用的生产函数的形式，使估计结果可能出现较大的偏差。第二，考虑到我国经济的二元特征，不同产业增长的动力来源存在很大差别，有些部门的增长重点依赖于资本存量的增加，有些部门更加依赖于劳动力的投入。因此不同部门所采用的生产函数的形式也应该不同，劳动边际产出和资本边际产出的值也会存在不同。

（一）各产业生产函数的构造

我们把经济分为三个部门分别构造各部门的生产函数，然后进行加总得到经济整体的潜在产出水平。三个部门分别为：农业部门、第二产业部门和第三产业部门。由于第三产业中包含的部门比较多，且不同部门之间区别较大，如政府部门主要依靠人力投入来创造产出，而房地产部门则主要依靠资本投入来创造产出，所以需要进一步构造第三产业中不同部门的生产函数。在本文的计算中，所有价值数据全部调整为 1992 年可比价。

1. 第二产业生产函数

第二产业生产函数的构造是整个潜在产出估计的核心部分。第二产业的生产函数是在标准的新古典生产函数的基础上构造，投入要素包括劳动投入、资本投入和全要素生产率三部分。形式如下：

$$Q_{si} = AL^\alpha K^\beta$$

其中，Q_{si}：第二产业的实际产出（调整为 1992 年价格）

A：第二产业全要素生产率

L：第二产业劳动力投入

K：第二产业资本存量

2. 第一产业生产函数

在第一产业劳动力供给充裕的假设下，构造第一产业生产函数时，我们假定劳动的边际产出为 0，用地面积成为影响第一产业产值最为关键的因素。因此第一产业生产函数可用如下形式表示：

$$Q_{pi} = ALand$$

其中，Q_{pi}：第一产业的实际产出（调整为 1992 年价格）

A：第一产业全要素生产率

Land：第一产业中投入生产的土地面积[11]

3. 第三产业生产函数

国民经济核算中第三产业包含的部门非常多，有交通运输、仓储和邮政业，信息传输、计算机服务和软件业，批发和零售业，住宿和餐饮业，金融业，房地产业，租赁和商务服务业，科学研究、技术服务业和地质勘查业，水利、环境和公共设施管理业，居民服务和其他服务业，教育，卫生、社会保障和社会福利业，文化、体育和娱乐业，公共管理和社会组织等 14 个部门。这 14 个部门之间的投入结构差别较大，并且数据的可得性和数据的质量也存在较大的差别。从各部门增加值占第三产业的比重来看（见图 4-8），批发和零售业，金融业、房地产业和交通运输、仓储和邮政业占比明显高于其他部门，这四个部门的增加值占第三产业增加值比重近60%，且数据的可得性和质量较好。因此本文主要研究这四个部门的生产函数的构成形式，从而分别估计这四个部门的潜在增长速度。

（1）交通运输业生产函数

交通运输业生产函数是在标准的新古典生产函数的基础上构造，投入

---

[11] 鉴于数据的可得性，我们使用农作物播种面积来表示农业用地面积。2004—2009 年二者之间存在相对固定的比例关系。

要素包括劳动投入、资本投入和全要素生产率三部分。形式如下：

$$Q_{tsp} = AL^{\alpha}K^{\beta}$$

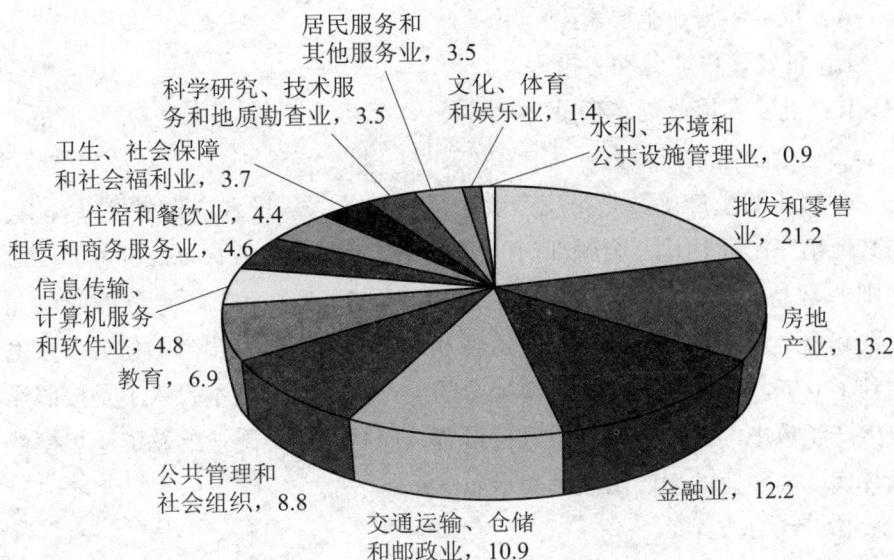

图 4-8　第三产业各部门占比（单位：%）

其中，Q_{tsp}：交通运输业的实际产出（调整为 2002 年价格[12]）

A：交通运输业全要素生产率

L：交通运输业劳动力投入

K：交通运输业资本存量

（2）批发零售业生产函数

近年来，我国批发零售业蓬勃兴起，批发零售业增加值由 2005 年的 13966.2 亿元上升为 2013 年的 55671.9 亿元（当年价），就业人数从 565.9 万人上升到 754.4 万人。与交通运输业生产函数相似，我们也在新古典生产函数的基础上构造了批发零售业的生产函数，投入要素包括劳动投入、资本投入和全要素生产率三部分。形式如下：

---

[12]　如果考虑到与第一产业、第二产业生产函数设定的一致性，各价值变量应调整为 1992 年价，但由于第三产业中各部门数据的限制，我们把第三产业的生产函数中各价值变量调整为 2002 年价。进行加总时，由于我们使用的是速度，不同基期不会影响速度的结算结果。

$$Q_{wr} = AL^\alpha K^\beta$$

其中，Q_{wr}：批发零售业的实际产出（调整为 2002 年价格）

A：批发零售业全要素生产率

L：批发零售业劳动力投入

K：批发零售业资本存量

（3）金融业生产函数

金融业的生产函数是第三产业中最特殊的，从投入产出表可以看出，与其他第三产业相比，金融部门的固定资产折旧非常低，单位资本的产出比则非常高，是其他部门的 1/10 到 1/5。而 2002—2013 年金融行业就业人数和金融业增加值的相关系数达到 0.99，和金融业总资产的相关系数也达到了 0.99。因此我们在构建金融业的生产函数时，资本投入不是按照经典生产函数中的固定资本存量进行设置，而是使用金融业的总资产规模数据替代。金融业的生产函数可表示如下：

$$Q_f = AL^\alpha K^\beta$$

其中，Q_f：金融业的实际产出（调整为 2002 年价格）

A：金融业全要素生产率

L：金融业劳动力投入

K：金融业的总资产规模

（4）房地产业生产函数

房地产业的产出应该是房屋存量所提供的全部租金收入，基本不包含劳动力投入的贡献。因此，我们在构造房地产业的生产函数时不包含劳动力投入变量，其形式如下所示：

$$Q_r = AK^\beta$$

其中，Q_r：房地产业的实际产出（调整为 2002 年价格）

A：房地产业全要素生产率

K：房地产业的总资产规模

生产函数中的参数 α、β 为劳动边际投入和资本边际投入对经济增长的贡献。在以往的研究中，一部分研究使用计量经济模型来确定 α 和 β，另外一部分研究使用劳动报酬和资本报酬的比例来确定 α 和 β，本文采取第二种方法，原因在于：第一，使用计量经济模型估计 α 和 β，多存在共线性的问题，会影响到模型的估计结果；第二，即使使用模型估计得到 α 和 β，也要和劳动报酬与资本报酬的比例进行印证。由于劳动报酬和资本报酬的比例关系比较稳定，因此我们使用 2002、2005 和 2007 年投入产出表中资本报酬和劳动报酬的比例作为 α 和 β。

（二）中长期经济潜在增长率预测

需要进一步说明的是，在潜在增长率的预测中，近两年的预测是按照实际经济增长速度的预测方法进行的，而两年之后的其他年份我们假设经济增长速度会趋向于潜在增长速度，从而我们使用生产函数进行预测。

1. 投入变量预测

（1）就业人数

受劳动力受教育时间不断延长等原因的影响，劳动力就业时间不断推迟，劳动年龄人口就业率呈不断下降趋势。我们假设"十三五"时期就业率保持 2011—2013 年的下降趋势。通过滤波获得劳动年龄人口就业率变化趋势，外推后获得未来每年度的就业率。劳动年龄人口数的预测数据来源于社科院人口所。

（2）就业比重

从就业结构来看，近 20 年来，由于第二和第三产业劳动生产率明显高于第一产业，导致劳动力从第一产业向第二和第三产业的转移持续加快。第一产业的就业比重从 1990 年的 60.1%，降低到 2013 年的 31.4%。与此同时，非农业部门吸纳的就业人员快速增长。第二产业就业人数比重从 1990 年的 21.4% 上升到 2013 年的 30.1%，第三产业从业人员比重由 18.5% 提高到 38.5%（见图 4-9）。

由于是分部门预测，需要知道未来劳动力在不同产业部门的分布，因而需要预测就业结构的变化，我们在国务院发展研究中心和国家发改委宏观经济研究院课题组预测基础上进行了一定修正，如表 4-8 所示[13]。

---

⑬　参见李善同等《2030 年的中国经济》，经济科学出版社，2011 年。

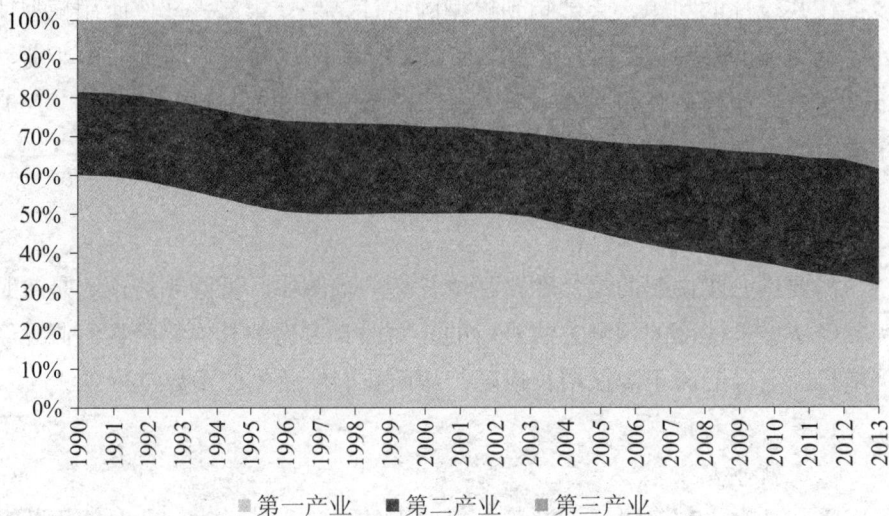

第一产业   第二产业   第三产业

图 4-9   三次产业就业比重

表 4-8   中国三次产业就业结构变化趋势分析（单位：%）

年份	就业结构		
	第一产业	第二产业	第三产业
2010	36.7	28.7	34.6
2015	29.5	31.7	38.8
2020	24.1	33.7	42.2

数据来源：课题组计算。

第三产业各行业就业人数如表 4-9 所示。

表 4-9   各部门劳动投入预测（单位：百万人）

年份	交通运输业	批发零售业	金融业	房地产业
2014	7.5	2.8	5.7	3.5
2015	8.0	3.0	6.1	3.9
2016	8.5	3.3	6.6	4.3
2017	9.2	3.6	7.1	4.6
2018	9.9	4.0	7.7	5.0
2019	10.8	4.3	8.3	5.3
2020	11.9	4.7	9.0	5.6

数据来源：课题组计算。

（3）资本存量

资本存量的增长速度受到投资增速和折旧率的影响。"十三五"时期，由于人口结构变化，我国的高储蓄率将不可持续。我们分析了我国人口抚养比和储蓄率之间的关系，结果发现人口抚养比每上升一个百分点，储蓄率将下降 0.8 个百分点（见图 4-10）。如果考虑体制政策因素的综合影响，我们预计 2015—2020 年储蓄率将呈下降趋势，通过测算，预计较 1993—2013 年相比下降约 3.5 个百分点。同时，资本外流等因素会进一步降低我国资本存量的增加速度。

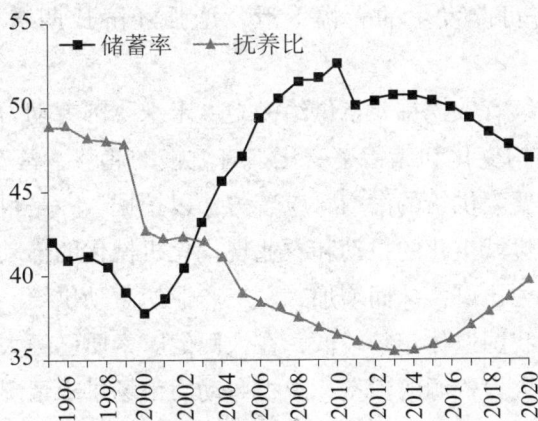

图 4-10　储蓄率与抚养比变化（单位：%）

（4）全要素生产率

综合全要素生产率的各影响因素来看，未来全要素生产率的提高速度加快存在良好基础，但也存在一定的不确定性，我们通过当前趋势的线性外推作为未来全要素生产率的基本趋势。

根据以上各投入要素的测算，我们获得"十三五"时期我国经济潜在增速（见表 4-10）。总体来看，由于生产要素投入增速的下降，我国经济的潜在增长速度将趋于下降，"十三五"时期的均值为 7.3%。

表 4-10　潜在增长率预测（单位：%）

年份	经济潜在增速
2014	7.8

年份	经济潜在增速
2015	7.6
2016	7.8
2017	7.6
2018	7.3
2019	7.1
2020	6.9

数据来源：课题组计算。

为防范经济可能发生的大幅下滑，增强经济长期增长潜力，建议如下：

第一，要继续有效挖掘要素供给潜力。未来我国劳动力供给和资本供给受人口年龄结构变化和储蓄率变化都有放慢的趋势，甚至将转为下降。但我国仍有提高要素供给的潜力，应着力加以挖掘。一是目前农业劳动力比例仍较高，通过城市化的拉动和农业现代化机械化的推动就有可能大幅度降低农业劳动力比例，从而增加二、三产业的劳动供给。二是适当提高退休年龄，目前我国退休年龄较低，在人民健康素质已经大幅改善的条件下，实际上造成人力资源的浪费，应视劳动力市场供求情况，及时调整退休年龄。

第二，发挥要素质量提高的新比较优势。在要素供给数量有所下降的同时，我国的要素供给质量有所提高。一是人力资本积累速度加快。目前中国年度普通本专科毕业生达到 570 万人以上，是本世纪初的 5 倍，劳动力整体素质提高。二是研发投入增长迅速。近年来中国研发投入增长率在 20% 左右，2013 年研发投入占国内生产总值的比超过 2%。三是资本存量质量上升。充分发挥后发优势，中国建设了一大批具有国际一流水平的重大装备、重要基础设施，为长期发展奠定了坚实的基础。要素供给质量的改善有利于生产率的提高，这也是我们假定未来生产率增长高于历史趋势的重要依据。要充分利用要素质量的提高，推动创新和结构升级，提高技术进步速度，这在一定程度上能够弥补要素供给数量增长减慢对经济增长的影响。

第三，宏观调控的政策参数做相应调整。一方面宏观调控所设定的经济增长目标要与潜在增长水平相适应，未来 10 年要适当降低经济增长目标的中枢值，防止沿袭以往惯性设置较高目标而过度刺激经济增长。另一方面，也要注意由于潜在增长的部分下降是受外需的影响所致，而研究结论表明外需对实际经济增长的影响要更甚于潜在增长，意味着未来出现负产出缺口的可能性较大，因而需要采取扩张性政策来弥补产出缺口。但政策的力度需要把握好，由于潜在增长率也在下降，因而政策不应着眼于弥补全部实际增长的下降。

第四，依据经济长期潜在增长趋势做好中长期财政计划。由于未来经济增长环境的变化，应未雨绸缪早做规划，避免政府陷入债务陷阱。应引入中长期财政计划，对未来财政收支路径做好规划，使财政制度设计、支出责任设定、赤字与债务安排都要与潜在经济增长情况相适应，以保持财政的长期可持续性。

第五，加快改革步伐，释放改革红利。一是继续推进行政制度改革，提高制度供给效率。二是加大金融改革力度，降低金融抑制程度。在资本供给减慢的情况下，资金价格应更多地反映资本供求关系，使资本供求趋于平衡，并通过加快金融体制改革、发展直接融资等方式，提高资本运用效率。三是加快农村土地改革，加快农村土地的流转，推进农村土地交易市场化，增加要素投入的速度与数量。

参考文献

1．宋立、刘雪燕：《"十三五"时期要防止经济增速台阶式下降》，《宏观经济管理》2015 年第 1 期。

2．宋立、孙学工、刘雪燕、李世刚：《"十三五"时期我国经济增速将保持 7% 左右》，《中国经济时报》2015 年 1 月 8 日。

3．国家发改委经济研究所著：《"十三五"规划研究：经济发展和深化改革》，经济科学出版社 2014 年版。

4．刘雪燕：《对潜在风险冲击要有充分考虑》，《中国经济导报》2015年 1 月 31 日。

5．刘雪燕：《我国经济潜在增长率研究》，国家发改委宏观院课题报告，2011年。

6．刘雪燕：《"十三五"时期我国经济潜在增长率研究》，国家发改委经济研究所课题报告，2014年。

7．郭妍、张立光：《对外贸易与经济增长：外需大幅下滑时期的视角》，《国际经贸探究》2010年第3期。

8．郭庆旺、贾俊雪：《中国潜在产出与产出缺口的估算》，《经济研究》2004年第5期。

9．刘迎秋、高静：《阿根廷和智利经济发展的经验教训及其启示》，《拉丁美洲研究》2007年第8期。

10．戚文海：《经济转轨十年：俄罗斯经济增长方式探析》，《东欧中亚研究》2002年第4期。

11．任卫峰：《国际货币基金组织对印度经济增长的观察和建议》，《南亚研究季刊》2007年第3期。

12．苏惠民：《浅析德国经济增长乏力的原因》，《德国研究》1996年第3期。

13. Jean-Philipe Cotis, Joren Elmeskov, Annabelle Mourougane. Estimates of potential output: Benefits and Pitfalls Form A Plicy Perspective. OECD Economics Deparment Working Paper.

14. Brussels.Report on potential Output and the Output Gap. Economic Policy Committee, 25 October 2001.

15. CBO'S Method for Estimating Potential Output: An Update. CBO paper, August 2001.

第五章 动力转换：从依靠资源投入向依靠效率提高转变

生产率不等于一切，但长期看它则几乎意味着一切。

——保罗·克鲁格曼

美国普林斯顿大学教授，2006 年诺贝尔经济学奖获得者

　　1994 年，美国著名经济学家保罗·克鲁格曼在《外交杂志》发表了《亚洲奇迹的迷思》一文，指出"东亚奇迹"是依靠"流汗"即资源投入而不是依靠"灵感"即效率提升的增长，从而质疑东亚国家高速增长不可持续。1997 年，就在围绕"东亚奇迹"争论话音未落的当口，亚洲金融危机全面爆发，"东亚奇迹"翻落哑口，而后围绕"中国奇迹"的争论取代"东亚奇迹"成为世界经济增长领域议论的焦点。几乎也就是从那时起，国内关于中国粗放型增长模式可持续性的探讨不绝于耳。2000 年以加入世界贸易组织为起点，中国进入了一轮高增长周期，"十五"期间和"十一五"前中期皆保持了年均 10% 以上的增速，关于中国资源要素驱动型发展模式的质疑虽常有发生但程度有所消退。2008 年金融危机后，外部经济环境恶化与内部要素结构转变双重因素叠加导致中国经济进入中高速增长区间，2009—2014 年均增速降至 8% 左右，2013 年和 2014 年更是降至 7.4% 的增速水平，中国经济进入了以经济增速换挡为核心的"新常态"。这意味着，随着人口老龄化日趋发展和农业富余劳动力减少，我国过去劳动力数量多、成本低的优势正在弱化，资本产出开始下降，资源环境承载能力逐步降低，要素的规模驱动力逐步减弱，经济增长将更多依靠人力资本质量和技术进步，发展动力必须从单纯依靠资源投入向更多依靠效率提高转变，让效率提升成为驱动经济发展的新引擎，推进"中国奇

迹"进入"第二季"。

一、资源要素驱动和"中国奇迹"

要素对经济体增长的推动作用取决于三个因素：第一是要素数量的投入，包括劳动力、资本和土地等，它决定了经济增长要素使用的规模，是经济增长基本环节；第二是要素参与率的提高，它既决定了要素使用规模又影响要素效率，是经济增长核心环节；第三是要素生产率的提升，它在很大程度上决定了要素使用效率，是经济增长关键环节。改革开放30多年以来，我国通过体制改革和对外开放积累要素数量、吸引要素参与，并通过引导要素从传统部门转向现代部门提高要素使用效率，经济保持了30多年年均9.8%的高速增长，创造了享誉世界的"中国奇迹"。但是，我国要素使用中非效率因素仍然大于效率因素，总体上仍然是资源要素驱动型增长模式。

（一）剩余劳动与人口红利 [14]

中国是全球的人口大国，也是劳动力大国。改革开放以前，由于城市排他性的就业制度和城乡分割的劳动力市场，加之重工业化导向使得城市吸纳就业能力有限，大部分劳动力被积压在了生产率极低的传统农业部门，人口规模大和劳动力数量多的要素优势在长时间内被极大的浪费了。1978年，我国劳动年龄人口占总人口比重达到60%以上，高于当时全球57%的平均水平，劳动力相对较为丰富（见图5-1）。但是，大部分劳动力被抑制在了传统农业部门，第一产业就业比重竟然达到了70.5%，工业部门劳动力参与率极低，劳动力的相对比较优势没有得以允分发挥（见图5-2）。

改革开放之后，我国在20世纪80年代开始允许农民从事农产品长途贩运与自销和鼓励劳动力到邻近的小城镇打工，20世纪90年代开始适当放宽对农业人口的迁移限制，本世纪初开始将户籍改革的相继决策权下放

---

[14] 所谓"人口红利"，是指一个国家的劳动年龄人口占总人口比重较大，抚养率比较低，为经济发展创造了有利的人口条件，整个国家的经济呈高储蓄、高投资和高增长的局面。

地方，限制农村人口流动的樊篱不断被降低。与此同时，城市工业规模逐步
扩大，并由此带来服务业的"聚集效应"，城市对就业的吸纳能力不断提高。

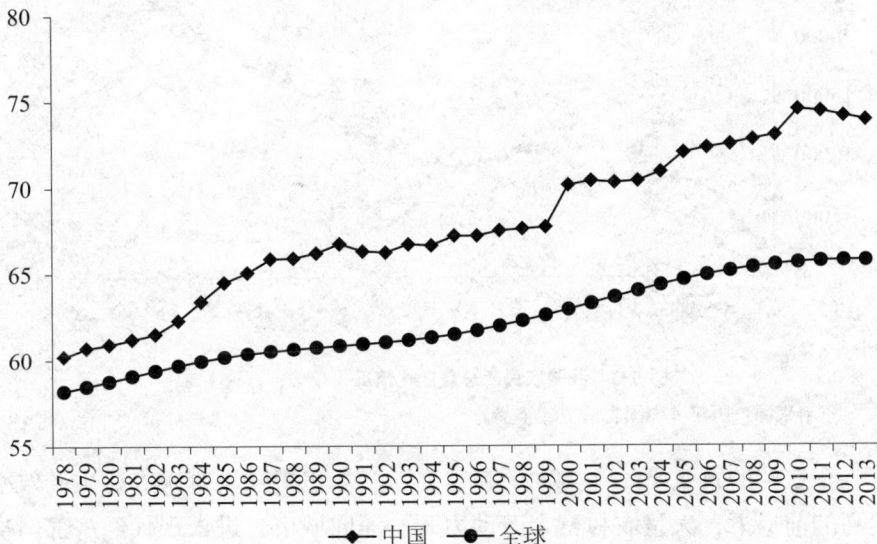

图 5-1　我国劳动年龄人口占比与全球平均水平比较（单位：%）

资料来源：世界银行 WDI 数据库。

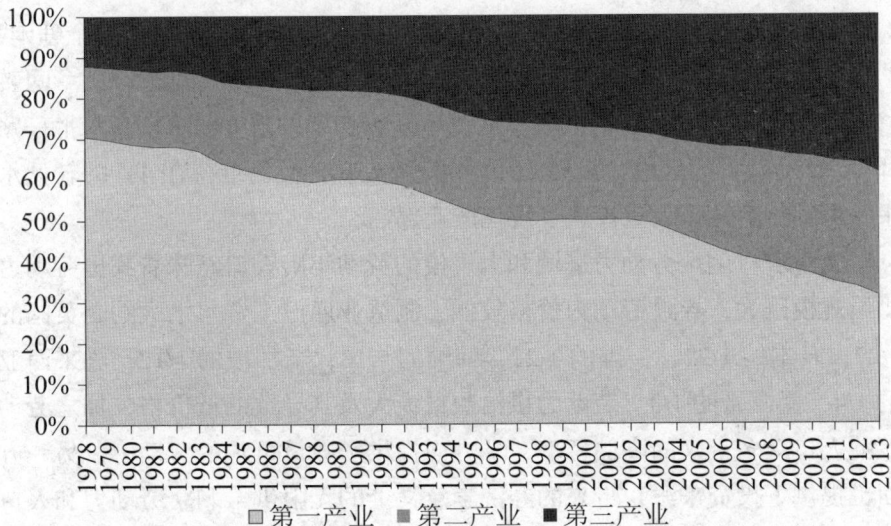

图 5-2　我国各产业部门就业占比情况（单位：%）

资料来源：历年《中国统计年鉴》。

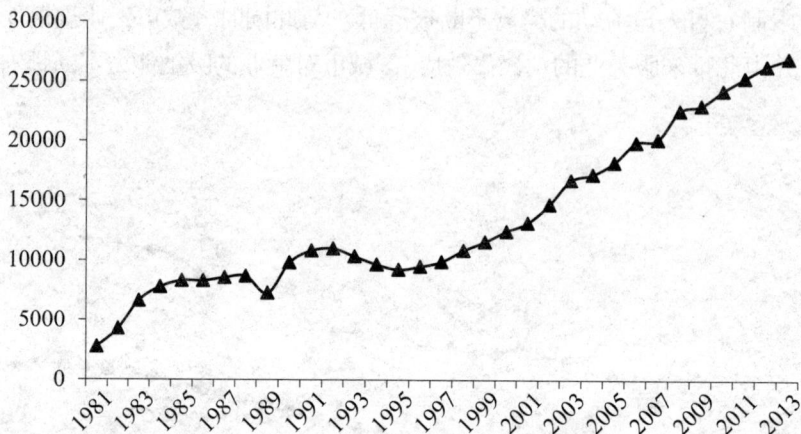

图 5-3　我国农民工总量变化情况（单位：万人）

资料来源：历年《中国农村统计年鉴》。

　　在这样的背景下，一方面，在家庭联产承包责任制带来农村生产效率提高的前提下，大量农村富余劳动力开始涌向城市，进入现代经济部门从业；另一方面，随着人口转变效应开始发挥，劳动年龄人口较多的优势逐步显现，压抑已久的人口红利开始释放。1981 年以来，我国进城务工人员（包括外出务工和本地务工）的数量从不到 3000 万人增长至 2013 年的 2.68 亿人（见图 5-3），转移人口占全球人口总量的 3%，相当于 5 个韩国、2 个日本、4/5 个美国和半个欧盟，是二战以来规模最大的人口城乡间转移。与此同时，城市登记失业率从改革开放初期的近 6% 的较高水平一路降至 2.5% 以下的水平，虽然 2014 年有所提升，但仍维持在 4% 的较低水平，劳动年龄人口大量投入了现代产业部门。

　　大量农村剩余劳动力进城和大规模的劳动年龄人口意味着我国劳动力供给规模巨大，导致劳动力价格较低，制造业雇员工资水平大约是英国的 1/27，日本的 1/22，美国的 1/21，韩国的 1/13，新加坡的 1/12，马来西亚的 1/4，墨西哥的 1/3。劳动力供给数量庞大及其导致的低价格，加之劳动年龄人口众多带来的高储蓄，一方面提供了数量可观的劳动力，另一方面也提供了投资来源，带来的经济学意义上的无限供给剩余劳动力和人口红利，为我国经济增长提供了重要驱动力。

（二）投资冲动与外资偏好

专注研究发展中国家经济问题的发展经济学认为，资本积累是经济起飞和推进工业化进程的重要驱动力。由诺奖获得者迈克尔·斯宾塞领衔的增长与发展委员会在 2008 年发布的《增长报告：可持续增长与包容是发展的战略》总结出二战后经济增长率超过 7%、持续增长超过 25 年的 13 个成功经济体，并认为这些经济体具有五个共同特征，其中最为重要一点便是保持了高储蓄率和投资率。可以看到，维持较高的资本投入既是实现贫困国家经济起飞的先决条件，也是一国经济平稳可持续增长的必要条件。

作为过去 30 多年全球经济增速最快的国家，在高储蓄率的背景下，中国的投资冲动从来就未衰减。20 世纪 80 年代和 90 年代，我国投资率一直徘徊在 35% 左右的水平；2003 年以来，我国投资率升至 40% 以上的水平，并在 2009 年后上升至 47% 以上的高水平（见图 5-4）。这一水平远远高于全球 20% 左右的水平，也明显高于美国历史上 26%、日本历史上 38% 和韩国历史上 37% 的最高水平，也明显高于各国在经济高速增长时期 30% 的平均水平。除了加蓬、莱索托、蒙古、不丹等个别小国在某些年份超过了我国 40% 以上的高投资率水平，还没有哪个国家能够在 10 年内连续

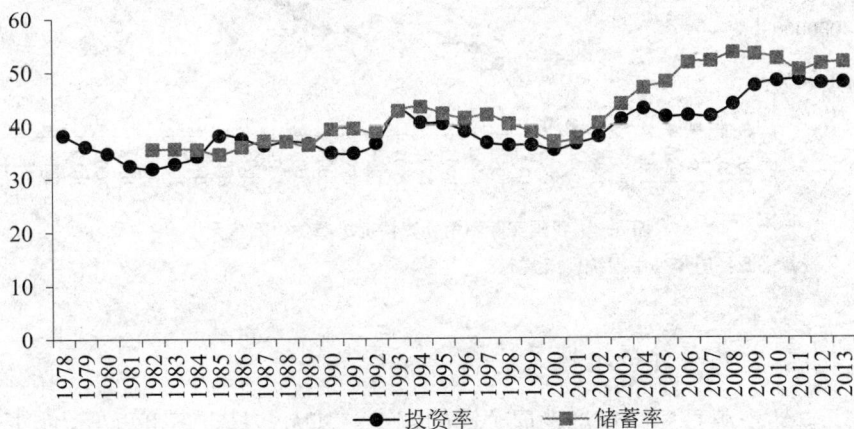

图 5-4 我国投资率变化情况（单位：%）

资料来源：历年《中国统计年鉴》。

保持如此高的投资水平。可以说，"中国奇迹"的重要侧面便是"投资冲动"，这种"潮涌式"的冲动发源于我国经济体制改革释放出的投资活力以及财政分权体制下的地方政府经济建设能动性。

与此同时，改革开放之后，为了吸引外商直接投资，我国参照国际惯例制定了相关法规，并在税收、进出口经营权和注册资本等方面对外商投资企业实行优惠政策。在这样的背景下，大量国外资本竞相涌入，我国成为全球第二大外商直接投资接受国（见图5-5）。固定资产投资中外资企业占比在大多年份达到了10%左右，国外资本成为我国高投资率的重要组成部分。

在国内高储蓄率和外资大量涌入的情况下，我国资本存量规模不断提高，人均占有资本数量大幅上升，资本投入对经济增长的贡献也长期保持在50%以上，2000年后更是保持在60%以上的高水平。由此，资本投入数量不断扩张是改革开放以来我国经济高速发展最为核心的因素。

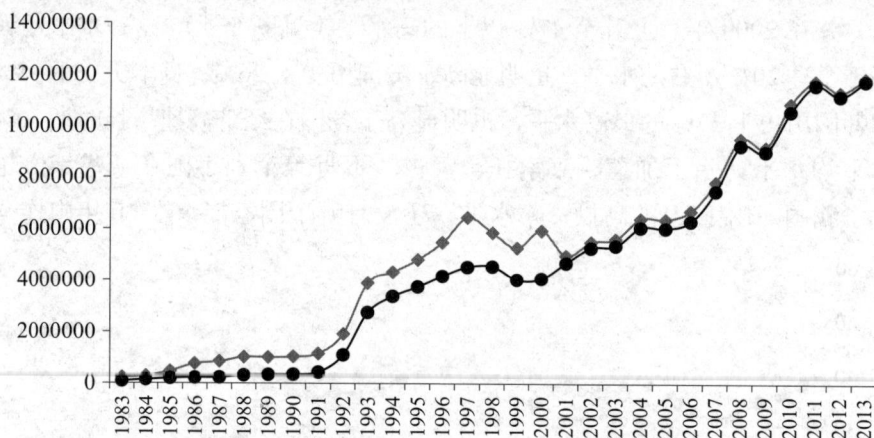

图5-5　我国实际利用外资情况（单位：万美元）
资料来源：历年《中国统计年鉴》。

（三）资源价格压抑与环境软约束

自然资源是一国经济发展关键的要素，其大多具有不可再生性，是经济增长的重要约束条件。环境是经济发展的基本要素之一，良好的生态环境是先进、可持久的生产力，是一种稀缺资源。发展经济学认为，一国经

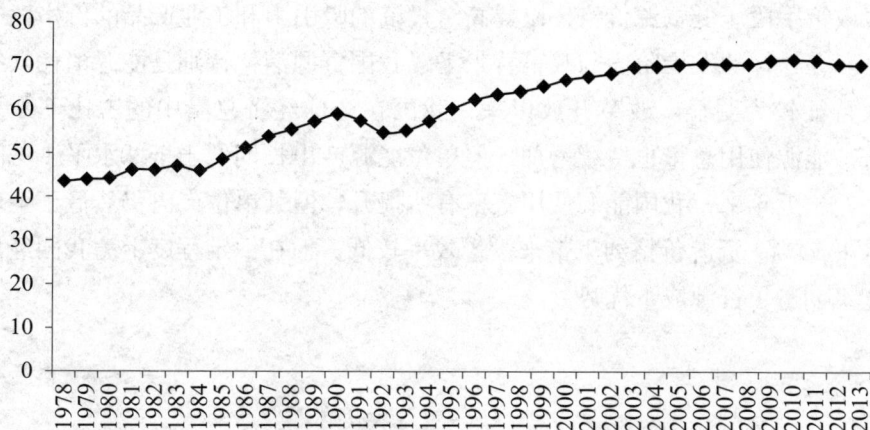

图 5-6　我国资本投入对经济增长贡献率情况（单位：%）
资料来源：历年《中国统计年鉴》。

济发展从经济起飞到进入经济成熟阶段，必然经历资源先粗放使用后集约利用、环境先恶化再改善的过程，这是经济发展的必然客观规律，是不以人的意志为转移的。只有在资源价格较低和环境软约束条件下，后发国家才能压低生产成本，使产品具备价格优势，才能在国际市场上取得低成本竞争优势，才能加快推进工业化进程，实现经济的起飞和快速发展。我国改革开放以来实践符合发展经济学中的客观经济规律，通过政策压制资源价格并形成对生态环境的软约束机制，在劳动力成本较低的基础上，降低企业生产的资源环境成本，从而进一步强化在国际市场上的低成本优势，实现经济起飞与赶超。

我国近 30 年经济增长所依靠的国际比较优势，除了丰富的劳动力之外，还突出地表现为向工业企业提供了大量的低价格资源。一方面，我国正处于各类资源相对富余的时期，无论是土地资源、水资源、矿产资源，还是能源，都具有很大的现实供应能力，其市场表现就是资源产品价格显著低于国际水平。另一方面，为了竞争相对短缺的资本特别是境外资本和技术，中央政府和各级地方政府都实行了以"优惠政策"为特点的工业化促进战略，例如，以低价格、零价格甚至补贴价格提供工业用地，保证低价格的水、电供应，实行各种减免税收的特殊制度，其基本经济性质就是以政策手段压低资源价格，以提高对投资的吸引力和工业产品的价格竞争力。在这样的发展阶段与政策背景下，我国资源消耗特别是能源消耗软约束特征较为明显。改革开放以来，我国在全球经济总量中的占比不断攀升，能源使用总量也持续增加，但单位能源产出长期低于全球水平（见图5-7）。近年来，我国能源使用效率有所提升，但其单位产出仍然低于全球水平34%。资源价格约束带来投入效率较低，但在一定程度上为我国经济起飞创造了资源成本优势。

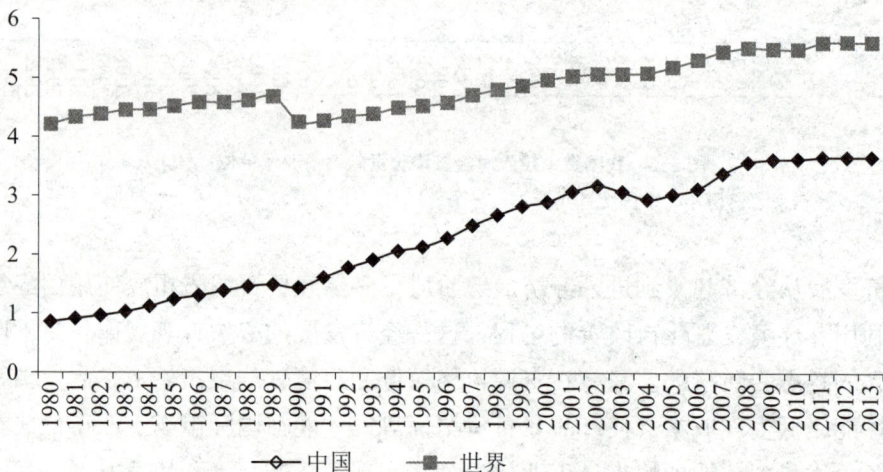

图5-7　我国单位能源产出与世界平均水平比较情况
（2005年不变价购买力平价美元/千克石油当量）
资料来源：世界银行WDI数据库。

与此同时，我国长期压低环境成本，为加快推进工业化创造了基础条件。一方面，我国幅员辽阔，改革开放初期各项经济活动相对于环境容量还较少，环境对产业发展的承载力较高，其市场表现便是环境成本相对较低。另一方面，为了加快推进工业化进程和保持高增长态势，我国各级政府加快经济发展的同时在一定程度上忽略或弱化了环境损害外部性造成的社会成本，从政策上压低了经济发展的环境成本，其基本经济性质就是以政策手段压低环境带来的附加成本，以进一步增加我国产业的低成本优势。在这样的现实条件和政策导向下，较之经济总量，我国环境要素投入规模巨大。2013年，中国的人口占世界人口的19%，GDP只占到12.3%，制造业增加值占世界制造业增加值的 20%，货物出口额占到世界总出口额的 12.2%，却排放了世界碳排放总量的 25.5%。因此，可以说环境软约束为我国经济发展提供了必要的条件。

二、从传统人口红利转向新人口红利

随着人口老龄化趋势明显和农村剩余劳动力存量减少，我国劳动力数量将开始减少，劳动力价格逐步攀升，传统意义上的人口红利即将消失。但是，我国"重学重教"带来了丰富的人力资源，其与国内消费升级以及下一步适龄农民工与老龄人力资源再利用，将通过人口质量提升和劳动力再配置提升人口投入效率和经济效率一起，形成新一轮"人口红利"。

（一）刘易斯拐点[15] 与人口红利消失

马克思说"只有劳动才能创造价值"，这句话说明土地、资本和技术等要素只有与劳动力结合才能推进经济发展，劳动力在财富创造中具有核心地位。未来一段时间，过去三十多年我国经济增长依赖的大规模劳动力投入将难以持续，主要有以下两个方面的原因。

一方面，逐步跨入刘易斯拐点，农村剩余劳动力数量大幅减少。刘易斯拐点意味着随着农村剩余人口的大量减少，进城务工人员的数量增长将放缓直至下降，劳动力成本将逐步提高，在维持较低工资水平情况下实现大量农村剩余劳动力涌向城市工业部门的情况将一去不复返了。从 2010 年开始，我国外出农民工人数增量逐年减少，2013 年新增 274 万人，仅为 2010 年的 34%（见表 5-1）。与此同时，外出农民工人均月收入逐年提高，近几年一直保持 11% 以上的增速（见图 5-8）。

---

⑮　"刘易斯拐点"是由诺贝尔经济学奖获得者、发展经济学的领军人物、经济学家阿瑟·刘易斯在其《劳动无限供给条件下的经济发展》论文中提出的，即劳动力过剩向短缺的转折点，也可以理解为劳动力供应从无限到有限的转折点，是指在工业化过程中，随着农村富余劳动力向非农产业的逐步转移，农村富余劳动力逐渐减少，最终达到瓶颈的状态。

表 5-1　外出农民工人数增量变化情况（单位：万人）

年份	外出农民工增量
2009	492
2010	802
2011	528
2012	473
2013	274

资料来源：历年《全国农民工监测调查报告》。

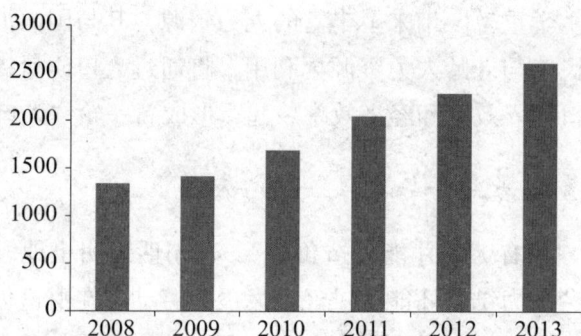

图 5-8　外出农民工人均月收入情况（单位：元）

资料来源：历年《全国农民工监测调查报告》。

另一方面，中国开始进入"人口老龄化"社会，劳动年龄人口开始减少。人口老龄化是未来我国必须面临的挑战，它意味着更少的青壮年劳动力将背负着抚养更多老龄人口的重负（见图 5-9，5-10）。2014 年，我国 16—59 岁劳动年龄人口为 91583 万人，比上年末净减少 371 万人，出现了自 2012 年以来的三连降。前两年劳动年龄人口的净减少幅度分别为 345 万和 244 万。绝对数量下降的同时，劳动年龄人口占总人口比例也在持续减少，从 2012 年的 69.2% 到 2013 年的 67.6%，再到 2014 年的 67%。与之相对应，我国 65 岁及以上老龄人口与 15—64 岁人口之比（老年抚养比）也从改革开放初期的 8% 升至 2014 年 13% 以上的较高水平。根据联合国的预测，我国老年抚养比 2020 年将达到 17.4%，2030 年将达到 25%（见图 5-11），2040 年将达到 38%，2050 年将达到 43%（见图 5-12）。这意味着到 2050 年，每两个劳动年龄人口要抚养一个老年人，过去劳动年龄人口数量庞大带来的"人口红利"业已消失，而数量庞大的老龄人口将成为我国经济发展的羁绊。

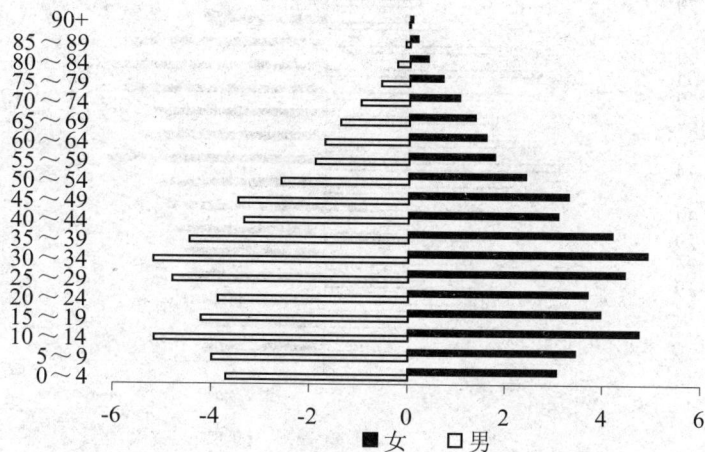

图 5-9　2000 年我国人口年龄金字塔图

资料来源：联合国人口数据库。

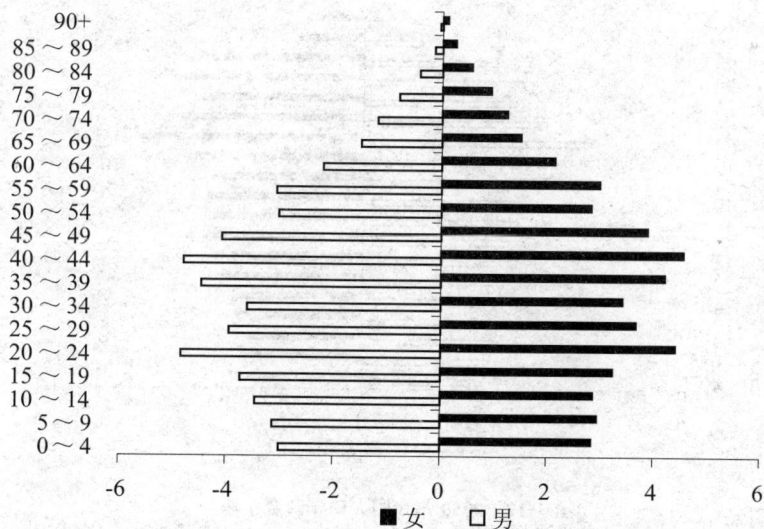

5-10　2010 年我国人口年龄金字塔

资料来源：联合国人口数据库。

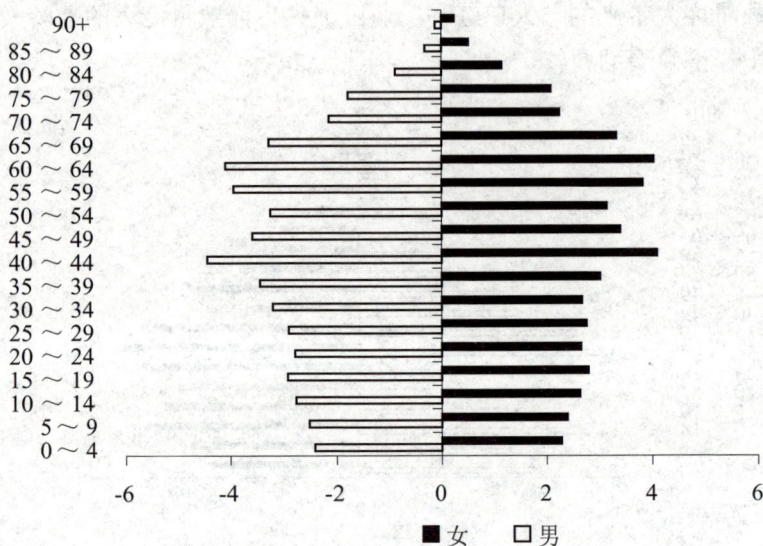

图 5-11　2030 年我国人口年龄金字塔

资料来源：联合国人口数据库。

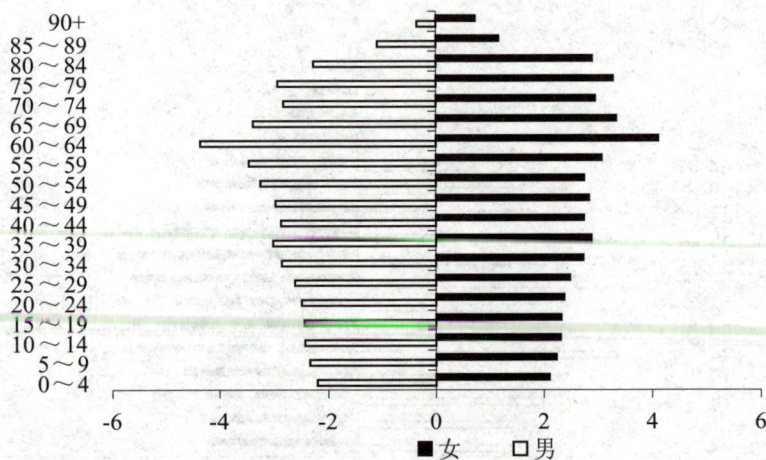

图 5-12　2050 年我国人口年龄金字塔

资料来源：联合国人口数据库。

（二）人力资本积累与新人口红利

诺贝尔经济学奖获得者罗伯特·卢卡斯教授认为，特殊的、专业化的、表现为劳动者技能的人力资本者才是经济增长的真正源泉。主流的经济发展理论也认为，只要人力资本对于经济增长的贡献率超过劳动力数量对于经济增长的贡献率，人口结构转变过程中出现的"人口红利消失"就可以转而被新生成的"人力资本红利"所替代，催生出新的发展动力，并创造新的人口红利。

教育是人类文明进步的重要标志，是人力资本积累的决定条件，更是社会经济发展的重要动力源泉。教育水平的提高增加了劳动者的人力资本，这使得人力资本替代劳动力数量得以可能。改革开放以来，我国财政教育投资总量基本上处于不断上涨趋势，绝对数值从1978年的75.05亿元增长到2013年的21877亿元，增长了290倍。特别是，自1992—2013年间，全国教育财政性投入的绝对规模逐年增加，年平均增长达到近20%。

在教育投入不断增长的情况下，我国人力资本质量得到了大幅提升（见图5-13）。1982年我国25岁及以上人口人均受教育年限仅为4.3年，比当时世界平均水平4.9年（1980年）低0.6年；1990年为5.8年，与当时世界平均水平基本持平；2000年为7.4年，比当时世界平均水平6.8年高0.6年；2010年为8.6年，大大超过当前世界7.4年的平均水平。同时，2010年，我国15岁及以上人口的人均受教育年限（15岁及以上人口平均在学校接受教育的年数）已达9.05年，比2000年的7.85年提高了1.20年，预计到2020年将进一步提高到11.2年，这表明我国人口平均受教育水平已经完成了从初中程度迈入高中程度的转变，人口的文化素质有了相当大的提高。此外，就高素质人力资本而言，2013年，中国年度普通本专科毕业生达到638.7万人，是本世纪初的近5.7倍，研究生毕业人数达到51.4万人，是本世纪初的7.7倍，劳动力整体素质呈现不断提高的趋势；特别是，2010年，我国接受大专及以上教育人口达到1.2亿人以上，这相当于整个日本人口总数。

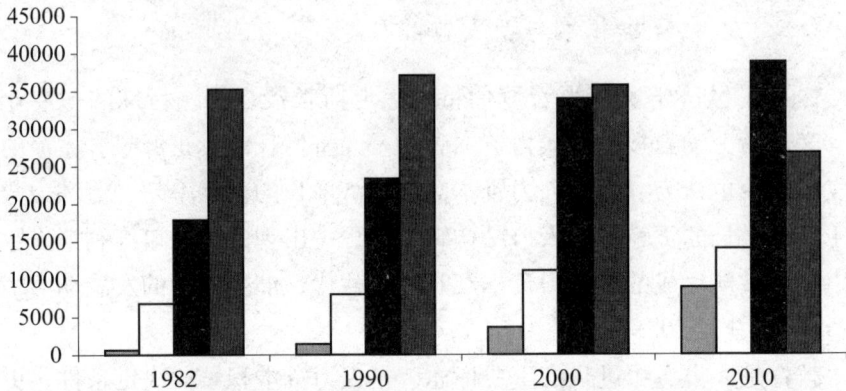

图 5-13　历次人口普查每十万人口中各级受教育人口情况
资料来源：历年《中国统计年鉴》。

　　与此同时，我国新生代农民工的受教育程度普遍较高，人力资本整体质量也明显提高。老一代农民工中，初中以下文化程度占 24.7%，初中占 61.2%，高中占 12.3%，大专及以上文化程度占 1.8%。而新生代农民工中，初中以下文化程度仅占 6.1%，初中占 60.6%，高中占 20.5%，大专及以上文化程度占 12.8%（见图 5-14）。在高中及以上文化程度的新生代农民工占到 1/3，比老一代农民工高 19.2 个百分点。

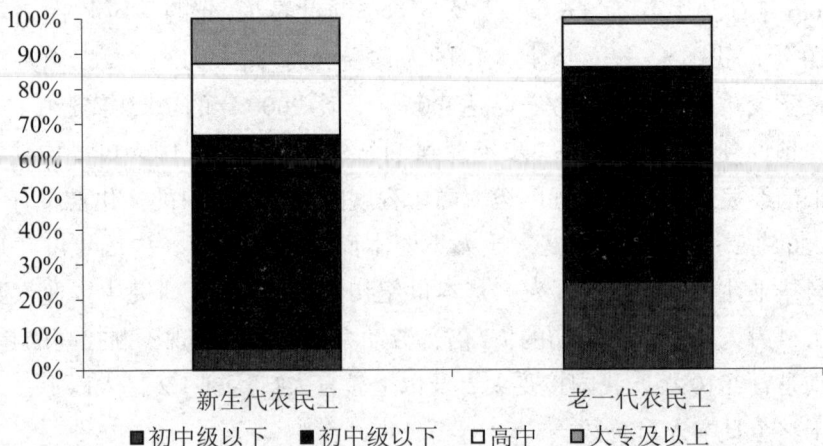

图 5-14　老一代农民工和新生代农民工受教育程度比较
资料来源：历年《全国农民工监测调查报告》。

随着我国人口受教育程度不断提高，劳动力整体质量逐步提升，人力资本对于经济增长的贡献率可期在不久将来超过劳动力数量对于经济增长的贡献率，人口结构转变过程中出现的"人口红利消失"将转而被新生成的"人力资本红利"所替代，并创造出新的发展动力。

（三）消费扩大与升级与新人口红利

劳动年龄人口减少，抚养比不断上升，"人口负债"特征开始凸显。在这种趋势下，我国总体储蓄意愿将大幅下降而总体消费意愿将不断强化，我国正在从"生产型"国家向"消费型"国家转变。

"传统人口红利"的典型特点是劳动适龄人口比重提高和社会抚养系数下降，在此人口结构变动下带动储蓄率和投资率提高的经济发展方式。人口结构转变带来老年人口比重提高和社会抚养系数下降，会造成人口红利的减弱，带来投资率的下降，但也相应带来消费率的提高（见图5-15）。随着我国人口转变，劳动适龄人口开始下降，老年抚养比上升，总体消费意愿开始提高，这将导致我国消费率逐步提升，消费扩大成为经济增长的新动力。事实上，内需主导而不是消费主导的经济模式，有利于加快市场配置效率的提升，从而提高整体经济的运行效率。

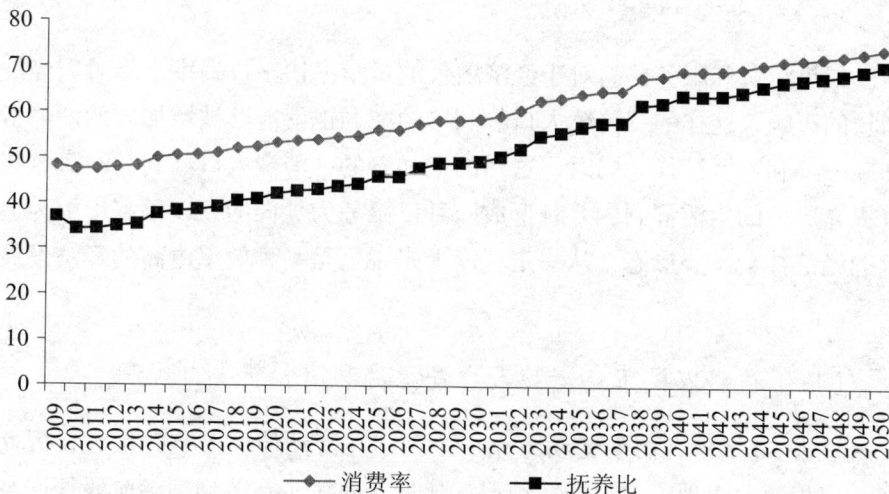

图 5-15 基于抚养比变化的我国未来消费率变化趋势（单位：%）
数据来源：根据联合国人口统计数据库相关数据计算得出。

与此同时，老龄化也相应带来相关服务需求的提高。老龄人口增加在某些层面表现为养老、护理等等社会的负担，但也有可能构成新的发展动力。其中，最为主要的是拉动消费升级，特别是医疗保健产业的发展，这可能成为经济持续发展的重要因素（见图 5-16）。

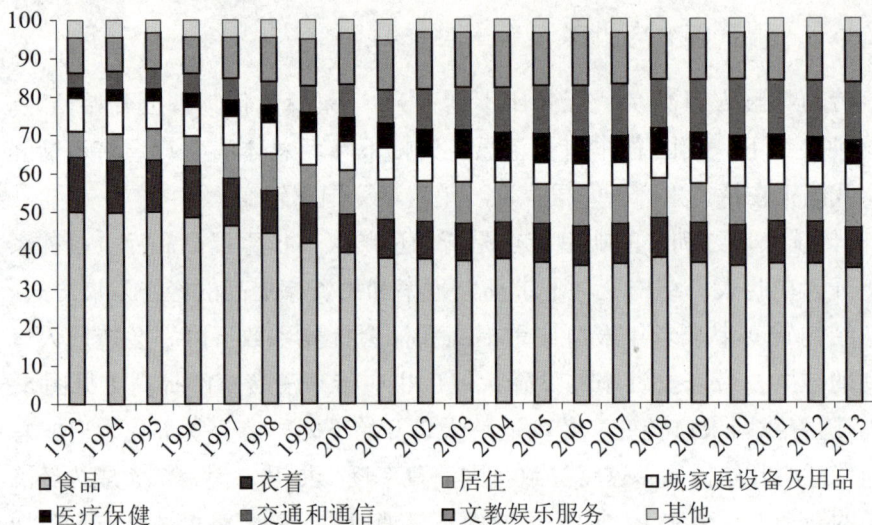

图 5-16　我国消费结构变化情况（单位：%）
资料来源：历年《中国统计年鉴》。

如果消费和服务提高对于经济增长的贡献率快于投资率下降对于经济增长的影响，这样的"传统人口红利"的减弱也就能够被增加着的"消费和服务红利"所替代。同时，这样的增加着的"消费人口红利"本身意味着提高居民的生活福利，并且形成一种以服务为导向的、以福利幸福为追求的经济社会发展形态，从一定程度上来说这是一种效率更高的经济发展模式。

（四）适龄农民工与老龄人力资源再利用和新人口红利

过去 30 多年，由于劳动力充裕，我国在劳动使用上空间很大，因此在一定程度上出现了"浪费"情况。比如，农民工在劳动适龄阶段便回乡务农，再如老年人口在尚有劳动能力的条件下退休。未来，我国劳动年龄人口将出现负增长，继续通过对现有存量劳动力的有效再利用，实现劳动力资源再配置，从而提高劳动力资源配置效率，形成新的人口红利。

表 5-2　我国农民工年龄结构变化情况（单位：%）

年龄结构＼年份	2008	2009	2010	2011	2012	2013
16—20 岁	10.7	8.7	6.5	6.3	4.9	4.6
21—30 岁	35.3	35.8	35.9	32.7	31.9	31.4
31—40 岁	24	23.6	23.5	22.7	22.5	22.3
41—50 岁	18.6	19.9	21.2	24	25.6	26.3
50 岁以上	11.4	12.2	12.9	14.3	15.1	15.4

资料来源：历年《全国农民工监测调查报告》。

　　一方面，随着我国加快推进户籍制度改革，适龄农民工返乡现象将出现缓解，进一步推进农民工有效使用。近年来，我国一些省市已经开始推行积分落户的试点，部分老一代农民工开始落户城市，并开始进入城市服务业部门再就业。与此同时，与落户相适应，农民工社会保障参保率不断提高。2013 年，外出农民工参加养老保险的比重比上年提高 1.4 个百分点，参加工伤保险的比重提高 4.5 个百分点，参加医疗保险和失业保险的比重均提高 0.7 个百分点，参加生育保险的比重提高 0.5 个百分点。在这样的条件下，我国农民工返乡现象可能有所缓解。根据《全国农民工监测调查报告》，我国农民工中 41—50 岁及以上的劳动力占比达到了 40% 以上，31—40 岁即将进入中年的农民工比例占比达到 22.3%，而年轻农民工仅占 35%（见表 5-2）。未来 10—20 年，随着我国农村剩余劳动力不断减少，进城务工人员也将逐步减少，现有中年和老龄农民工将是有待开发的存量。事实上，近年落户城市的农民工正大量进入第三产业，制造业部门农民工占比从 2008 年的 37.2% 降至 2013 年的 31%。适龄农民工不再回乡转入农民工务农状态，意味着资源配置效率的提高，有利于经济效率的提升。

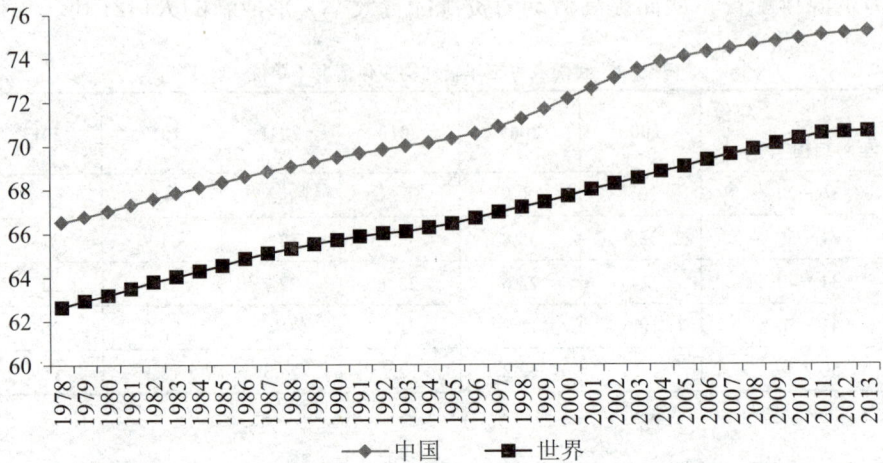

图 5-17　我国人口预期寿命和世界平均水平比较情况（单位：岁）

资料来源：世界银行 WDI 数据库。

另一方面，随着我国退休年龄的推后，老龄人口再开发和再利用也将提高劳动力配置效率。我国老年人口预期寿命和健康预期寿命在延长，老年人口数量和比重的提高，也意味着可以利用的老年人力资源和老年人力资本的存量在增加（见图 5-17）。如果老年人力资源的开发利用快于劳动适龄人口比重的下降，总体上由于"传统人口红利"减弱所带来的生产能力损失就能够被生产性老龄社会带来的经济社会贡献增加所替代。事实上，随着全球老龄化程度加深以及各国预期寿命不断增长，大部分国家已经或者考虑实施延长退休年龄的计划，日本等国家也提出了"生产型老龄社会"的概念，力图通过加快老龄人口再就业提高劳动参与率，优化劳动力配置，提升经济效率（见表 5-3）。目前我国男性的实际退休年龄为 56 岁，女性实际退休年龄约 50 岁，这更表明我国延迟退休年龄仍有较大空间。世界银行的研究表明，假设我国考虑从 2014 年起，每年延迟退休 3 个月，这样每 4 年延迟退休一年时间，在这种方案下，如果未来 10 年执行延迟退休政策，则根据测算，我国未来 10 年的人力资本增长速度可以每年提高 0.26—0.3 个百分点。因此，在充分认识老龄化过程对于经济社会确实带来诸多挑战和不利影响的同时，我国已经开始着手研究延长退休年龄的提议，这将为开辟新的人口红利提供可能。

表 5-3　世界主要国家法定退休年龄一览

国家	现行标准		第一步调整		第二步调整
中国	男 60	女 55	男 65（预计）	女 60（预计）	
美国	66		67（2000—2027）		70（提案）
英国	男 65	女 60	65（2011）		68（2024—2046）
日本	60		65（2006—2013）		
意大利	男 65	女 60	65（2018）		68（2050）
荷兰	65		66（2020）		67（2025）
匈牙利	男 62	女 61—62	男 63（2020）	女 64（2020）	男 69；女 68（2050）
捷克	男 62	女 59	男 63	女 59—63（2013）	65（2030）
韩国	60		61（2013）		65（2033）
丹麦	65		67（2024—2027）		—
德国	65		67（2012—2029）		—
西班牙	65		67（2013—2025）		—
新加坡	62		67		
澳大利亚	男 65	女 60	65（2014）		
奥地利	男 65	女 60	65（2024—2033）		
法国	60		62（2010—2018）		
印度	58—60		60		
俄罗斯	男 60	女 55	—		—
阿根廷	男 65	女 60	—		—

资料来源：联合国人口数据库。

三、从投资潮涌转向资本有效配置

资本积累与使用是经济增长的关键性因素，也是我国经济起飞与高速发展的重要引擎。随着投资增长速度长期保持在较高水平，我国投资效率开始出现下滑趋势。与此同时，在资本存量不断扩大的条件下，人均占有资本增速开始下降，我国投资速度出现下滑，投资动力开始出现弱化。然而，随着民间投资的进一步释放，外资质量的不断提高以及"走出去"步伐渐进加快，我国资本效率将逐步提升，有望弥补资本存量扩大等因素造成的非效率，通过资本的有效配置和投资效率的提高保持资本对经济增长的较大贡献。

（一）投资冲动与效率下降

在经济学理论中，在一般条件下资本边际报酬递减是一个铁律，它的内涵是：随着每个人占有的资本数量增多，再继续增加一单位资本所带来的收益会逐步递减，从而减少资本的回报。

改革开放后，由于储蓄率提高与外资加快流入以及经济起飞阶段的投资饥渴，我国保持了长期的投资冲动，高投资率特征显著。但是，近年来，随着人均占有资本数量的上升，我国投资效率出现了明显下滑态势。从增量资本产出率来看，我国单位固定资本形成额的产出处于下降的趋势，说明增加投资的边际产出和绝对产出正在下降（见图 5-18）。从存量资本回报率来看，根据白重恩等人的研究，我国总资本回报率在 1979 到 1992 年之间约为 25%，在 1993 到 1998 年之间逐渐降到了 20%，并自 1998 年之后保持在 20% 左右，但近年来有加快下降的趋势。虽然，我国的资本回报率一直明显高于用同一方法测算的大多数发达经济体，也高于很多处于不同发展阶段的经济体，但是投资效率的下降已经成为

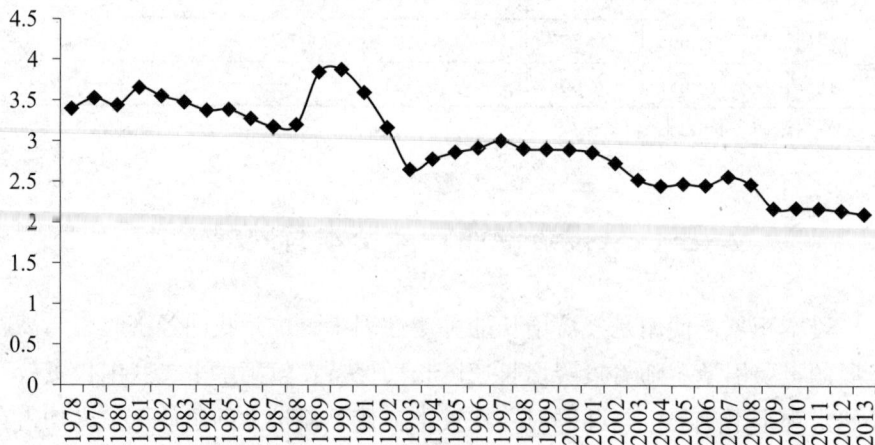

图 5-18　我国增量资本产出率情况

资料来源：历年《中国统计年鉴》。

趋势性的特征事实。因此，需要通过提高效率才能缓解资本产出率的下滑趋势，从而继续保持经济中高速的增长。

（二）市场决定性作用与释放民间投资

党的十八届三中全会《改革决定》指出，要"处理好政府和市场的关系，使市场在资源配置中起决定性作用和更好发挥政府作用"，加快市场在资金资本配置中的决定性作用是其关键要义。

过去很长一段时间，政府与国企投资在我国固定资产投资总额中的占比很大，一度达到60%以上的较高水平。近年来，我国加快改革步伐，进一步放开对民间投资的限制，多设"路标"、少设"路障"，为民间投资参与市场竞争"松绑开路"，破除民间投资的"玻璃门"和"弹簧门"，社会资本巨大潜力得到初步释放（见图5-19）。近几年我国民间投资增速明显快于整体固定资产投资增速，也快于政府和国有企业投资增速，且民间投资在固定资产投资中的占比一直维持在60%以上的高水平（见图5-20），2014年预计达到64.6%的历史最高水平。随着我国改革进一步推进，市场在资金资本配置中的决定性作用逐步强化，民间资本的活力将进一步得到释放。

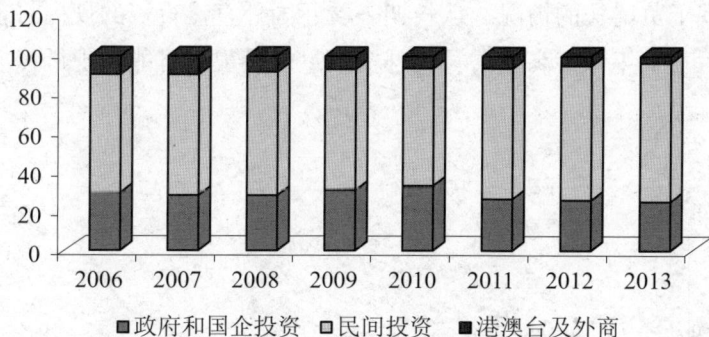

图5-19　我国固定资产投资中各类主体投资占比（单位：%）
资料来源：历年《中国统计年鉴》。

民间投资具有机制活、效率高、潜力大、可持续性强、有利于创业创新、就业效应强的特点。IMF相关研究表明，从全球来看，政府资本投资效率明显低于民间与社会资本，且政府过度投资可能对民间资本投资形成挤出效应，降低资本配置效率。未来一段时间，随着市场在资本配置中作用的加强，民间投资将稳步增长，我国资本配置效率将进一步提高，这将进一步给我国经济效率提升注入新的活力。

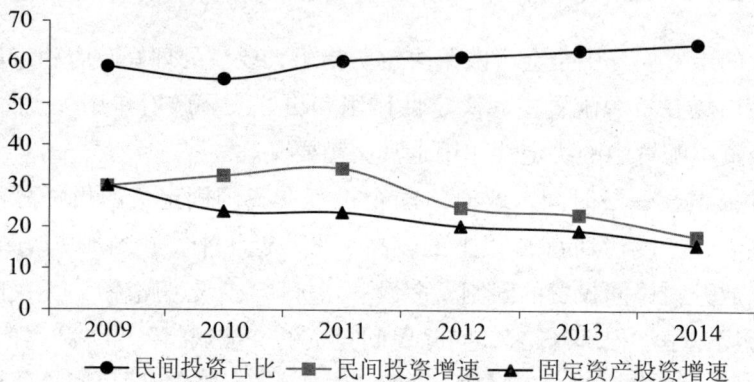

图 5-20 我国固定资产投资增长以及民间投资增速与占比（单位：%）
资料来源：历年《中国统计年鉴》。

（三）吸收高质量外资与更好"引进来"

近年来，我国外商直接投资的增速有所下滑，仅为5%左右，个别年份还出现了负增长的情况。从长期来看，国外直接投资的规模将很难如改革开放后几十年保持高速增长，外资数量规模很有可能呈现低速或负增长的趋势。

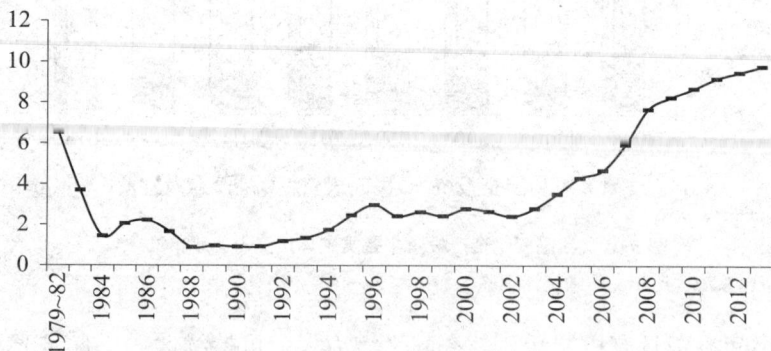

图 5-21 我国合同利用 FDI 单个项目平均投资规模（单位：百万美元）
资料来源：历年《中国统计年鉴》。

但是，近几年我国利用外资的质量有明显提升，主要表现在以下两个方面：首先，单个项目的外商投资规模不断增加。改革开放初，我国单个外资项目投资规模仅为 100 万—200 万美元甚至更低水平，而近年这一数值达到了 1000 万美元以上，增长了 10 倍（见图 5-21）。一般来说，企业或项目规模越大，资本、知识密集度也会越高，R&D 经费支出往往越多，越有能力进行 R&D 活动，越有可能采用更先进的技术水平，新产品开发也就越多，而且管理水平也会更高。单个项目投资规模不断增长，说明外商投资主体的规模越来越大且实力越来越强。与此同时，我国近年外商投资领域逐步向先进制造业和现代服务业偏移（见图 5-22）。2011 年，我国服务业接受的外商直接投资占总的外商投资比重首次超过制造业。与此同时，2013 年，我国先进制造业、金融保险业和科研与技术服务业外商直接投资占总的外商投资比重分别为 27%、5.33% 和 8.5%，较本世纪初都有大幅提升，我国高端制造业和高附加值的服务业（如研发等）吸引外资比重持续上升。

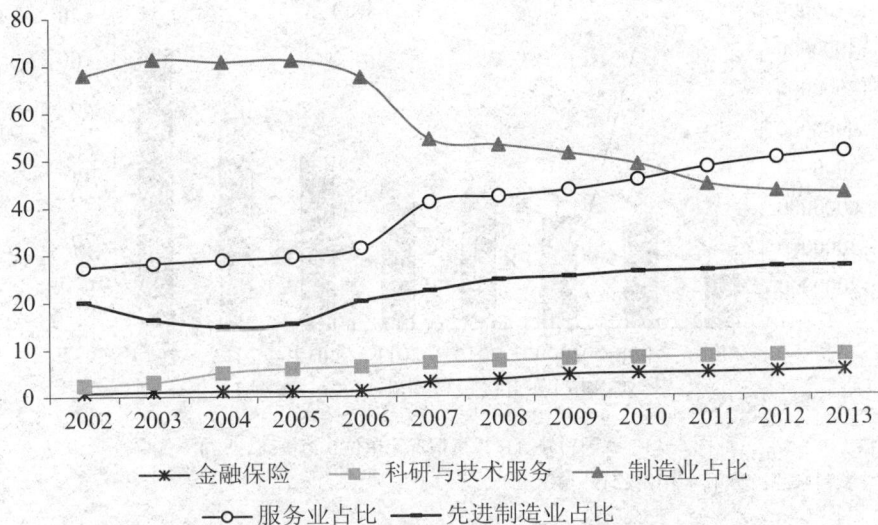

图 5-22　我国利用外资行业结构情况（单位：亿美元，%）

资料来源：历年《中国统计年鉴》。

美国是全球资本最为丰裕的国家之一，但是它同时也是最具吸引力的外商直接投资目的地，其外商直接投资规模长期位居世界第一。因此，无论我国经济发展进入多高的阶段，通过吸引外商直接投资，补充国内资本缺口并引进先进工艺技术与管理经验，是我国经济快速发展的重要条件。近几年我国引进外资质量不断提升，这意味着外商投资的效率将进一步提升，有利于外资配置到我国缺少高质量资本和效率较高的部门，这将为进一步提升整体经济效率提供有效保障。

（四）扩大资本配置范围与加快"走出去"

要提升资本配置效率，除了要加快国内投资效率提高和改善引入资本质量外，还需要在全球范围内配置资本，这就需要我国加快"走出去"的步伐。通过资本输出，有利于国内闲置资本找到对外投资渠道，通过对外投资在全球掌控更多要素、寻求更大市场并获取更多技术等高端资源，从而进一步提升国内经济效率。美国和日本等发达国家在经济发展中都经历过加速对外投资的阶段，而这也给它们整体经济竞争力提高提供了必要的基础。

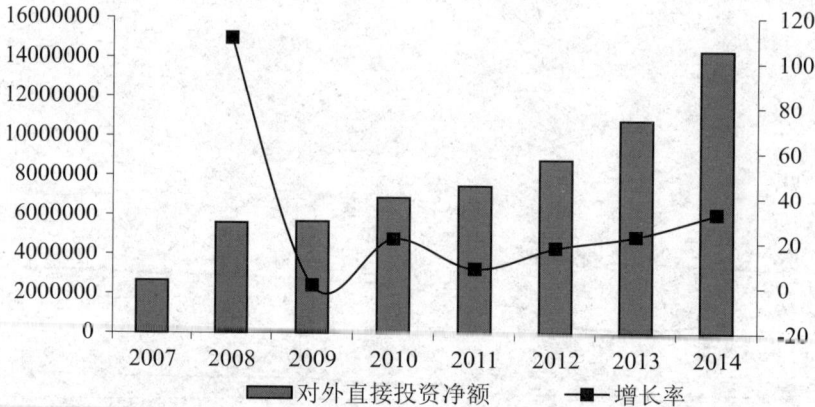

图 5-23　我国对外直接投资情况（单位：万美元，%）
资料来源：历年《中国统计年鉴》。

从 2010 年以来，我国对外投资年均增速保持在 20% 左右，对外投资总额也不断扩张，已经成为全球第三大资本输出国，并且在 2014 年成为净对外投资国（见图 5-23）。近年来，我国对外投资的新特征是对发达国家投资增长较快。2014 年，我国对美国投资增长了 23.9%，对欧盟的投资也增长了 1.7 倍，大大高于我国对外投资的总体增速。与此同时，对外投资中服务业投资明显上升，2014 年增长了 27.1%，占全部对外投资的比重达到了 64.6%；而对采矿等资源投资下降了 4.1%，在全部投入当中只占 18.8%。因此，不论从规模还是结构优化的角度，我国"走出去"的步伐逐步加快且更加坚实，在全球配置资源的能力正在加强。未来，随着对外投资的效率和质量不断提升，我国资本配置的空间更为宽广，有利于进一步提升资本使用效率，不断助推经济发展效率的提升。

四、从资源环境软约束转向生态文明

联合国前秘书长加利曾经说过，必须强调可持续性是发展的指导原则。不节约资源和保护环境，经济就会陷入"增长的极限"和"不可持续增长"；通过资源节约和环境保护，经济则会达到"增长的无限"和"永续的增长"。发展经济学家托达罗认为，环境破坏会让一国承担保健支出增加和资源生产率降低所导致的成本提高，从而损害经济发展的效率。因此，从长期经济发展角度来看，经济发展效率不但包含了资源节约也涉及环境保护的内容。改革开放以来，我国的实践证明了环境库兹涅茨曲线⑯的经济规律，即当一个国家经济发展水平较低的时候，环境污染的程度较轻，但是随着人均收入的增加，环境污染由低趋高，环境恶化程度随经济的增长而加剧；然而，环境库兹涅茨曲线还表明，当经济发展达到一定水平后，也就是说，到达某个临界点或称"拐点"以后，随着人均收入的进一步增加，环境污染又由高趋低，其环境污染的程度逐渐减缓，环境质量逐渐得到改善，但这种改善需要政府、企业和个人的共同努力。因此，我国必须加快资源集约利用和环境保护，真正实现党的十八大提出的生态文明。

（一）资源环境软约束与承载能力弱化

在低价格资源供应和环境成本压抑条件的推动下，中国经济长期保

---

⑯　环境库兹涅茨曲线是通过人均收入与环境污染指标之间的演变模拟，说明经济发展对环境污染程度的影响，也就是说，在经济发展过程中，环境状况先是恶化而后得到逐步改善。

持两位数的速度高速增长，生产能力和生产规模大幅度扩张。经过短短的 30 多年，中国已经成为令世界惊叹的工业生产大国。然而，这种高度依赖低价资源和较低环境成本的发展模式尽管具有其历史和发展阶段的原因，却是不可持续的。

在资源消耗方面，30 多年来，我国已经从对矿物、化石燃料和其他原材料消耗不太多的国家发展成为全球第一大资源消耗国。目前，我国已成为煤炭、钢铁、铜等重要资源的世界第一消费大国，石油和电力的世界第二消费大国。2013 年，我国煤炭、原油、铁矿石、钢材、氧化铝和水泥的消耗量分别为世界消耗量的 66.7%、18.5%、31%、30%、37%、25% 和 40%（见图 5-24），而创造的 GDP 却只相当于世界总量的 12.3%。根据联合国报告的分析数据，与全球第二大资源消耗国美国相比，我国的资源消耗量是美国的 4 倍。从未来发展趋势看，由于资源稀缺程度上升，各国对资源的争夺更加激烈，资源民族主义上升，我国作为后发国家由国际市场保证资源供给的难度进一步上升。如果现行资源利用方式没有重大转变，能源与矿产资源对外依存度进一步上升，今后我国主要能源与矿产资源供需矛盾将更加突出，资源短缺从部分矿种向全面短缺演变，这将极大影响我国推进经济发展进程。

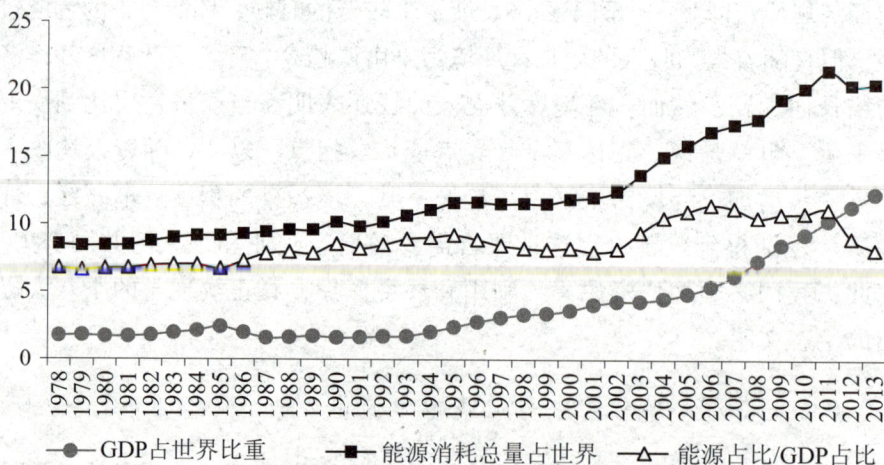

图 5-24　我国能源消耗总量与 GDP 占全球比重情况（单位：%）

资料来源：世界银行 WDI 数据库。

与此同时，在生态环境方面，当前我国的水、大气、土壤等污染严重。2013 年，我国 16% 的土地受到重金属污染，20% 的地表水处于污染状态，74 个新标准监测实施第一阶段城市环境空气质量达标城市比例仅为 4.1%。截至 2012 年年底，空气质量达标的大城市不足 1/4。约三成的主要河流和六成的地下水遭到污染。世界银行测算表明，我国每增加单位 GDP 的废水排放比发达国家高 4 倍，单位工业产值产出的固体废弃物比发达国家高 10 多倍；而每年空气和水污染造成的损失占当年 GDP 的 8% 左右，环境污染使中国发展成本比世界平均水平高 7%。因此，固体废物、汽车尾气、持久性有机物、重金属等污染持续增加，生态系统更加脆弱，水土流失加重，天然森林减少，草原退化，环境承载力持续下滑，经济发展的环境成本逐步提高，我国过去依靠软约束维持的环境低成本优势已经在逐步弱化。

（二）资源优化利用与低碳经济

习近平总书记指出，"要大力节约集约利用资源，推动资源利用方式根本转变，加强全过程节约管理，大幅降低能源、水、土地消耗强度，大力发展循环经济，促进生产、流通、消费过程的减量化、再利用、资源化"。近年来，我国资源综合利用效率不断提升，已经呈现出低碳发展的良好导向与趋势。

在能源消耗方面，随着我国产业结构逐步调整，高耗能产业占比逐步下降，加之节能技术的广泛利用以及节能管理理念的不断普及，我国能耗指标将出现下降的趋势。2000 年以来，我国万元 GDP 能耗从 1.5 吨标准煤降至 2013 年 0.7 吨标准煤以下，下降了一半以上，能源使用效率大幅提升。与此同时，能源生产弹性系数[17]也呈下降趋势，能源使用效率大幅提高（见图 5-25）。

与此同时，我国水资源使用效率大幅提高。2013 年，万元水耗为 108 立方米，仅为 2000 年的 1/3（见图 5-26）。而随着节约集约利用资源的相关政策出台与执行，煤炭、原油、铁矿石、钢材、氧化铝和水泥等原材料

---

⑰　能源生产弹性系数，即能源生产总量年平均增长速度除以国民经济年平均增长速度。

的使用效率也出现了大幅提升，总体资源能源使用效率明显提高。

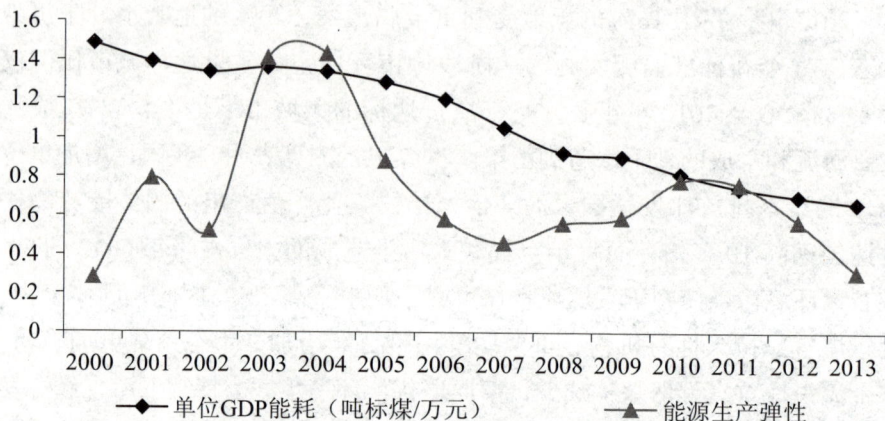

图 5-25　我国万元 GDP 能耗和能源生产弹性系数变化情况
资料来源：历年《中国统计年鉴》。

图例：
- ◆ 单位GDP能耗（吨标煤/万元）
- ▲ 能源生产弹性

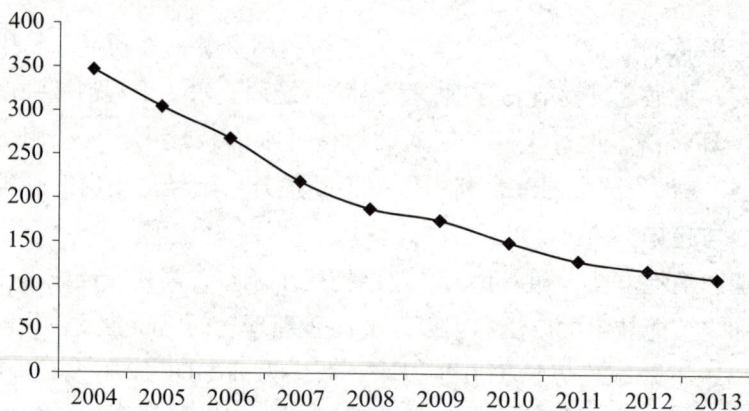

图 5-26　我国万元水耗变化情况（单位：立方米／万元）
资料来源：历年《中国统计年鉴》。

此外，随着我国资源再生产业的发展，资源再利用助推资源综合利用效率不断提高。2013 年，重点大中型露天煤矿、露天铁矿开采回采率达到 95% 以上，部分矿山铜矿、铅矿、锌矿等有色金属矿种的选矿回收率达到 80% 以上。同时，工业固体废物综合利用量 20.59 亿吨，利用率达到 62.3%；废钢铁、废有色金属、废塑料等主要再生资源回收总量达 1.6 亿吨，回收总值 4817 亿元，主要再生有色金属产量占当年 10 种有色金属总产量的 26.6%，水泥混凝土行业利用废渣量超过 10 亿吨。综合利用废钢铁、废有色金属等再生资源，与使用原生资源相比，节约了 2.5 亿吨标准煤。而通过开展资源综合利用，减少固体废物堆存占地 14 万亩以上。

随着资源能源使用效率的不断提高及资源再利用程度的不断加深，我国资源使用效率将进一步提高，低碳集约发展的态势逐步明朗，为我国有效降低经济发展资源要素成本、提高整体经济投入产出比提供了重要保障，为整体经济效率提升奠定了坚实基础。

（三）环境友好与生态文明

建设生态文明是关系人民福祉、关乎民族未来的大计，是实现中华民族伟大复兴中国梦的重要内容。习近平总书记指出："我们既要绿水青山，也要金山银山。宁要绿水青山，不要金山银山，而且绿水青山就是金山银山"，生动形象表达了我国政府大力推进生态文明建设的鲜明态度和坚定决心。

在这样的思想意识和发展导向下，近年我国加大了环境保护和生态治理的力度。2000 年以来，我国环境污染治理和工业污染治理的投资保持了高速增长（见图 5-27）。其中，环境污染治理投资年均增长 20% 左右，工业污染投资年均增长 15%，政府对环境保护的力度逐步加大，生态环境恶化情况初步得到了遏制。

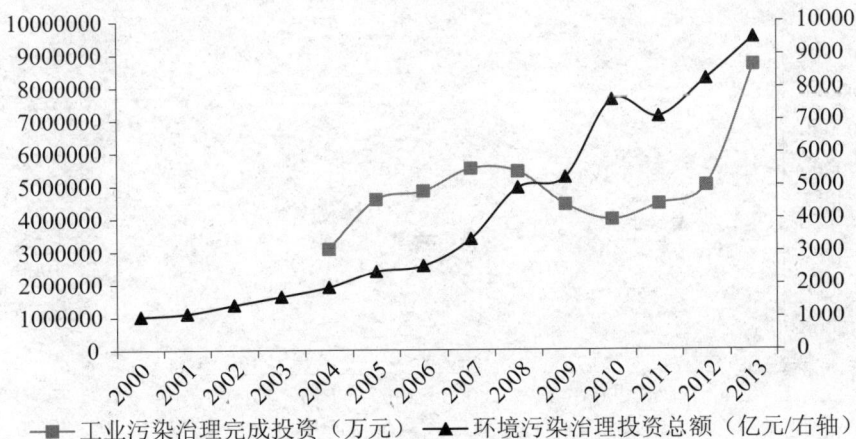

图 5-27 我国生态污染治理投资情况

资料来源：历年《中国统计年鉴》。

从大气污染治理来看，近年来我国二氧化硫、氮氧化物和烟粉尘排放都有不同程度的减少（见图5-28）。从水污染情况看，废水排放总量虽然仍在增长，但增长幅度开始放缓，而化学需氧量和氨氮排放量正开始逐步减少（见图5-29）。同时，城乡生活垃圾无害化处理率加快提高，从2004年的50%提高到2013年的90%，9年提高了40个百分点（见图5-30）。因此，不论是"上天"的空气污染还是"下地"的水污染，不论是生产的"规模排放"污染还是生活的"点源排放"污染，我国生态环境污染持续恶化的趋势已经开始得到了遏制。

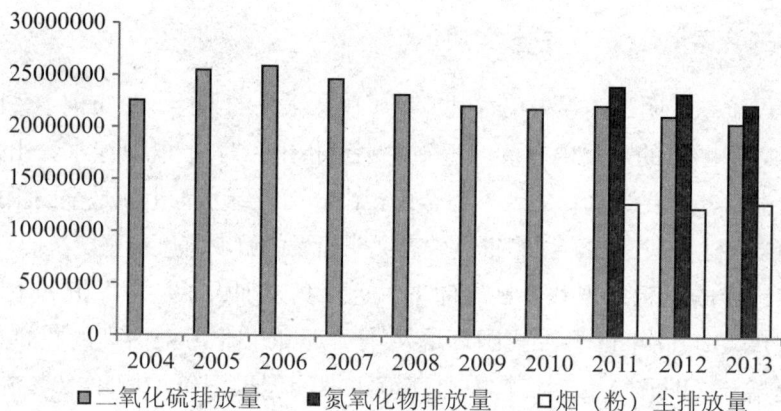

图5-28 我国大气污染排放情况（单位：吨）

资料来源：历年《中国统计年鉴》。

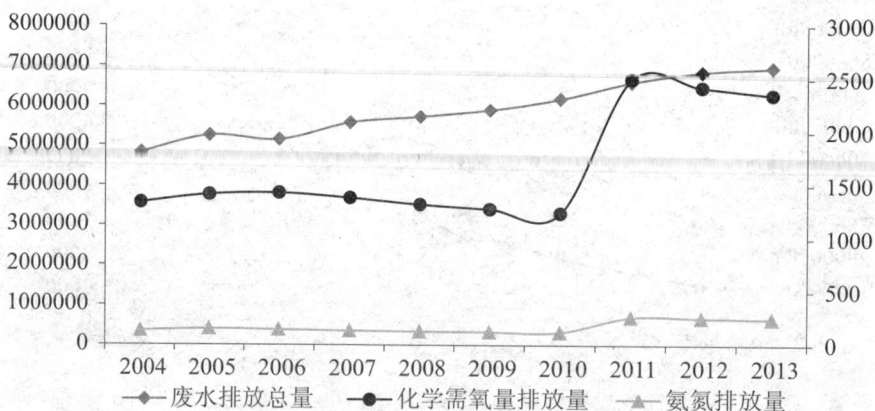

图5-29 我国水污染排放情况（单位：万吨）

资料来源：历年《中国统计年鉴》。

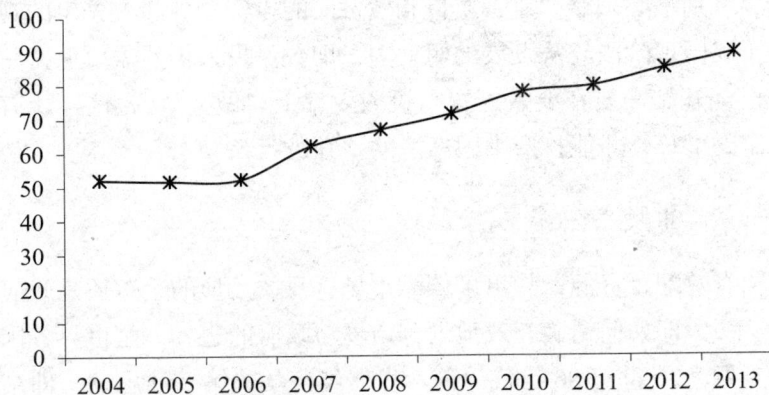

图 5-30 我国生活垃圾无害化处理率情况（单位：%）

资料来源：历年《中国统计年鉴》。

　　未来一段时间，我国产业结构调整力度逐步加大，一些污染较高的优势产能将随着"一带一路"战略的实施加快向资源丰裕和劳动力充裕的发展中国家转移，加之国内环保意识与技术的提升，我国生态环境将呈现逐步改善的趋势。根据国务院发展研究中心的研究，当前至2020年是我国污染物排放跨越峰值并进入下降通道的转折期，未来5—10年我国主要污染物排放的拐点将全面到来，2016—2020年之间（即"十三五"时期）我国主要污染物排放（叠加总量）会达到峰值，这一阶段大致也是各种污染物排放叠加处在最高点的"平台期"，多数污染物排放达到峰值后，大致会进入稳定的下降通道。生态文明建设带来的环境改善将为经济发展提供强劲承载力的空间更大，有利于我国降低环境约束带来的经济与社会成本，为整体经济效率上升提供必要保障。

五、新常态下必须让要素效率提升成为新的驱动力

　　世界银行前副行长林毅夫先生是"中国道路"的支持者和宣传者，他认为要素投入特别是劳动与资本投入是中国保持长期经济高速增长的原因，可能仍将是未来一段时期我国经济保持中高速增长的必要条件。但是，他认为，未来要继续保持经济持续增长，有赖于要素配置与投入效率

的提升，特别是必须靠"兼具质量和效益"的投资。林毅夫先生的观点客观描述了我国现阶段经济发展的驱动力，即数量投入仍然需要保持一定增量，但已经开始需要在要素配置与投入效率上"做文章"，这样才有持续健康稳定的增长，才能打造中国经济的"升级版"。

（一）向市场要效率

如何有效配置资源，是更多依靠市场这只"无形的手"还是政府那只"有形的手"，即如何精确有效地划分市场与政府的边界，是世界各国面临的共同难题。20世纪80年代以前，发展经济学的第一波思潮，即结构主义，认为发展中国家之所以贫穷落后，是因为没有发达国家先进的现代化资本密集型大产业，原因是市场失灵，无法将资源配置到现代化的产业。但是，到了70年代末80年代初，经济学界反思80年代初"拉美危机"的教训，提出了新自由主义，认为发展中国家之所以经济发展缓慢，危机重重，是因为没有像发达国家那样完善的市场经济体制，政府对市场的过多干预导致资源错配，寻租、腐败横行。但是，新自由主义没有给拉美经济注入新的动力，而是陷入了"遗失的20年"[18]。

对于我国而言，30多年的经济高速发展证明，既不完全依靠市场这只"无形的手"，又不完全依赖政府这只"有形的手"，是"中国奇迹"取得阶段成功最为根本的因素，即既发挥了市场化改革的作用，又发挥了有为政府的优势[19]。但是，面向未来经济发展和效率提升的需要，我国市场本身的能力还比较弱，而政府对市场的干预还偏多，在一定程度上影响了

---

[18] 进入20世纪80年代以后，与东亚比较，拉美经济开始了低速增长，债务高企，财政赤字居高，并催生金融危机的一个阶段。1980—1989年期间，拉美国内生产总值年均增长率为0.5%。1980—1990和1990—1998年间，两个阶段内GDP的平均增长率，巴西为2.7%和3.2%，玻利维亚为-0.2%和4.2%，阿根廷为-0.7%和5.6%，秘鲁为-0.3%和5.7%，墨西哥为1.1%和2.5%，乌拉圭为0.4%和4.0%，只有智利达到了4.2%和7.9%。由此，一些发展经济学家将20世纪80—90年代称为拉美经济"遗失的20年"或"失去的20年"。

[19] 北京大学国家发展研究院院长姚洋认为，我国改革能采取适宜的经济政策，可以归因于中国共产党在国家架构中起到了一个集体决策的作用，但又绝对不是独裁者，对社会的治理是集体决策的过程；一个国家在和平时代对官员的挑选是最重要的，共产党做的最重要的工作就是挑选贤能官员，具有"贤能政治"的特征。

优化要素配置和经济效率的释放。因此，应用好政府和市场这"两只手"，打造要素配置"双引擎"。一方面，要清除市场壁垒，放开市场准入，建立统一开放、竞争有序的市场体系，推进生产要素市场化，实现工资与劳动生产率同步提高，稳步推进利率市场化，促进科技和商业模式创新。另一方面，要政府继续发挥好的作用，因势利导，保护产权、维持宏观环境、解决外部性的问题。通过构建有效的市场和有为的政府，更好发挥市场在要素配置中的基础性作用，优化配置手段，提高配置效率，提升整体经济效率。

（二）向开放要效率

对外开放意味着参与全球生产分工，从而通过在全球范围内优化要素资源配置提升经济效率。改革开放后，我国推进对外开放步伐，加快了对外资的引进。外商直接投资所附带的一揽子资源，主要包括先进的管理技术和经验、工作技能和诀窍、完整的国际分销渠道、研发支持、品牌和无形资产等等，是我国企业所匮乏的。从微观角度讲，对外经济开放水平的提高具有扩大企业经济规模、提高企业运营效率的作用；从宏观上讲，它具有提高经济效率和促进经济增长的功能，国内学术界充分证实和肯定了对外经济开放对我国经济增长和经济效率提升的推动作用。

但是，随着经济体量不断提升，提高我国资源配置效率的诉求不仅仅停留在引进要素资源的层面上，更要求"走出去"和"引进来"的有效结合，通过资本的双向流动带动要素资源的双向流动，真正在全球配置资源要素。一方面，提高经济效率要求从以前国外过剩资本与国内廉价过剩劳动力结合转向国外优质资本与国内优质人力资源结合，进一步提升外资质量，更多引导外资投向高素质人力资源丰富的高端制造和现代服务领域，提升"引进来"的水准。另一方面，提高经济效率还迫切要求，在"走出去"中加快从资源寻求型转向效率寻求型，将资本更多投入到研发、制造和营销等领域，切实利用国外优质人力资源和技术资源为我国经济发展服务，提升整体经济效率。

（三）向人才要效率

美国经济学家贝克尔认为，人力资本具有很大的创造能力，物质资本的运作还是要靠人力资本来完成的，同样的物质资本由不同的人来运作其增值的差别是巨大的，人力资本在经济增长中的作用大于物质资本，因此人力资本是一个国家或地区最宝贵的资本，人力资源积累是一国经济发展质量提升的重要因素。很多研究也表明，人力资源对我国经济增长的贡献是巨大的。

面向未来，随着我国经济提质增效升级的需要，现有人力资源还是很难满足经济效率提升的要求。习近平总书记指出，"中国拥有 4200 多万人的工程科技人才队伍，这是中国开创未来最可宝贵的资源"。首先，要建立好的制度激励人才。应建立更为灵活的人才管理机制，打通人才流动、使用、发挥作用中的体制机制障碍，最大限度支持和帮助科技人员创新创业，合理构建劳动回报机制，让现有人力资源的效率进一步释放。其次，要通过优化教育培养人才。教育的目标是要培养高素质的普通劳动者、专业人才和管理者，并从这些人力资源中产生越来越多的创新型人才，应深化教育改革，推进素质教育，创新教育方法，提高人才培养质量，努力形成有利于创新人才成长的育人环境。此外，要通过好环境留住和吸引人才。应借构建社会差距缩小的机制，保障劳动者的权益，让大家在公平的起跑线上竞争，并积极引进海外优秀人才，制定更加积极的国际人才引进计划，吸引更多海外优质创新人才到我国工作。

（四）向创新要效率

依靠技术进步和技术创新是现代经济增长区别于传统经济增长最为重要的特征，而现代经济增长理论也认为经济持续发展的最终动力来自于技术进步与创新。改革开放以后，我们走了一条"市场换技术"的技术进步之路，通过开放市场和吸引外资，大量进口国外先进设备和引进国外成熟技术，极大促进了国内产业优化升级，从而实现了国内产业体系的不断完善和经济的高速增长。应该说，通过引进实现技术进步是我国过去 30 多年经济效率提升的重要手段，为我国经济保持稳定增长提供了源动力。

但是，随着我国与世界前沿技术边界距离逐步缩小，可引进的技术越来越少，而美国等发达国家和跨国公司对一些更高新技术的转让限制非常严格，想引进十分困难。事实上，一些研究表明，2008 年以后技术引进对我国经济增长的贡献率正在下降。这些现实条件就倒逼我们必须在继续技术引进的同时，加快引进技术再创新以及自主创新，更多依靠自己的科研力量实现技术进步。习近平总书记多次强调，"我国科技发展的方向就是创新、创新、再创新"。实施创新驱动发展战略，最根本的是要增强自主创新能力，最紧迫的是要破除体制机制障碍，最大限度解放和激发科技作为第一生产力所蕴藏的巨大潜能。因此，必须坚定不移走中国特色自主创新道路，坚持自主创新、重点跨越、支撑发展、引领未来的方针，加快创新型国家建设步伐，通过创新不断提升经济发展的效率。

参考文献

1. Arndt, Sven W. and Kierzkowski, Henryk (ed.), Fragmentation: New Production Patterns in the World Economy, London: Oxford University Press, 2001.

2. Deardorff, Alan V. Fragmentation across Cones, In Arndt, Sven W. &Kierzkowski, Henryk (ed.), Fragmentation: New Production Patterns in the World Economy, London: Oxford University Press, 2001.

3. Hummels David, Ishii Jun and Yi, Kei-Mu, The Nature and Growth of Vertical Specialization in World trade, Journal of International Economics, 2001(54).

4. Yi, Kei-Mu. Can Vertical Specialization Explain the Growth of World Trade?Journal of Political Economy, 2003(111).

5. 北京大学中国经济研究中心课题组：《中国出口贸易中的垂直专门化与中美贸易》，《世界经济》2006 年第 5 期。

6. 白重恩、钱震杰：《谁在挤占居民的收入——中国国民收入分配格局分析》，《中国社会科学》2009 年第 5 期。

7. 陈刚、李树：《中国的腐败、收入分配和收入差距》，《经济科学》2010 年第 2 期。

8. 陈佳贵:《中国工业化进程报告——1995～2005年中国省域工业化水平评价与研究》,社会科学文献出版社2007年版。

9. 国家发展改革委经济研究所、中国人民大学中国经济改革与发展研究院课题组:《"十三五"时期供给需求结构调整与供给需求管理政策研究》,国家发展改革委规划司2014年委托课题研究报告。

10. 国家发展和改革委员会经济研究所:《"十三五"规划研究:经济发展和深化改革》,经济科学出版社,2014年版。

11. 国家发展和改革委员会经济研究所课题组:《"十二五"我国转变经济发展方式的主要路径和重点举措》,国家发改委宏观院2011年重点课题。

12. 国家发展和改革委员会经济研究所课题组:《面向2020的我国经济发展战略》,国家发改委宏观院2012年重点课题。

13. 李稻葵、何梦杰、刘霖林:《我国现阶段初次分配中劳动收入下降分析》,《经济理论与经济管理》2010年第2期。

14. 林毅夫、蔡昉、李周:《中国的奇迹:发展战略与经济改革》,上海三联书店、上海人民出版社1999年版。

15. 刘世锦:《市场开放、竞争与产业进步》,《管理世界》2008年第12期。

16. 刘霞辉、张平、张晓晶:《改革年代的经济增长与结构变迁》,上海人民出版社2008年版。

17. 刘伟、张辉、黄泽华:《中国产业结构高度与工业化进程和地区差异的考察》,《经济学动态》2008年第11期。

18. 隆国强:《扩大对外开放,形成自主创新》,《国际贸易》2009年第4期。

19. 裴长洪、赵忠秀、彭磊:《经济全球化与当代国际贸易》,社会科学文献出版社2007年版。

20. 王领红、李稻葵、冯俊新:《FDI与自主研发:机遇行业数据的经验研究》,《经济研究》2006年第2期。

21. 吴敬琏:《中国增长模式抉择》,上海远东出版社2005年版。

22. 项俊波:《结构经济学:从结构视角看中国经济》,中国人民大学出版社2009年版。

第六章　结构演变：从非均衡发展到均衡发展

经济结构变化的本质是资源从低生产率部门向高生产率部门再配置的调整过程。

——约瑟夫·斯蒂格利茨

美国哥伦比亚大学教授，2001年诺贝尔经济学奖获得者

著名发展经济学家迈克尔·托达罗说过，经济结构调整是发展中国家经济发展的核心要义。习近平总书记在2014年APEC峰会上也指出，经济结构不断优化升级是我国经济呈现出新常态的重要特点之一。事实上，经济结构演变和是否最优在各国很难找到统一的标准，却总体上有一些普遍的规律：比如产业结构从以一产为主到以二产为主，再到以三产为主；也如，需求结构先是依靠投资，然后更多依赖消费；再如，收入分配先是差距拉大，然后是差距缩小；另如，区域先是非平衡发展，然后是平衡发展。但是，这些经济结构的演进与转变都是经济发展到一定阶段才能实现。改革开放以来，我国经济高速发展，虽然针对经济结构不优的质疑一贯有之，但这些经济结构的特征总体都是与我国特定发展阶段相适应的。近年来，随着我国经济发展阶段转换，经济结构优化开始呈现出明显的特征性事实：一是服务业增加值占比超过第二产业，二是高新技术产业和装备制造业增速高于工业平均增速，三是消费对经济增长的贡献率超过投资。由此，我国经济发展已经开始呈现出"质量更好，结构更优"的特点。

一、需求结构：由投资主导转向消费主导

拉动经济增长的三驾马车——投资、需求和净出口之间的比例关系构成了一国经济的需求结构。从世界各国发展一般趋势来看，随着经济发展水平提高，投资比例呈倒 U 型变化，而消费比例则呈 U 型变化。改革开放 30 余年我国需求结构大体经历了投资率逐步上升和消费率逐步下降的过程。在我国经济进入新常态后，随着人口结构和劳动力供求结构的转折性变化，以及通过深化改革和消除政策性扭曲影响，我国需求结构将出现自动优化调整，由投资主导转向消费主导：投资率将出现趋势性下降，消费率将出现趋势性上升，这在根本上有助于增强我国经济内生增长动力，保障经济持续健康发展。

（一）需求结构调整面临多重因素影响

从理论上看，在相对较长时期内，世界各国需求结构变化的一般趋势可以作为衡量我国需求结构的基本标准。从比较的结果看，总体上，改革开放以来我国需求结构的变化趋势基本符合世界需求结构变化的一般趋势，即随着经济发展水平的提高，消费率呈现下降趋势，而投资率则呈上升趋势；但就水平高低而言，我国确实存在消费率偏低和投资率偏高的问题，这既与我国发展阶段和要素禀赋相关，也与体制性、政策性扭曲因素有关。

从我国需求结构影响因素的变化看：一是"十三五"时期我国人口结构将发生转折性变化，人口抚养比将出现趋势性上升，总储蓄率将会下降，更多收入将被用于消费。二是在劳动力供求结构变化、服务业占比高于工业以及劳动者权益保护制度更加完善的背景下，要素报酬将出现有利于劳动要素的变化，初次分配中劳动报酬占比将上升，为消费的增长提供支撑。三是财税体制改革的深入推进有利于消除制度性、政策性扭曲对需求结构的影响，为需求结构优化调整提供制度基础。四是金融压抑的减弱为需求结构调整提供条件。

（二）需求结构将出现特征性变化

按照世界各国需求结构演变的一般规律，随着我国进入新常态，从中等收入阶段迈向高收入阶段，需求结构将出现自动优化调整，即由投资主导型转向消费主导型，投资率出现趋势性下降，消费率出现趋势性上升，净出口率将保持大体稳定。

在本文上述因素的影响下，"十三五"时期我国需求结构将出现有利于消费的变化。在此基础上，定量预测结论表明，"十三五"时期，将是我国从投资主导型经济向消费主导型经济过渡和转变的时期。具体而言，"十三五"时期，我国消费率将出现趋势性上升，投资率则会出现趋势性下降，消费率和投资率将可能分别为54.5%和44%，分别较2011—2013年的水平提高约5个百分点和下降约4个百分点。预计到2020年前后，我国内需结构会进一步优化，消费结构升上新台阶，逐步形成消费、投资协调发展的新格局。

就发挥三大需求对经济发展的作用而言，需要通过释放消费潜力发挥消费在经济发展中的基础性作用；通过创新投融资方式、消除投资障碍和优化投资结构，使投资继续对经济发展发挥关键作用；在出口低成本优势发生转换的背景下，通过培育新的比较优势，积极影响国际贸易投资规则重构，使出口继续对经济发挥支撑作用。

专栏6 1 如何看待我国的需求结构及其变化

当前判断我国需求结构问题主要从两个角度进行，一是通过跨国大样本数据的比较，得出需求结构变化的一般规律，另一个角度则是依据黄金率资本存量建立社会最优积累率，然后在一系列假设条件下反推出社会最优消费率，从而得出社会最优的需求结构。根据现有文献的研究结果来看，对于我国投资消费结构是否存在失衡问题，结论是模糊的。一种为人们广泛接受的观点是，我国经济增长主要依赖要素投入，投资需求非常强烈，但消费需求尤其是居民消费需求相对较弱。然而，也有一些学者提出了不同看法，他们认为，如果我国长时间存在严重的需求结构失衡，经济持续高速增长是不可能实现的，过去30多年的经济持续高速增长至少说明，我国即使存在需求结构失衡，也不会像通过简单数据反映出来的那么严重。然而这些论断缺乏充分的论据支持。实际上，需求结构应该具有明显的国别特征和阶段特征。我们建立了需求结构的判断模型，对我国需求结构进行判断。

我们利用世界银行世界发展指标（WDI）数据库对消费率进行国际比较，构建了个体固定效应面板数据模型，分析表明一国的消费率与人均GDP增长率、服务业占GDP比重、商品和服务出口占GDP比重和城镇化率等因素有关，这些因素可以解释消费率的95%左右，其中人均GDP增长率、商品和服务出口占GDP比重和城镇化率与消费率显著负相关，服务业增加值占GDP比重与消费率显著正相关。基于上述模型，将我国的结构特征数据带入，得到我国理论消费率水平。1980—2012年期间，从比较结果看，1989年以前我国实际消费率持续高于理论消费率，1990—2005年实际消费率与理论消费率水平非常接近，相差在2个百分点以内；2005年以来实际消费率持续低于理论消费率，并且两者差距呈扩大趋势，2007年之后两者差距迅速扩大，这在一定程度上说明我国2007年以后消费率存在偏低问题。

使用相似的方法，我们得出了我国的理论投资率水平，并将其与实际投资率相比较。结果表明，2000年以前，除个别年份外，实际投资率和理论投资率相差不大。2000年以后，实际投资率开始高于理论投资率，2008年以后，由于大规模的经济刺激政策出台，实际投资率迅速走高，与理论投资率的差距最高年份达到10个百分点。

同样使用类似方法对我国净出口率水平进行判断。模型分析结果显示，我国净出口率与理论水平基本相同，只有2007和2008年这些特殊年份净出口率偏离理论水平较多，大约为5个百分点。2010年以来实际净出口率与理论水平基本持平，甚至低于理论水平。

综合上述分析，我国需求结构总体符合世界一般趋势，但近年来确实存在一定程度的消费率偏低、投资率偏高问题。

二、产业结构：由中国制造转向中国创造

改革开放以来，我国遵循发展经济学提出的三次产业发展规律，大力发展重化工业，并结合劳动力比较优势发展劳动密集型产业，加快推进工业化进程，形成了较为完整的产业体系，成为了名副其实的"重化工业大国"和"制造大国"。但是，随着我国工业化阶段的转换和国内产业发展演进，传统成本比较优势也在弱化，而传统产业出现了大规模过剩情况。应在中国经济新常态背景下，把握全球新一轮技术与产业革命的机遇，不断优化国内产业结构，加快产业转型升级，以"中国创造"的标签替换"中国制造"。

（一）新兴产业将成为支柱产业

改革开放之初，为了解决国内消费品短缺的短板，我国加快发展轻工消费品产业，加之放弃了之前的优先发展重化工业战略，重工业比例逐步下滑，而轻工业比例迅速上升；20世纪80年代一直到2000年以前，我国重工业和轻工业同步发展，重工业比例和轻工业比例都维持在50%左右的水平，略有波动（见图6-1）。本世纪以来到2008年，随着我国重化工业化程度的不断加深，重工业在工业中的占比迅速攀升至70%以上，而轻工业则下滑至30%左右的较低水平。与此同时，我国劳动密集型产业占比也一直维持在20%左右的高水平。与之相对，我国高新技术产业的占比较低，在较长时间停留在5%以下的较低水平。

金融危机以来，随着我国产业结构的逐步优化与调整，重工业比例开始逐步下降，而轻工业比例则开始呈现逐步上升的趋势特征。与此同时，劳动密集型产业占比也开始逐步回落，而高新技术产业的占比大幅提升，2013年在工业中占到了13%以上的份额，为历史最高水平。事实上，从行业上看，传统行业利润同比连续下降，2012和2013年钢铁行业利润同比下降125%和324%，煤炭行业下降10%和30%，机械行业下降34%和11%。在这种情况下，从2012年开始，我国加快治理钢铁、水泥、玻璃、电解铝等传统行业，化解过剩产能。

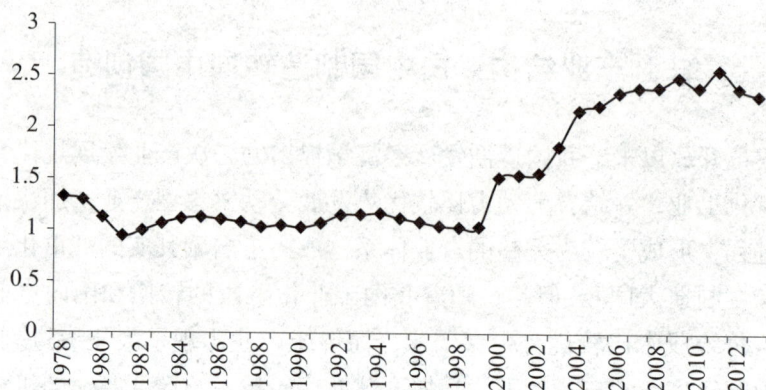

图6-1　我国重工业与轻工业之比的变化情况
资料来源：历年《中国工业统计年鉴》。

与传统产业发展降速相比，我国高技术产业，特别是战略新兴性产业
的发展速度很快。2013年，我国高技术产业在GDP中的占比已经超过了
13%，而战略性新兴产业占比也超过了5%（见图6-2）。根据战略性新兴
产业规划，到2020年，节能环保、新一代信息技术、生物、高端装备制
造产业将成为国民经济的四个支柱产业，新能源、新材料、新能源汽车为
先导产业，其增加值占国内生产总值比重达到15%以上，部分产业和关
键技术跻身国际先进水平，节能环保、新一代信息技术、生物、高端装备
制造产业将成为国民经济新的支柱产业，新能源、新材料、新能源汽车产
业将成为国民经济的先导产业。未来，以信息化、智能化、绿色化和服务
化为主要发展方向的现代产业将成为我国重要的产业导向。

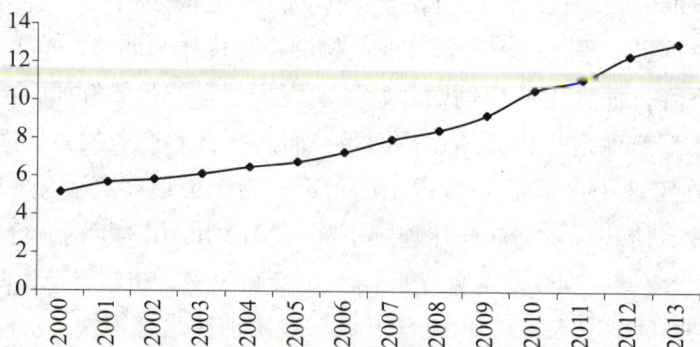

图6-2　我国高技术产业在GDP中占比的变化情况（单位：%）
资料来源：历年《中国高技术产业统计年鉴》。

表6-1　资本密集型行业工业总产值比重情况（单位：％）

	年份	①冶金工业	②电力工业	③煤炭及炼焦工业	④石油工业	⑤化学工业	⑥机械工业	⑦建筑材料工业	⑧造纸工业	①至⑧比重	①至⑥比重
1970年不变价	1971	11.1	3.7	3.5	4.6	10.9	25.3	2.8	1.3	63.2	59.1
	1975	9.0	3.9	3.0	5.6	11.3	27.7	3.1	1.3	64.8	60.4
	1978	8.7	3.8	3.0	5.5	12.4	27.3	3.6	1.3	65.7	60.8
	1980	9.0	3.9	2.6	5.3	13.0	26.5	3.8	1.3	65.3	60.2
	1981	8.3	3.9	2.4	4.9	12.9	24.4	3.6	1.3	61.6	56.7
1980年不变价	1981	8.8	3.8	3.0	5.4	11.4	20.9	3.8	1.3	58.5	53.4
	1984	8.6	3.5	2.9	5.0	12.3	26.1	4.3	1.4	64.0	58.4
	1990	10.4	3.9	2.8	5.0	14.7	23.6	5.5	3.0	68.8	60.4
	1998	8.9	5.9	1.9	6.1	13.4	29.6	5.2	2.6	73.7	65.8
当年价	2007	13.9	7.0	2.3	6.5	12.1	33.4	4.2	2.1	81.2	75.0
	2008	14.02	6.5	2	6.3	12.5	28.4	5.1	2.2	81.2	75
	2009	13.1	6.1	2.1	6.2	12.2	26.7	4.7	2.3	77.02	69.72
	2010	13	5.3	1.9	5.8	11.8	27.1	4.5	2.1	73.4	66.4
	2011	12.5	5.4	1.8	5.7	11.9	26.2	4.2	1.9	71.5	64.9
	2012	12.8	5.1	1.9	5.2	11.3	24.7	4.3	2	69.6	63.5

资料来源：历年《中国工业统计年鉴》。

（二）新型业态将重塑商业模式

2008年以后，随着我国工业化进入中后期阶段，服务经济发展开始提速，二产占比开始小幅下降，而三产比例开始逐步上升，2013年三产比例首次超过二产比例。在这个阶段，服务业主导地位开始显现，而与之相对应的商业模式创新成为产业发展的重要引擎。

从服务业内部结构看，20世纪90年代到2008年金融危机之前，传统服务业总体下降幅度较为明显，而包括信息传输、计算机服务和软件业、租赁和商务服务业、科学研究、技术服务和地质勘查业等生产性服务业发展加快，其占比也大幅提升；2008年金融危机后，生产性服务业占比出现短暂下降趋势后开始恢复到35%以上的历史较高水平，特别是金融、专业服务、现代物流等高端生产型服务业发展迅猛，成为产业升级的重要支撑。

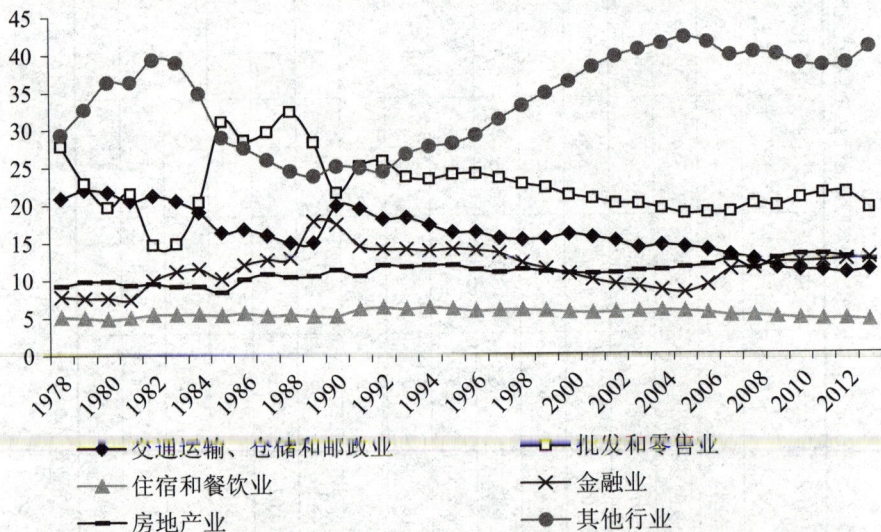

图 6-3　我国服务业细分行业占服务业比重情况（单位：%）
资料来源：历年《中国统计年鉴》。

与此同时，代表新一代业态模式的互联网经济近年在我国发展迅速。根据麦肯锡的研究，2013年我国互联网经济占GDP的比重达到4.4%，占

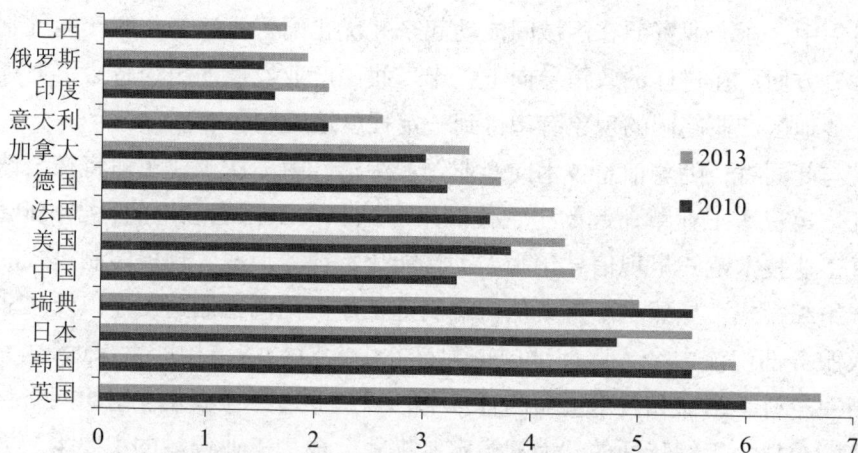

图 6-4　各国互联网经济在 GDP 中占比情况（单位：%）
资料来源：麦肯锡互联网经济研究报告。

比已经超过美国、德国等发达国家，互联网经济规模总量仅次于美国（见图 6-4）。在他们的研究中，考虑到互联网的发展速度和各行业的运用程度，预计 2013—2025 年，互联网将帮助我国提升 GDP 增长率 0.3—1.0 个百分点。这就意味着，在这十几年中，互联网将有可能在我国 GDP 增长总量中贡献 7%—22%；到 2025 年，这相当于每年 4 万亿到 14 万亿元人民币的 GDP 总量。事实上，我国信息经济的快速发展已经开始逐步改造旧的商业模式，逐步为商业模式创新提供坚实保障。

（三）新式组织将改变生产方式

集聚发展、规模发展是后发国家推进工业化的重要组织方式。建国后，我国为了加快推进工业化，实行了以"厂区"为基本单元的集聚模式，实现了重工业的规模化发展。改革开放以来，我国大力推进经济开发区或工业园区建设，通过空间集聚和合理的制度安排加快工业发展速度，取得了良好的效果，也正在被一些后发工业化国家所模仿。

但是，随着我国工业化进程推进，前期以地方政府投资冲动为动力建设的产业集聚区不计其数，而大量传统产业也面临着过剩的危险。因此，新常态下我国产业的生产组织要相对集中，必须有效化解地方的产业保护主义和区域市场分割，在传统产业领域加快支持企业兼并重组，促进生产相对集中，让产业资源在区域间流动起来并优化配置，这是化解产能过剩的重要方面。在这样的政策导向下，未来我国产业发展的组织将会更为集中，各地区产业趋同的现象有望得到一定程度地遏制。

与此同时，随着信息技术向产业领域渗透，第三次工业革命将在全球展开。第三次工业革命起始于现代网络理论和人工智能理论的科学突破，推进工业技术范式呈现信息化和人工智能化特征，形成大规模定制模式的生产组织模式，导致生产要素从低端制造工序流向高端制造工序以及从非个人服务部门流向个人服务部门重配，并由此对经济结构产生深远影响。在新一轮科学革命和技术革命的背景下，以产业边界模糊化、组织网络化和集群虚拟化组织特征的"大规模定制模式"成为工业领域的主要生产方式，形成了以"可重构制造生产"为核心的工业生产组织系统，增强了产品零件的通用性，使得工业生产包容性和灵活性更为突出，极大降低了工业产品开发费用以及生产环节的制造成本，增加顾客可感知的外部多样性。在这种趋势下，我国新常态的产业组织方式可能也面临着另一个方向的调整，那就是生产小型化、智能化、专业化将成为产业组织新特征，大规模企业的作用将不如往日，而小微企业作用将更加凸显。

三、收入分配结构：分配差距扩大势头将得到抑制

经济快速增长必然会带来一些"成长的烦恼"，收入分配差距扩大就是其中之一。客观地看，改革开放以来我国居民收入分配差距确实不断扩大，但这总体上是符合经济发展一般规律的。随着进入新常态，经济由高速增长转入中高速增长，影响收入分配的一些因素也将发生趋势性变化，如劳动力供求关系和产业结构的变化将更有利于提高劳动报酬，以及资源配置市场化改革、国企改革、事业单位改革和反腐败力度加大等将有助于规范收入分配秩序。这些都将对收入分配差距的扩大产生抑制作用，新常态下，经济发展的包容度将明显提高。

（一）收入分配差距的倒 U 型变化规律

经济发展会引起收入分配结构的变化。1955 年美国经济学家库兹涅

茨提出了从传统（农业）经济发展到城市（工业）经济过程中收入不平等变动趋势的倒 U 型假说：在经济发展早期，由于只有少数具有技能或资本的人能够进入新的工业部门，收入不平等将会逐渐扩大；在经济发展后期，由于随着更多的人进入工业部门和农业工人稀缺性不断加剧，收入不平等将会逐渐缩小。此后，许多研究者利用不同时期的数据对收入分配差距的倒 U 型假说进行了检验。从世界范围看，许多国家的发展实践表明了随经济发展水平提高收入分配差距的倒 U 型变化成为一般趋势。特别对多数发展中国家和地区而言，倒 U 型曲线的前半段是经济增长中的必经阶段。应该说，改革开放以来我国收入分配差距的变化基本符合一般规律：随着人均 GDP 水平的提高，以基尼系数衡量的收入分配差距总体呈现不断提高趋势，并于 2008 年到达顶点后开始稳步下降（见图 6-5）。我国收入分配差距的变化也与政策导向有一定关系。过去我国主要实行"一部分人、一部分地区先富"起来的非均衡发展策略，希望通过一部分人先富来带动后富，从而实现共同富裕。这种政策导向顺应了经济发展的客观规律。我国进入新常态后，一方面，倒 U 型变化规律显示了我国已经处于曲线的右半段，收入分配差距随经济发展水平提高而趋于下降。另一方

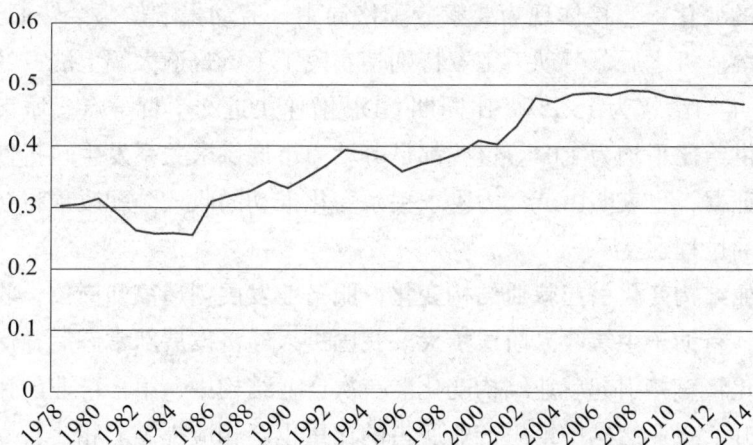

图 6-5　改革开放以来我国基尼系数的变化

注：1978—1993 年基尼系数是在国家统计局公布的城镇和农村居民基尼系数的基础上，根据城乡权重合成而来。

资料来源：《中国统计年鉴》；历年《国民经济和社会发展统计公报》。

面，我国也更加强调和谐发展与包容发展，由效率优先兼顾公平的收入分配政策转向初次分配和再分配都要兼顾公平与效率的分配政策。因此，总体看在我国经济发展新常态阶段，收入分配结构将趋于优化。

（二）影响收入分配变化的因素

如果说收入分配变化的倒 U 型规律和我国政策导向的转变从总体上对新常态下收入分配结构优化给出了判断，那么我们可以从影响收入分配变化的因素分析角度，更具体地解释为什么收入分配结构会改善。

劳动力供求关系的转折性变化是收入分配结构优化的重要因素，直接推动低收入者收入快速上涨。在国民收入初次分配中，劳动力依据其提供的劳动参与要素分配，劳动报酬份额的大小受到劳动力供求关系的直接影响。当劳动力供给大于需求，剩余劳动力转移空间较大时，即劳动要素相对比较充裕，而资本要素稀缺的情况下，劳动报酬份额相对较低。这是我国过去 30 多年所观察到的现象。正如前文所述，随着我国人口年龄结构的变化，劳动力人口数量开始转为下降，特别是农业富余劳动力减少，可转移空间明显缩小，在此背景下，劳动力与资本的匹配关系将发生有利于劳动力的变化，直接体现为要素分配格局中，劳动报酬份额会转而上升。国际金融危机之后，劳动力工资特别是农民工工资普遍大幅上涨，2009—2014 年年均增幅为 15.1%，比同期 GDP 增速快近 2 个百分点。城市劳动力需求供给比平均为 1.04。这些都是劳动力市场供求关系发生转折性变化的直接证据，也表明由劳动力供求关系变化推动的收入分配改善将会是一个长期的过程。

产业结构变化引起就业结构变化，服务业发展创造高知岗位，收入增长较快，有助于中等收入阶层扩大。我国进入经济发展新常态后，产业结构的变化将直接引起就业结构变化。三次产业结构中，第三产业的比重会稳步上升，就业结构中第三产业所占的比重也会相应提高。相比较农业和工业，服务业的人力资本密集型特征更为明显。特别是现代服务业的快速发展将创造出一大批以高端人力资本聚集为主要特征的高知工作岗位，人力资本成为行业发展的重要要素投入，相对于其他要素处于优势地位，必然要求获得更高的回报。高收入就业比例的提高有助于进一步扩大中等收入阶层，促进形成金字塔形社会结构，能够更有效地发挥中等收入阶层在改善收入分配结构和促进社会稳定发展方面的积极作用。

资源配置的市场化改革和国企改革等使过去过高收入者的收入得到一些抑制。按照全面深化改革的总体部署，围绕市场在资源配置中发挥决定性作用，一方面，资源垄断性行业的市场化改革将进一步加速，以往凭借垄断权力获得超额利润甚至暴力的时代将一去不复返。另一方面，将建立起公共资源出让和使用收益的合理共享机制，并逐步健全国家自然资源资产管理体制，这将改变过去少数人通过非公平手段获取自然资源开采权并将绝大部分收益据为己有的现象。同时，新一轮国企改革将深入推进，还原国有企业真正市场地位，加快建设现代企业制度和完善公司治理。目前已经启动的以高管降薪为主要内容的国企薪酬制度改革有助于限制国企高管过高收入，缩小与普通员工和其他类型企业人员的收入差距。

事业单位改革有助于提高创新劳动的价值和报酬。我国绝大多数事业单位是以脑力劳动为主体的知识密集型组织，专业人才是事业单位的主要人员构成，他们进行的高智商劳动在原有体制下并未能得到合理的价值体现。以形成基本公共服务优先、供给水平适度、布局结构合理、服务公平公正的中国特色公益服务体系为总体目标的事业单位改革，将推动正确评价高智商劳动的价值，特别是社会科学创新性劳动的价值，能够直接带动专业技术人员收入水平的提高。

反腐败的深入推进限制了灰色收入。以往我国收入分配差距扩大不仅表现在各阶层显性收入之间的差距有不断扩大趋势，而且事实上存在的庞大的灰色收入使收入分配不公带来的社会负面影响更突出。大量灰色收入实际上根源于腐败行为。反腐败工作力度的不断加大和反腐制度性保障水平的提高，能够有效限制灰色收入，对遏制收入差距扩大起到积极作用。

四、空间发展格局：从非平衡转向再平衡

改革开放以来，我国遵循非均衡发展理论和实践，按照"让一部分人、一部分地区先富起来，先富带后富，逐步实现共同富裕"的思路推

动区域发展。经过 30 多年的发展，主、客观因素都决定了区域发展进入"发展的第二章"——由非平衡转向再平衡，通过充分发挥率先发展区域的示范和扩散效应，既包括东中西部区域的协同发展，也包括城乡一体化发展，最终实现全面发展。这就意味着，协同发展将成为新常态时期经济发展的一个重要标签。

（一）区域协调发展主导区域结构变化

区域发展差异是世界各国经济发展过程中一个普遍性问题。为了解决这一问题，经济学家提出了包括增长极理论、二元经济结构理论、"核心区—边缘区"理论等非平衡发展理论，认为应该通过优先发展一些区域，通过对其他区域的"涓滴效应"来缩小发展差距。在我国，习惯用"非均衡"的概念来阐述区域发展问题，更强调区域的发展要与当地资源禀赋条件等衔接，将"非平衡发展理论"改造为"非均衡发展理论"。按照该理论，经济发展过程在空间上并不是同时产生和均匀扩散的，而是从一些条件较好的地区开始，并形成发展的优势；当经济发展到一定水平时，优先发展的地区通过扩散效应带动其他地区发展，从而促进整体经济的发展。

改革开放以来，我国通过实施非均衡发展战略，使一部分具有较好发展条件的地区先富起来，形成了若干带动经济发展的增长极，基本完成了区域发展的第一阶段任务。随着我国经济发展进入新常态，区域经济发展格局将进入到第二阶段，即通过先富地区带动后富地区发展，促进区域均衡发展。一方面，随着劳动力供求关系的转变，劳动力成本上升驱动的产业省际转移，将有助于区域发展的平衡。劳动密集型产业将逐渐从沿海等先发展区域向劳动力成本更便宜的内陆地区转移，带动内陆地区经济发展。另一方面，扩大内需战略的实施特别是消费主导型经济结构的形成，将导致产业发展集聚从传统的沿海和临港型发展布局，转变为向人口中心等地聚集。沿海地区经济增长会经历减速调整，而中西部人口密集地区经济增长将相对加快，并成为具有一定辐射力和带动力的新经济增长极。在这两方面作用下，东西南北各区域将会呈现协调发展的格局，区域发展结构将由非均衡发展转向均衡协调发展。并且未来一段时期将是我国区域均衡发展战略实施的密集期和效果凸显期，这些战略的实施将进一步促进区域均衡发展格局的形成。区域协调发展客观上要求适应新常态的区域政策应以统一国内大市场为一个重要方向，改革创新打破地区封锁和利益藩篱，全面提高资源配置效率。

（二）新型城镇化促进城乡一体化发展

以城乡统筹、城乡一体、产城互动、节约集约、生态宜居、和谐发展为基本特征的新型城镇化将成为未来我国城镇化发展的主导方向。按照《国家新型城镇化发展规划（2014—2020）》，"十三五"时期我国城镇化将取得突破性进展，常住人口的城镇化率达到60%左右，户籍人口城镇化率达到45%左右。以人口城镇化为核心的新型城镇化通过有序推进农业转移人口市民化，保障农业转移人口享有城镇基本公共服务，推动缩小城乡居民收入差距和生活水平差距。我国城镇化将进入一个双速推进的新阶段，即劳动力的城镇化进入减速阶段，消费者的城镇化进入加速阶段，也就是说，从劳动力城镇化转入消费者城镇化阶段。由于包括农民工在内的农村消费者的收入和消费相当于城市的1/3，但人口为城镇人口的2倍，随着消费者城镇化的推进，农村型消费者会大规模复制城市已经历过的消费升级，必将形成巨大的内需潜力。新型城镇化强调四化同步，深入推动新型城镇化与新型工业化、信息化和农业现代化同步发展。工业化是发展的动力，农业现代化是发展的根基，信息化为发展注入新元素和活力，城镇化是发展的载体和平台。通过四化同步推进，有力推动我国现代化建设进程，在根本上有助于破除城乡二元结构。此外，新型城镇化的推进有助于优化城市布局，以城市群为主体形态，适当疏解转移特大城市经济功能，中心城市对周边地区的聚集效应将逐渐转向扩散效应，增强城市群内中小城市和小城镇的经济人口集聚能力，加快发展中小城市，有重点发展小城镇，从而促进大中小城市和小城镇协调发展，真正达到城乡一体化发展。

参考文献

1.北京大学中国经济研究中心课题组：《中国出口贸易中的垂直专门

化与中美贸易》,《世界经济》2006年第5期。

2. 陈佳贵:《中国工业化进程报告——1995～2005年中国省域工业化水平评价与研究》,社会科学文献出版2007年版。

3. 林毅夫、蔡昉、李周:《中国的奇迹:发展战略与经济改革》,上海三联书店、上海人民出版社1999年版。

4. 刘世锦:《市场开放、竞争与产业进步》,《管理世界》2008年第12期。

5. 刘霞辉、张平、张晓晶:《改革年代的经济增长与结构变迁》,上海人民出版社2008年版。

6. 刘伟、张辉、黄泽华:《中国产业结构高度与工业化进程和地区差异的考察》,《经济学动态》2008年第11期。

7. 隆国强:《扩大对外开放,形成自主创新》,《国际贸易》2009年第4期。

8. 裴长洪、赵忠秀、彭磊:《经济全球化与当代国际贸易》,社会科学文献出版社2007年版。

9. 王领红、李稻葵、冯俊新:《FDI与自主研发:机遇行业数据的经验研究》,《经济研究》2006年第2期。

10. 吴敬琏:《中国增长模式抉择》,上海远东出版社2005年版。

11. 项俊波:《结构经济学:从结构视角看中国经济》,中国人民大学出版社2009年版。

12. 白重恩、钱震杰:《谁在挤占居民的收入——中国国民收入分配格局分析》,《中国社会科学》2009年第5期。

13. 陈刚、李树:《中国的腐败、收入分配和收入差距》,《经济科学》2010年第2期

14. 李稻葵、何梦杰、刘霖林:《我国现阶段初次分配中劳动收入下降分析》,《经济理论与经济管理》2010年第2期。

15.《国家新型城镇化规划(2014—2020年)》,人民出版社2014年版。

16. 国家发展改革委经济研究所、中国人民大学中国经济改革与发展研究院课题组:《"十三五"时期供给需求结构调整与供给需求管理政策研究》,国家发展改革委规划司2014年委托课题研究报告。

17. 宋立：《理性认识中国三次产业结构及其调整方向——从国际比较看中国三次产业比例关系》，《中国经济时报》2014 年 11 月 13 日

18. 宋立：《坚持发挥好出口对"稳增长"的支撑作用——从国际比较看我国对外依存与顺差》，《中国经济时报》2014 年 12 月 17 日

19. Arndt, Sven W. and Kierzkowski, Henryk (ed.), Fragmentation: New Production Patterns in the World Economy, London: Oxford University Press, 2001.

20. Deardorff, Alan V. Fragmentation across Cones, In Arndt, Sven W. & Kierzkowski, Henryk (ed.), Fragmentation: New Production Patterns in the World Economy, London: Oxford University Press, 2001.

21. Hummels David, Ishii Jun and Yi, Kei-Mu, The Nature and Growth of Vertical Specialization in World trade, Journal of International Economics, 2001(54).

22. Yi, Kei-Mu. Can Vertical Specialization Explain the Growth of World Trade? Journal of Political Economy, 2003(111).

下篇：新导向、新思维

第七章　保持定力：创新宏观调控

知止而后有定，定而后能静，静而后能安，安而后能虑，虑而后能得。

——《大学》

我国经济迈向新常态，宏观经济运行的各类要素都出现显著变化，需求层面，不论消费、投资构成的国内需求，还是以出口衡量的外部需求，其特征模式、重点领域、面临的环境条件等都发生了变化；供给层面，不同生产要素的供给形势引起相对优势变化，市场竞争特点、资源配置模式、产业组织方式的变化意味着供给规模、结构、主体、方式的多重转变。需求和供给两方面新特征的形成和发展，将带来总供求关系的新变化。由此，经济新常态下宏观调控要有效发挥调节总供求从而平抑经济周期性波动、保持经济平稳增长的作用，必然要进行调控方式的转变和创新。

一、传统宏观调控方式难以适应新常态的新要求

改革开放尤其是 20 世纪 90 年代社会主义市场经济体制下的宏观调控政策框架建立以来，我国运用宏观调控的各类手段和工具，应对经济周期性波动或受外部冲击出现偏离潜在增长水平的状况，取得了一定的成效，总体上促进了经济平稳增长。同时，宏观调控方式在持续的政策实践中得到了探索和发展，一系列典型的"中国式"调控做法得以形成。但是，一方面过去的宏观调控方式已经在实践中暴露出一些问题和弊端，另一方面，新常态意味着宏观调控面临的情况、所要解决的问题等发生了变化，

致使原有宏观调控方式难以适应新常态下调控经济的要求。

（一）总量调控为主难以适应经济结构深度调整的要求

20世纪90年代中期我国初步建立起适应市场经济体制的宏观调控体系框架，很大程度上借鉴了成熟市场经济国家的已有做法，将财政政策和货币政策作为宏观调控的主要政策手段，并引入法定存款准备金率、公开市场操作等西方国家普遍使用的政策工具。在其后的宏观调控实践中，我国的货币政策也与西方国家的货币政策类似，主要发挥着总量调控的功能，存款准备金率、公开市场操作等总量调控工具被频繁使用，例如在2008年上半年，为了应对经济由偏快转向过热的风险，连续15次上调存款准备金率，抑制货币信贷总量扩张；2005年和2008年，通过公开市场操作净回收基础货币规模均超过了1.1万亿元，2011年则净投放近1.9万亿元。

由于改革开放后我国经济在较长时期都处于供给不足的状态，20世纪前10年来自国际市场的需求又吸纳了大量的中国产品，在这样的总供求关系下，总量政策得以比较有效地发挥了作用。但同时，随着我国经济发展阶段转变，新常态下的总供求特征逐渐显现，总量调控方式与经济结构调整优化的矛盾和前一时期总量调控的负面效应也日益凸显，表现为总量调控的实施一定程度上加剧了经济结构不平衡的问题，继续采用总量调控方式将难以满足加快经济结构调整的中长期战略要求。

这是因为，总量调控形成的货币信贷宽松或收紧，对不同类型的经济主体有不同的影响。总量宽松的货币政策被形象地比喻为"大水漫灌"，大水漫灌的结果是地势低洼处积水，而地势高处却不能得到水分补给仍然干旱。对应于货币信贷宽松的情况，就是资金会大量流向国有企业、大型企业、传统行业企业这些拥有政府隐性担保或抗风险能力强从而信用风险较小的经济主体，银行提供的信贷资金规模甚至可能超出其实际需要，形成"积水"，进而形成企业变相从事对其他企业放贷的情形，而小微企业、新兴科技型企业等信用风险相对较大的经济主体，则难以获得信贷资金的支持，成为"旱区"，无法摆脱资金紧缺的困境，更难以有效实现企业的扩张。宏观调控中实施总量收紧政策的时期，国有企业、大型企业和传统行业获得的信贷资金有所减少,而小微企业、新兴产业贷款难则会在更大程度上加剧。

总量调控政策的频繁运用,已经对经济结构产生了不利影响。近年来我国传统产业产能过剩,除了与外部需求随全球经济形势变化而收缩有关,总量调控政策形成的信贷资金较多流向传统产业也是一个重要原因。而伴随经济迈向新常态,经济结构调整优化的要求更加迫切。新常态下,适应消费需求向个性化、多样化转变,产业组织方式将出现重大变化,生产小型化、智能化、专业化将成为产业组织新特征,经济增长也将更多依靠创新驱动,经济结构向调整存量、做优增量并存的深度调整转变,需要逐步化解传统产业的过剩产能,并让新兴产业、小微企业发挥更重要的作用。因此,新常态下的宏观调控需要改变以总量调控为主的调控方式。

(二)需求管理难以适应发挥市场机制作用的要求

由于很多宏观调控政策措施既有需求效应,也有供给效应,判断宏观调控的模式是需求管理还是供给管理,不应简单地根据采取的政策措施进行分类,而是应对调控所遵循的理念、运用政策工具的目的等加以分析。我国宏观调控在过去的实践中表现出侧重需求管理的特点。侧重需求管理的宏观调控模式,在政策决策和实施中重视短期内显现的需求效应,而对政策产生的中长期供给效应不够重视。追求政策快速起效的调控理念和模式,导致调控中对调节投资需求的政策措施更为依赖,表现在经济下行阶段,主要以增加政府投资支出为手段,促进投资需求扩张进而拉动经济恢复较快增长;在经济过热阶段,主要以控制新增投资项目等方式,抑制投资需求增长从而为经济增长降温。例如国际金融危机爆发后,我国经济受外部需求大幅收缩等影响,增长明显放缓,在侧重需求管理的宏观调控模式下,采取了以扩大政府投资、实施投资刺激计划、放松货币信贷为主的需求管理措施。由于更注重调控政策短期内扩大投资进而扩大总需求的效应,加之地方政府层面在政绩考核、财政增收等激励下有较强的投资冲动,政策在较短时间内带动投资快速增长,并拉动经济增速在2010年有所回升,从短期效果看,需求管理模式的确对促进经济回升产生了一定作用,但同时,由于政策干扰了市场机制配置资源的作用,影响了微观主体的投资决策，导致大规模投资投向基础设施、保障房建设等领域，带动上游相关原材料如钢铁、水泥等行业产能快速扩张，政策的这些供给效应逐步显现，一定程度上助推了部分行业产能过剩。此外，财政政策和货币政策在需求管理模式下形成"双松"的搭配，政策叠加的效应还产生宏观调控中的"超调"现象。配合投资刺激计划的实施，大幅放松货币信贷供给，导致2009年新增贷款规模较上年翻了一番，助推了2010—2011年的通货膨胀，使货币政策不得不重新收紧，而对经济平稳增长产生了不利作用。

此外，调节投资需求所使用的很多政策措施，具有较强的行政性和微观干预特征，如对政府投资项目和大型产业投资项目的行政审批、中央财政的项目资金补助等，这导致宏观调控政策的实施，实际上加剧了政府对经济的干预。加之政府投资项目存在隐性的政府信用担保，为其提供融资被认为是风险相对较小的，因此这类项目在获取银行信贷资金及在金融市场上进行债券融资等方面实际上享有一定的优先权。

新常态下，适应经济发展方式从规模速度型粗放增长向质量效率型集约增长转变的趋势，对提高资源配置效率的内生性要求更加迫切，需要切实发挥市场机制的决定性作用。过去侧重于需求管理的宏观调控模式，以及由此导致的过度依赖投资需求调节、较多使用行政性调控措施的做法，会干扰和削弱市场机制资源配置作用的发挥，并且政策措施的需求效应平抑短期经济波动的同时，供给效应却加剧中长期结构矛盾，因此，新常态下的宏观调控应改变侧重需求管理的模式，减少行政力量对资源的直接配置。

（三）"强刺激"操作方式缺乏弹性

在我国过去的宏观调控实践中，表现出对经济运行低于潜在增长水平的情况缺乏容忍度，即使经济增长只是小幅向下偏离潜在增长水平，宏观调控也会做出较大的反应。年度经济增长预期目标成为全力保证的"底线"，政策操作力度的把握上，倾向于采用较强力的措施，也就是所谓的"强刺激"操作方式。从较长时期看，我国宏观调控在操作力度和节奏等的把握方面曾有明显的改进。改革开放初期，社会主义市场经济体制还未建立，供给不足带来的经济过热是宏观调控应对的主要问题，当时的宏观调控沿用计划经济时期的手段和操作方式，对经济过热采取"急刹车"式的调控，造成经济大起大落。到 20 世纪 90 年代，在经济体制开始向市场经济转轨的大背景下，宏观调控吸取以往经验教训，改变了"急刹车"的方式，顺利实现经济"软着陆"。但是，这次改进并未彻底转变我国宏观调控中实施强刺激以求快速起效的理念，以及对经济增长低于潜在水平容忍度低的问题，在其后的宏观调控实践中上述问题仍然表现较为突出。

宏观调控政策会通过影响经济主体的预期而影响其决策和行为，在强刺激的操作方式下，容易在市场上形成单边预期，由此带来的经济决策和行为变化，从宏观上看会表现出非理性的状态，如导致过度投资或短期的消费热潮甚至抢购。强刺激的这种效应可能引起宏观经济短时期内的冷热交替，一定程度上加剧波动，造成经济大起大落。即使强刺激在短期内并未产生以上负面效应，而是较快地缩小经济偏离潜在增长水平的程度，但由于宏观政策普遍存在滞后效应，当政策措施的效应持续显现，仍有可能产生"超调"，加剧宏观经济波动的幅度。

新常态下经济增长由高速转向中高速，如果经济波动的幅度较大，所造成的损害需要更长时间的平稳增长才能弥补，因此令经济增长保持在合意的区间内，是新常态对宏观调控的一项重要要求。这意味着有必要改变强刺激的宏观调控操作方式，从而避免可能引起的经济波动加剧。

（四）对风险积累关注不足难以适应化解风险的要求

在过去的宏观调控中，对经济风险积累和化解的重视程度不够，是导致风险持续积累的原因之一。首先是财政风险。宏观调控政策的实施，既有收益也需要付出一定成本，如扩大政府投资支出的政策，在其他条件不变的情况下，需要增加财政赤字并以新增政府债务对赤字加以弥补，政府发行债务就带来政策的成本。特别是，我国宏观调控政策的落实，最终主要在地方层面，地方政府通常也要为政策的落实付出一定的成本。尽管预算法最新修订以前，地方财政支出大于收入即出现赤字是被禁止的，政府直接负债也是不允许的，但为了获得执行宏观调控中扩大政府投资政策的资金，地方政府普遍变相利用政府融资平台等在金融市场上发行债券或向银行贷款融资，这类债务使地方政府背负实际及或有的偿还责任，因而使财政风险上升。由于地方政府官员在政绩考核、职务晋升等方面受到激励，将中央扩大政府投资的调控政策视为制造政绩的机遇，不惜代价追求大项目在本地落地，造成地方政府债务过度膨胀，财政风险的积累也较快。其次是金融风险。宏观调控采取总量调控为主、需求管理为主的模式，在经济下行时期放松货币信贷供给的政策，导致信贷资金流向较为集中于房地产等领域，推高了资产价格，形成一定程度的资产泡沫。受资产价格上升、房地产市场繁荣的带动，以及地方政府对拉动投资和经济增长见效快的项目的支持，钢铁、水泥等传统产业也成为信贷资金流入的主要领域。信贷投放进入资产市场推动资产价格上升，以及对产能过度扩张导致过剩的传统行业集中投放，都积累了潜在的金融风险。

在过去高速增长的条件下，经济风险爆发的可能性小，更大程度上表现为隐性风险，但由于宏观调控对风险的积累关注不够，也未能采取有效的风险化解措施，形成了持续积累态势，给经济长期发展留下隐患。尽管目前我国经济风险仍处在总体可控的水平，但新常态下经济由高速甚至超高速增长转向中高速增长，即经济增速有所放缓，这种条件下，原本各类隐性风险逐步显性化，更容易引发系统性风险，一旦爆发系统性风险，宏观经济将承担巨大的成本。因此宏观调控应更加注重经济风险的化解。

二、新常态下宏观调控应转变思路、创新方式

经济新常态提出了转变宏观调控思路、创新宏观调控方式的新要求，适应新常态下的消费、投资和出口需求特征以及市场竞争特点、资源配置模式、产业组织方式的变化，宏观调控应以保持定力、有所作为、统筹施策、精准发力作为基本思路和原则，协调宏观调控与转方式、调结构和深化改革的关系，更多依靠改革的办法，更多运用市场的力量，在调控方式上实现四个转变：一是采用区间调控方式，保持定力，更多发挥市场机制调节作用，避免政策因素加剧经济波动；二是由总量调控为主转向更多使用定向调控，努力保持稳增长和调结构之间的平衡；三是由侧重需求管理转向供给管理与需求管理并重，通过供给管理激发经济活力，释放经济增

长动力，促进有效供给增加，支撑潜在增长保持在中高速水平；四是政策操作方式由"强刺激"转向"微刺激"，避免经济大起大落和经济风险进一步积累。伴随经济迈向新常态的进程，宏观调控的四个转变也已经在政策实施中逐步推进，调控方式已经产生了重大变化。

（一）实施区间调控，注重政策连续性和稳定性

实施区间调控，集中体现了宏观调控在新常态下保持定力的总体原则。判断经济运行的合理区间是下限和上限包围形成的区间，其中下限是要求经济增长不低于设定的增长目标，上限是要求通货膨胀率不高于设定的通胀目标。以 2014 年为例，经济运行的下限是经济增长不越过 7.5% 左右的水平，上限是 CPI 涨幅不越过 3.5% 左右的水平。同时，新的区间调控方式还强调就业目标在宏观调控目标中的重要性，将保证充分就业作为衡量经济增长是否处在合意水平的重要参考指标，而不是单纯看 GDP 增长率的数值，也由此赋予经济增长目标值一定的弹性空间。通过采取区间调控，能够降低政策的随意性，避免调控对经济运行的过度干扰。

区间调控对宏观调控的基础性支撑和机制建设都提出了一定的要求，首先，要求更加科学地设定宏观调控的目标。对作为下限的经济增长指标来说，要以潜在增长水平为基本依据，设定合理的目标值；对作为上限的通货膨胀指标来说，要充分考虑国内因素和外部输入因素，依据物价水平变化要避免人民生活受到大的影响原则，设定合理的目标值；此外还要设定合理的就业目标，作为判断增长是否合意的参照指标。其次，要形成政策储备和启动储备政策的反应机制。这是指针对可能出现的不同经济运行状况，对应的政策措施进行搭配并以完整、可操作的工具箱形式形成政策储备。在经济运行越过区间上下限时，根据情况快速启动储备政策，应用工具箱加以应对，促进经济运行回到合意区间内。随着宏观调控转向区间调控方式，政策储备工作也已启动，2014 年 12 月国家发改委就公布了针对经济平稳运行、发生波动、出现趋势性下滑三种情况，相应设计了三个政策工具箱。

此外，当经济运行处在合意区间内，宏观调控也不是无所作为，而是在坚持宏观政策要稳的同时，着力实施灵活的微观政策和托底的社会政

策，起到强机制、促活力、补短板的作用，以 2014 年为例，主要在以下方面下功夫：一是激发市场活力和社会创造力。持续落实简政放权，取消不必要审批，完善事中事后监管，促进制度的公开透明，营造更加宽松便利、公平公正的环境，对创业创造形成激励，促进市场竞争，增强发展内生动力。二是增加公共产品有效供给。通过改革投融资体制，形成政府、企业、社会资本多元投入格局，加快补上经济社会发展的"短板"，实现改善民生、增加就业、有效优化发展硬环境的"一石多鸟"作用。三是支持实体经济做强。大力支持小微企业、农业、服务业发展，统筹采取措施，提升制造业等产业的综合竞争力，为经济持续健康发展提供有力支撑。

（二）实施定向调控，保持稳增长和调结构之间平衡

实施定向调控，就是在宏观调控上不搞"大水漫灌"，而是抓住重点领域和关键环节，更多依靠改革的办法，更多运用市场的力量，有针对性地实施"喷灌"、"滴灌"。定向调控也是结构调控的主要方式，具有平衡稳增长和调结构的作用，有效避免了总量调控下保持经济平稳增长与调整优化经济结构可能出现的矛盾冲突。

为了实现定向调控的目的，我国进行了一系列政策工具创新，在传统工具与创新工具的共同助力下，定向调控的手段和方式都更加丰富。财政政策方面，实施了结构性减税。新常态下的结构性减税主要针对经济中特别需要支持的薄弱环节。2013 年和 2014 年，分别出台了对小微企业减税的政策，实施对月销售额不超过 2 万元的小微企业暂免征收增值税和营业税，对年应纳税所得额低于 10 万元的小微企业减半征收所得税的优惠政策。2014 年营改增再次扩围，将电信业纳入试点范围。以政府支出引导带动投资扩大的政策，选择了几个重点领域，分别是铁路建设、棚户区改造，以及以重大工程包形式推出的信息电网油气等重大网络工程、健康养老服务、生态环保、清洁能源、粮食水利、交通、油气及矿产资源保障工程等七个领域。在领域选择上，主要考虑了对经济社会发展具有全局性、基础性、战略性意义，有利于促进形成新的经济增长点；有利于调结构、补短板，加强薄弱环节建设，增加公共服务产品供给；以及符合国家中长

期规划和国家产业政策。在投资资金的筹集方面，强调开放市场，充分吸收社会资本参与，从而降低政府资金所占的比例，旨在调动社会资本的投资积极性，形成扩大投资的主要力量。

货币政策方面，一是实施定向降准。2014年4月，人民银行针对县域农村商业银行和县域农村合作银行两类涉农存款性金融机构进行了定向降准操作，对县域农村商业银行下调存款准备金率2个百分点，对县域农村合作银行下调0.5个百分点。与通常采用的全面降准政策不同，定向降准将政策支持明确指向特定类型的金融机构，由此产生对经济的特定领域加大金融支持力度的效果。二是创新具有定向特征的结构性流动性管理工具，包括对国家开发银行住宅金融事业部发放的抵押补充贷款（PSL），可附带一定条件、引导银行贷款投向的中期借贷便利（MLF）等。以往的总量型流动性管理工具，如央行票据、正逆回购操作等，尽管能够有效调节金融体系的整体流动性状况，进而影响总需求，但对经济结构调整优化不仅不能产生促进作用，反而可能产生负面效应。新的结构性流动性管理工具则克服了这一问题，有助于总量调节与结构调整目标间的平衡。

专栏7-1　近年我国宏观调控方式创新

近年来，适应新常态的新要求，我国政府不断创新宏观调控思路和方式。

2013年上半年提出"区间调控"。区间调控是对宏观调控目标设定进行的创新，它改变了过去同时盯住经济增长、物价水平具体目标值的调控方式，以经济增长目标和物价水平目标分别确定宏观调控目标的上下限，作为宏观调控的目标区间。区间调控不仅体现了新常态下宏观调控应保持定力的总体思路，也有利于统筹稳增长、调结构、促改革、惠民生等经济发展短期和中长期的多重要求。

2014年上半年提出"定向调控"。定向调控是对宏观调控方式进行的创新，它首先有别于总量调控，属于结构性调控的范畴，其次，它又不等同于结构性调控，而是其中更强调针对性的一种调控方式。

如果说总量调控是"大水漫灌"，定向调控就是有针对性地实施"喷灌"、"滴灌"。同时，定向调控也是对区间管理的精细化，强调瞄准运行中的突出问题确定调控"靶点"，体现了新常态下宏观调控精准发力的要求。

（三）供给管理与需求管理并重

新常态下，要素供给增长放缓和潜在增长率下降的客观趋势，要求加强供给管理，发挥提高要素利用效率、提升全要素生产率贡献、促进经济增长动力增强的作用。因此在宏观调控中要转变侧重需求管理的模式，转向供给管理与需求管理并重。在实行供给管理的过程中，应注意避免使用行政性措施直接干预微观主体决策和行为，而应尽量采用间接手段和经济性措施，真正发挥市场机制的决定性作用。

供给管理是宏观调控与深化改革的结合点，建议按照全面深化改革的总体要求，结合促进有效供给增加的需要，从以下方面入手加强供给管理。一是加大对技术创新的政策支持。加快整合政府部门掌握的科技资源，引导国家科技资源更多流向企业，支持企业作为创新主体开展创新活动。国家加大投入加强产业共性技术和关键技术研发体系建设，为产业升级提供公共科技服务平台。加快推进产学研结合，提高研发成果转化率。不断完善创业创新环境，营造鼓励创业、宽容失败、求真务实、勇于创新等创业创新文化氛围。完善有利于创新的财税政策，在加速折旧、研发费用扣除、投资抵免等方面研究更加优惠的税收政策。二是实施促进人力资本素质提升的政策措施。深化公立职业教育改革，改革创新社会办学体制，增强教育机构能力，培养适应经济发展需要的高技能、高素质劳动者。三是提高资源配置和利用效率。进一步推进土地制度改革，促进土地资源节约集约利用。改革资源产权制度和环境保护制度，推动资源能源节约集约利用。

（四）采用"微刺激"的操作方式

作为宏观调控政策操作方式的"微刺激"，与"强刺激"相对，是指在政策力度的把握上更加适度，不因对短期调控效果的过度追求而采取强力的政策措施。"微刺激"的方式有利于降低行政力量对经济运行干预，给予市场机制更大作用空间，从而避免"强刺激"带来的放大经济波动幅度，以及积累经济风险等负面效应。

2013年以来，我国宏观调控的操作方式总体转向"微刺激"，表现在出台的政策措施都不是对宏观经济进行全面、总量的刺激，而是从局部入手，因此从对经济总体影响的角度看政策力度是较小的。2013—2014年以来我国经济增速从之前的高速降至7%—8%的中高速，并呈现总体下行态势，我国政府在充分认识经济增速变化的中长期因素基础上，做出"经济运行处于合理区间"的基本判断，坚持"要发挥调结构、促改革对稳增长的积极作用"的总体要求，出台一系列"微刺激"措施，主要包括以下几类：一是扩大投资的政策，包括加快铁路建设、发挥开发性金融作用支持棚户区改造，以及落实吸引社会资本特别是民间资本参与基础设施建设的七个重大工程包；二是结构性减税政策，包括对小微企业实施增值税、营业税、所得税等税收减免的优惠政策，营改增进一步扩围等；三是货币政策尤其是结构性货币政策，包括定向降准、运用创新工具进行流动性管理、非对称调整存贷款基准利率等。

新的"微刺激"操作方式，还表现出政策措施组合推出的操作特点。在2013年7月24日召开的国务院常务会议上，同时宣布实施三项宏观调控"微刺激"政策，分别是对小微企业暂免征收营业税和增值税，减少出口企业负担，以及筹措资金加快铁路建设。2014年4月2日召开的国务院常务会议上，再次同时推出三项可称为是"微刺激"的政策措施，分别是加大小微企业所得税减免的政策力度，筹措资金进行棚户区改造，以及吸收社会资本加快铁路建设。"微刺激"以"组合拳"的形式出台，一方面因单项政策针对局部施力，力度不会过度，另一方面不同类型政策的组合使用，又避免了对经济的影响过小，并且能够更有效地引导市场预期向好。

三、新常态下的宏观调控政策操作

随着经济迈向新常态，我国宏观调控思路和方式调整创新，财政、货币等主要政策手段应在新的调控思路下，转变运用方式、合理选择工具，以适应经济新常态对宏观调控的要求，在新的经济发展阶段，以有效的宏观调控促进经济平稳增长，加快经济结构调整优化，推动体制改革全面深化。

（一）新常态下的财政政策

经济新常态下，财政政策应进一步发挥其结构性调控的功能，同时尽可能减少政策操作带来对微观主体行为的直接干预，避免扰乱市场机制配置资源作用的发挥，为此要求财政政策实现以下调整和转变。

一是更加注重发挥结构性减税措施的作用。财政政策的主要政策工具包括税收和财政支出。一方面，要确立市场在资源配置中的决定性作用，特别是要发挥市场机制作用实现经济结构的调整优化，财政政策工具的选择需要更偏重经济性措施，相应地减少行政性措施的使用。从这个要求出发，应加强税收政策的应用，以多种结构性减税措施，对政策支持或限制的领域有效的经济性激励或约束，形成由市场机制最终决定资源配置结果的调控方式，而对由政府指定资金用途的政府投资支出工具，适当减少运用，并以吸引社会资金共同投资的方式，引入市场机制作用，提高资金使用的效率。另一方面，新常态下随着经济增长由高速转向中高速，财政收入的增长速度也会相应放缓，从防范财政风险过度积累的角度，政府负债规模也要受到一定的限制，由此对宏观调控中财政支出政策的操作空间产生了更强的约束，有必要适应这种变化适当降低财政支出政策运用的力度。

结构性减税要有减有增，减的方面是企业税收负担，尤其是小微企业，调动微观主体的动力和活力，适应终端消费需求向个性化、多样化转变和产业组织方式向小型化、专业化转变，更好地发挥小微企业、新兴产业、服务业在经济发展中的作用。增的方面是调整资源要素价格形成机制，让要素价格真正体现资源的稀缺性和环境成本等，为转变经济发展方式提供基础。

二是财政支出进一步转向民生领域和薄弱环节。财政支出政策的运用，除了在总量上适当降低力度，在结构上也需要适应新常态的新要求加以调整。主要是，财政支出政策在投向上要有利于发挥市场机制作用、提高资源配置效率等经济发展的内生性要求，避免宏观调控中财政资金进入竞争性领域，形成"与民争利"的状况，挤出社会资本，弱化政策效应。财政资金投资领域的确定应以"补短板"为基本原则，将因外部性等问题而不能由社会资本满足资金需要的民生领域和薄弱环节作为主要投资领域。以财政支出政策投资领域的转变，平衡稳增长、调结构、惠民生等目标，同时促进区域间经济发展协调性的提高。

（二）新常态下的货币政策

经济新常态下，货币政策面临的形势和任务既不同于过去所处的发展阶段，也不同于成熟市场经济国家，要求我们在过去借鉴西方经济理论、成熟市场经济国家实践经验的基础上，从宏观调控的实际需要出发，实现货币政策调控机制和方式的转变和创新。

一是由总量调控向总量与结构调控相结合转变。货币政策在成熟市场经济国家主要发挥总量调控作用，这是由于这类国家的经济结构在长期有效运行的市场机制作用下，已经达到较为合理的状态。然而，我国经济转轨阶段，结构问题始终是经济发展中需要解决的主要问题之一，新常态下经济结构仍将以调整存量、做优增量并存的方式展开深度调整，货币政策有必要适应经济结构调整的需要，通过创新工具，发挥其在成熟市场经济国家未能发挥的结构性调控功能。为此，要继续运用常备借贷便利（SLF）、中期借贷便利（MLF）、短期流动性调节工具（SLO）、抵押补充贷款（PSL）等创新的流动性管理工具，实施定向调控，发挥调节货币信贷总量与调整货币信贷结构的双重功能。同时，应适应经济形势变化的需要，搭配使用总量型和结构型货币政策工具，既避免过去总量调控的货币政策加剧结构矛盾的问题，又防止单纯使用结构型工具力度不足、效应不显著、引导预期不力等问题。

专栏 7-2　货币政策创新工具功能说明

近年来，中国人民银行创设了多项货币政策创新工具，旨在进一步提高货币政策调控的灵活性、针对性和有效性。

短期流动性调节工具（Short-term Liquidity Operations，SLO）：2013 年 1 月，立足现有货币政策操作框架并借鉴国际经验，中国人民银行创设了短期流动性调节工具。这一工具属于公开市场操作，主要功能是调节市场短期资金供给，熨平突发性、临时性因素导致的市场资金供求大幅波动，在银行体系流动性出现临时性波动时相机使用。

常备借贷便利（Standing Lending Facility，SLF）：2013 年初，中国人民银行借鉴国际经验创设了常备借贷便利。这一工具是央行正常的流动性供给渠道，主要功能是满足金融机构期限较长（1—3 个月）的大额流动性需求。对象主要为政策性银行和全国性商业银行，要求以高信用评级的债券类资产及优质信贷资产等作为抵押品。

中期借贷便利（Medium-term Lending Facility，MLF）：2014 年 9 月，中国人民银行创设了中期借贷便利。这一工具是央行提供中期基础货币的货币政策工具，其利率发挥中期政策利率的作用，通过调节向金融机构中期融资的成本来对金融机构的资产负债表和市场预期产生影响，引导其向符合国家政策导向的实体经济部门提供低成本资金，促进降低社会融资成本。对象为符合宏观审慎管理要求的商业银行、政策性银行，可通过招标方式开展，要求金融机构以国债、央行票据、政策性金融债、高等级信用债等优质债券作为质押品。

抵押补充贷款（Pledged Supplementary Lending，PSL）：2014 年 7 月，中国人民银行决定向国家开发银行发放 1 万亿元抵押补充贷款，为开发性金融支持棚户区改造提供长期稳定、成本适当的资金额度。抵押补充贷款是再贷款的一种，与一般再贷款的区别是要求抵押，主要功能是直接为政策性银行或商业银行提供一部分低成本资金，引导信贷资金投入政策支持的领域，并能够降低这些领域融资成本。

资料来源：根据中国人民银行网站相关信息整理。

二是由数量型调控为主向数量型与价格型调控有效配合转变。相对于数量型工具，价格型工具传导链条更短，对微观经济主体的影响更直接，更有利于发挥市场机制在资金配置中的作用。随着我国利率市场化、汇率形成机制等改革的逐步推进，有必要加快完善价格型调控机制，形成顺畅的利率、汇率传导渠道，使以利率为主的价格型调控工具成为货币政策的常规手段。同时，逐步理顺货币市场、信贷市场、债券市场等不同类型市场间的利率关系，形成有效的联动，使数量型调控与价格型调控实现协调和配合，增强货币政策的调控能力。

参考文献

1. 国家发改委经济研究所课题组：《完善宏观调控体系研究》，内部研究报告，2013年。

2. 国家发改委经济研究所、人民大学中国经济改革与发展研究院课题组：《"十三五"时期供给需求结构调整与供给需求管理政策研究》，内部研究报告，2014年。

3. 李伟：《深刻理解新常态，推动经济发展迈上新台阶》，第六届中国经济前瞻论坛主旨演讲，2015年1月。

4. 刘伟、苏剑：《"新常态"下的中国宏观调控》，《经济科学》2014年第4期。

5. 骆振心：《新常态下宏观政策转型的逻辑》，经济观察网2015年1月23日。

6. 马骏：《新常态与宏观调控模式》，《中国金融》2014年15期。

7. 宋立：《积极探索建立转型开发宏观调控体系》，内部研究报告，2009年。

8. 宋立：《实施结构优先和双稳取向的宏观调控》，《经济参考报》2012年1月6日。

9. 王元：《让需求管理与供给管理并重》，《中国外汇》2014年第9期。

第八章　体制创新：释放新的改革红利

> 穷则变，变则通，通则久。
>
> ——《周易·系辞下》

邓小平同志开辟的改革开放道路，翻开了中国历史新篇章，书写了世界发展史的辉煌一页。短短 30 多年间，中国人均国内生产总值接近 7000 美元，从低收入经济体跨入中高收入经济体行列，经济总量跃居世界第二，各项发展成就举世瞩目。改革为中国经济持续快速发展提供了动力源泉，改革红利是中国特色社会主义道路和现代化建设取得伟大成就的生动写照。党的十八届三中全会吹响了全面深化改革的新号角，制度创新的正能量波澜壮阔、方兴未艾，用改革破解发展难题，加快释放新的制度红利，是我国经济发展进入新常态后全面建成小康社会，实现中华民族伟大复兴的中国梦的根本途径。

一、新常态呼唤改革红利释放

我国经济发展已经进入新常态，面临增长速度进入换挡期，结构调整面临阵痛期，前期刺激政策进入消化期"三期叠加"的挑战，经济增长速度将从高速超高速转到中高速，增长动力将从主要依靠资源投入转向主要依靠效率提高，经济结构正在转型升级。充分挖掘经济增长潜力，加快促进经济增长动力由依靠资源投入转向依靠效率提高，协同推进需求结构、产业结构、城乡区域结构优化调整，是适应新常态，实现经济增长更趋平稳、增长动力更为多元、经济结构"质量更好，结构更优"、发展前景更加稳定的关键。党的十八届三中全会对全面深化改革进行了战略部署，这两年与全面深化改革相配套的指导意见和实施方案相继出台，但全面深化改革是关联性、配套性和耦合性很强的系统工程，当前我国改革进入了攻坚期和深水区，在相关改革尚未到位之前，仍然存在制约增长潜力挖掘、增长动力转换和经济结构优化的体制机制障碍。

（一）体制机制不完善影响增长潜力深度挖掘

一个国家和地区的增长潜力是指在一定约束条件下经济潜在增长能力。增长潜力的大小可以用一定约束条件下潜在增长率来衡量，其决定因素是人力资本、实物资本、科学技术、自然资源等。当前，我国教育、投融资、科技体制和资源管理体制改革尚未到位，影响人力资本素质、资本积累能力、科技创新水平持续提高和自然资源合理高效开发利用，进而影响新常态下经济增长潜力的深度挖掘。

1. 教育体制不完善影响人力资本素质进一步提高

改革开放以来，我国人力资本素质大幅提高，每十万人口拥有高等学校在校生从1990年的180人增长到2013年的1822人，普通高校毕业生占从业人员比重从1990年的0.01%提高到2013年的0.9%。但是，我国基础教育属于应试型教育，以灌输为主，不利于培养学生的创新思维和动手能力，高等教育体制僵化，存在专业设置与市场需求脱节、科研与市场脱节等问题，职业培育还存在办学方向模糊、培养目标定位不准、专业结构和技术等级与企业需求不匹配等问题，很难培养出与建立创新型国家、与世界产业发展新趋势相适应的创新型、技能型人才，因而影响新常态下进一步提升人力资本素质、允分挖掘人力资本潜力。

2. 投融资体制不完善影响资本形成能力持续提高

投资是经济增长的重要推动力，一定规模的资本形成是挖掘经济增长潜力、实现经济稳步增长的重要条件。我国过去30多年的增长奇迹与投资高速增长密不可分，进入新常态后经济稳定增长还必须发挥投资的关键作用，保持一定的资本形成能力。一个国家和地区的投资包括政府投资和民间投资，政府投资通常很有限，民间投资具有机制活、效率高、潜力大、创业创新性强、就业效应力大等特点，是推进经济增长的持久动力和内生动力。当前，由于我国投融资体制尚未完全到位，影响民间投资持续扩大。

一是投资体制改革不到位影响民间资本的投资动力。早在 2004 年，我国就开始推进投资审批制向核准制和备案制转变，并不断下放投资审批权，但一方面由于核准制和备案制中还存在模糊地带、相关部门自由裁量权过大，另一方面由于项目核准制改革还存在前置审批条件依然过多、手续繁杂，中介服务行为不规范、收费不合理等问题，事实上，企业的投资自主权并没有完全得到落实。为了鼓励民间投资，2010 年 5 月出台了《国务院关于鼓励和引导民间投资健康发展的若干意见》（"民间投资 36 条"），相关部委还配套出台了 42 个实施细则，由于部分实施细则操作性不强，一些法规规章没有及时做出相应调整，加之缺乏考核监督，制约民间投资的"玻璃门"、"弹簧门"、"旋转门"仍然存在。一些领域没有明确民间资本的进入途径及进入后的运行方式，一些领域将利润薄弱或急需资金的行业和环节向民间资本放开，利润丰厚的业务和环节还没有完全放开，一些领域由于市场化改革不到位，民间资本实际上无法进入，处于"名开实禁"状态。

二是融资体制改革不到位影响民间资本的投资能力。融资有直接融资和间接融资之分，间接融资通过银行获取资金，直接融资通过资本市场向社会上有资金的机构和个人筹资，包括股票、债券等。我国金融体系以银行尤其是大银行为主，资本市场尚未充分发展起来。银行体系在提供信贷服务时存在"规模歧视"和"所有制歧视"现象，大型企业和国有企业很容易获取信贷支持。由于为中小企业提供融资支持的中小银行发展缓慢，广大中小企业和民营企业的融资需求不能得到满足，影响民营企业的投资能力，进而影响新常态下全社会资本形成能力持续提高。

3. 科技体制不完善影响技术创新能力提升

改革开放以来，围绕促进科技与经济结合、增强科技创新对经济增长的作用，我国大力推进以科技体制为核心的创新体制改革，极大促进了科技生产力的发展。但是，由于科技体制改革尚未完全到位，创新体系尚未完全建立起来，影响新常态下技术创新能力持续提高。

一是科技资源配置过度行政化、过于分散。近年来，我国研发经费以每年 20% 以上的速度增长，占 GDP 比重 2000 年为 0.9%，2013 年已经超过 2%。但科技资源由科技部、发改委、工业和信息化部等部门掌握，存在资源分散、科研项目重复设置、资源投入效率低等问题。从资金流向看，行政配置的科研资金大多流向科研院所、大专院校，企业获取的创新资源很有限，影响其成为创新主体。

二是研发成果转化利用率低。我国科技成果产业化率还不到 10%，与发达国家 50%—70% 的水平相比存在较大差距。出现这个问题，主要有以下几方面原因：第一，政府科研项目征集、立项和评审主要由高等学校、科研院所的专家参加，科研项目很大程度上是"学术思维"、"专家思维"，"市场思维"不够，适用性不强；第二，科技成果转化风险大、周期长，且涉及高校科研院所和企业等参与方的利益关系，而我国法律法规对产学研合作中责、权、利的规定尚不明确，与知识产权保护、税收、利益分配、风险承担有关的法律法规尚不完善，影响科技成果转化；第三，现行科研管理体制下，高校、科研院所重视发表论文数量、所获奖励级别，对成果转化应用不够重视。

三是共性技术研发缺失。20 世纪 90 年代末 242 家院所改制后，我国原有的基础研发体系被打破，但新的适应市场经济体制的共性技术研发体系还没有建立，造成关乎经济社会发展需要的共性技术和关键技术研发缺失，难以催生出具有重大影响力、推动人类生产生活方式发生根本性变革的原创性技术，极大影响到新常态下全社会创新能力持续提高。

四是技术创新环境尚不完善。我国科技金融尚处于试点阶段，资本与技术尚不能有效对接。财税方面，尽管相关文件允许企业纳税时抵扣当年发生的技术开发费，但由于地方政府财力所限、宣传不力、私设门槛等，加之财税部门与企业对技术开发费的认定标准不一致，真正能够享受到优惠政策的企业较少；政府采购和推广应用新技术新产品的法律法规尚不完善，缺乏激发国有企业采购应用新产品新服务的相关制度设计；对技术人员的股权、期权激励和奖励等收益分配政策和激励机制不完善，影响科技人员创新的积极性。此外，由于科技成果评价和保护制度不健全，技术成果被仿冒、剽窃行为屡禁不止，造成企业创新动力不足。我国创业创新文化氛围不够浓厚，还没有形成大众创新、万众创业的创新环境。

4.资源管理体制不完善影响自然资源合理开发和高效利用

按照现行法律的相关规定，我国土地、矿藏、河流、森林等自然资源属于全民所有，但现实中其产权处于模糊状态，全民所有自然资源资产的所有权人不到位，所有权人权益难以得到落实。绝大多数自然资源由部分企业垄断经营，加之长期实行无偿取得制度，企业无偿或缴纳极低的费用后获得采矿权，开采后只需就其开采数量或销售收入缴纳少量的资源税和矿产资源补偿费。在这种制度安排下，资源开采企业从短期内实现最大利润出发，不惜进行掠夺性开采，采富弃贫，导致矿产资源回采率长期徘徊在低位。此外，资源税课征范围小，以从量计征为主且税率较低，未将资源重置价值考虑在内，加之资源价格形成机制不完善，资源企业的成本一般只包括资源直接开采成本，不包括矿业权有偿取得成本、环境治理和生态恢复成本等，不利于资源合理开发和高效利用。

（二）体制机制不完善制约增长动力顺利转换

促进经济增长由主要依靠资源投入向更多依靠效率提高转变，是新常态下重塑发展新动力的关键。但是，我国资源环境改革尚未到位，要素市场体系建设滞后，机制灵活、创新力强的市场竞争主体尚未完全培育出来，影响要素投入结构优化和要素配置使用效率提高，进而影响到新常态下经济增长动力顺利转换。

1.资源环境等体制不完善影响要素投入结构优化

改革开放以来的30多年中，我国经济快速增长主要依靠要素投入，粗放型经济增长方式转变缓慢，一个重要原因就是资源环境管理体制改革不到位。长期以来，我国矿产、能源等不可再生资源产、供、销尚未完全摆脱计划配置，资源价格形成机制不合理，价格水平偏低；环境产权界定不清晰，环境税收制度[20]、环境交易和保护制度尚不完善，环境污染和破坏事件屡禁不止。由于资源价格低廉、环境污染成本被外部化，人为降低了企业的生产成本，不仅导致不合理的投资行为及对资源要素的过度消耗，

---

[20] 我国没有真正意义的环境税，只存在与环境保护有关的税种，如资源税、消费税、城建税、车船使用税等。由于其设置出发点不是环境保护，因此无法实现对环境的有力保护。

而且滋生了企业通过"寻租"获得稀缺低廉的资源要素，进而获取超额利润或租金收益的动机。由于企业没有以技术创新替代资源的压力和动力，致使"高投入、高消耗、高污染、低效益"的经济增长方式难以改变。

2. 市场体系和市场主体不健全影响要素配置效率

充分发挥市场在资源配置中的决定性作用，提高要素配置使用效率，必须以经营灵活的市场主体、优胜劣汰的市场机制和统一开放的市场体系为基础。改革开放以来，我国围绕培育市场主体、完善市场体系进行了一系列改革，但政府通过垄断控制、行政审批、价格管制等方式，依然掌握着土地、资本、能源、矿产资源等稀缺要素的配置权，干预市场主体的经营行为，影响新常态下资源配置效率。

一是缺乏真正的市场竞争主体。由于国有企业改革尚未到位，我国大型企业以国有及国有控股企业为主导，企业人事任命、重大事项决策等受母体公司和政府部门的影响，经营机制不灵活。国有企业在获取经济资源方面还有所有制优势，加之国有资产考核侧重于短期保值增值，使国有企业很难成为真正的市场竞争主体。部分民营企业管理不规范，创新能力低，加之在获取资源方面还遭受程度不同的所有制歧视，也很难成为公平参与竞争的市场主体。

二是市场机制尚不完善。市场准入、退出和兼并重组是市场经济条件下引导资源优化配置、提高企业经营效率的重要制度，但这些机制在我国都还不能有效发挥作用。市场准入方面，一些地方为了保护本地企业，设定各种各样的准入条款，在项目核准和备案中对不同企业施以不同标准，造成该进的企业不能顺利进入。市场退出方面，一些地方通过封锁市场、禁止外地产品进入等措施，保护本地经营不善的企业，并对不符合产业政策、行业标准、资不抵债的各类市场主体，实行不同的市场退出标准和退出援助制度，造成该退的企业不能及时退出。一些地方还以行政手段、拉郎配等方式主导企业兼并重组，阻碍跨地区、跨所有制兼并重组。凡此种种，都影响到市场机制在资源优化配置中有效发挥作用。

三是市场体系不健全。改革开放以来，我国按照渐进式改革思路，对商品市场进行了比较彻底的改革，相比之下，生产要素市场化改革一直滞后。我国土地市场城乡二元分割，农村土地必须经过地方政府征收，才能进入城市建设用地市场。地方政府借助于"统一收购、统一开发、统一出让"的土地储备制度，从农民手中低价征地，在土地市场上高价卖出。金融体系以大银行主导的信贷市场为主，适应中小企业融资需求的多层次资本市场尚未建立起来。劳动力市场在城乡之间、体制内外部门之间、行业之间、区域之间多元分割，职业经理人市场尚未发育形成，不能发挥引导劳动力资源优化配置的功能。受科研管理体制改革滞后的影响，科研院所与市场主体尚未有效对接，技术市场发展层次和水平还很低，技术转化为生产力的渠道不畅。能源、矿产等资源要素市场尚在计划控制中，稀缺要素的配置权和定价权由政府掌握，要素价格扭曲。由于要素市场体系不健全、定价机制不完善，导致资源要素无法按照市场规则配置，影响经济增长动力从依靠资源投入向依靠效率提高转换。

（三）体制机制不完善阻碍经济结构调整优化

产业结构、需求结构和城乡区域结构调整，是新常态下经济结构演变的客观趋势，也是实现经济持续协调健康发展的内在要求。我国的经济结构总体上与发展阶段相适应，但也存在产能过剩、需求结构内部不优、城乡区域发展差距等问题。出现这些问题，既与要素禀赋、发展阶段和全球化等客观因素有关，也与经济体制扭曲有关。

1. 收入分配等制度不完善阻碍需求结构调整优化

在拉动经济增长的"三驾马车"中，消费尤其是居民消费是支撑经济增长的自主动力和原动力，但我国还存在多项制约扩大居民消费需求的制度障碍，进而影响到新常态下需求结构优化调整。一是收入分配制度改革尚未到位，初次分配和再分配中居民收入份额占比低且持续下降局面没有得到根本性扭转，居民收入分配差距大的格局依然存在，严重制约居民消费能力提高。2012 年，初次分配中劳动报酬占比为 49.6%，再分配中居民收入占比为 20.4%；2014 年基尼系数达到 0.469。二是城乡统一、惠及全民的社会保障体系还没有建立起来，城乡社会保障制度和标准尚未接轨，住房保障制度不完善，影响居民消费预期和消费需求。三是户籍制度滞后，我国 2.68 亿进城务工农民加入了城市就业队伍，但尚不能与城镇职工"同工同酬"，在住房、就业、教育、医疗等方面，享受不到与城镇居民同等待遇，其消费行为和生活方式与城市居民完全不同，很难成为与城镇居民相似的消费主体。四是资本市场发展滞后，证券市场投机性强，对中小投资者保护不够，难以成为居民配置家庭资产获取财产性收入的有效渠道，存款利率水平仍然较低，城乡居民家庭部门的财产性收入增长缓慢，影响居民消费需求扩大。五是在城乡二元土地制度下，农民不能分享工业化城市化进程中的土地增值收益，农村宅基地只能在村集体内部流转，影响到农民财产权利的实现和农村居民财产性收入提高，影响农村居民的消费需求。六是国有企业尤其是垄断企业改革滞后，其职工收入远远高于其他行业，而这些部门和行业的职工大多属于中、高收入群体，消费倾向低，其收入提高部分不能有效转化为实际消费，一定程度上影响居民消费扩大。

与此同时，由于要素市场化改革滞后，要素价格扭曲在一定程度上刺激了投资需求。由于土地和能源资源管理体制改革尚未到位，土地、能源等资源要素价格扭曲，相当于降低了企业投资成本，这不仅助长企业尤其是国有企业的投资冲动，而且价格扭曲所制造的"经济租"可以给企业带来"超额利润"，在一定程度上促使财富向资本所有者集中，为企业扩大再生产和增加投资提供了条件。尽管近年来我国进城务工人员的工资不断提高，但在城乡分割的户籍制度下，这部分劳动力很难享受到与城镇居民同等工资福利待遇，这相当于降低了企业生产成本，提高资本所有者的收入。新世纪以来，我国利率市场化程度不断提高，但存款利率仍然没有放开，这在一定程度上造成用居民部门收入变相补贴企业尤其是国有企业现象。环境管理制度不完善，企业污染等外部成本没有内部化，企业成本被社会化，进一步扩大了企业投资盈利空间。一直以来，我国企业尤其是国有企业始终保持着旺盛的投资热情，与各类要素价格扭曲引致的投资成本低有一定关系。

2. 行政、财税、金融、土地等体制改革不到位影响产业结构调整优化

除了由于科技体制改革滞后，企业技术创新能力低，无法适应产业结构调整的需要外，行政、财税、金融、资源环境、土地等领域改革尚未到位，也影响到新常态下产业结构调整优化。

一是现行行政管理体制影响产业结构调整。由于政府职能转变尚未到

位，加之受有形无形的政绩考核制度影响，一些地方政府仍然干预经济发展，甚至直接铺摊子、上项目，面对新兴产业一哄而上，近年来出现的光伏、多晶硅等新兴产业过度投资、产能过剩，与此不无关系。一些地方还通过采用制订地方标准排斥外地产品和服务等更为隐蔽和多样化的地方保护手段，保护本地企业，影响产业结构和产业组织结构调整。此外，由于政企、政资、政事分开和管办分离不到位，教育科研、文化体育、广播电视、新闻出版、医疗卫生等领域本来可以产业化经营、商业化运作的服务领域，却被当作公益性、福利性的社会事业来办，影响现代服务业发展。

二是现行财税体制影响产业结构调整。在现行财税体制下，各地发展工业的积极性仍然很高，地方政府热衷于大上项目，特别是发展"价高利大"的产业，对投资周期长、投资风险大的高新技术和新兴产业投入不足，将造成产业总体技术水平不高、升级缓慢，也容易引起地区间产业同构，最终影响我国产业结构优化升级。

三是金融体制影响产业结构调整。国际经验表明，信贷市场尤其是以大银行为主的信贷体系主要支持成熟期产品和传统产业，股权融资、证券市场则更适合创新产品和新兴产业的资金需求。我国以间接融资为主的金融市场体系，对传统产业发展项目支持比较有效，但对创新型企业和新兴产业发展相对不利，影响技术创新和产业结构升级。此外，产权市场发展滞后，不利于利用兼并重组等市场机制调整传统产业，也在一定程度上影响产业组织和产业结构优化。

四是现行资源环境管理制度影响产业结构调整。一方面，要素价格扭曲，资源、能源等上游产品价格与工业制成品价格相比过低，资源开发的价值增值向产业链下游转移，下游产业利用扭曲的要素价格就可以获取利润，没有以技术创新替代资源的压力和动力。另一方面，土地、能源、矿产资源等要素价格偏低，总体上有利于工业尤其是重工业发展，并导致资源密集型产业过度发展，而高技术产业和现代服务业发展所需要的高素质劳动力不足，制约产业结构升级。

五是土地制度不完善影响新型工业化和农业现代化。在土地供应双轨制下，工业用地大多以低地价甚至零地价协议出让，加之集约节约用地制度不完善，一定程度上助长工业粗放发展，影响新型工业化。农村土地分散、零碎经营，加快流转是实现规模化经营和农业现代化的重要途径，但承包地经营权流转市场化程度低、操作不规范，农民参与的积极性不高，影响土地规模化经营和农业现代化。

3.户籍、社保等制度不完善影响城乡区域协调发展

我国城乡区域发展差距较大，既与我国基本国情、发展阶段密切相关，具有一定的客观必然性和阶段性特征，也与相关领域的体制改革不到位直接相关。

一是财税体制改革不到位影响城乡区域结构调整。在现行财税体制下，一般性转移支付平衡地区间财力差距的功能仍然不强，专项转移支付对地方财政"一刀切"式的配套要求造成财政对发达地区的倾斜，不利于缩小区域发展差距。财政对农村地区基础设施、公共服务的投入仍然不足，不利于城乡发展差距持续缩小。

二是金融市场不完善影响城乡区域协调发展。20世纪90年代以来，伴随出口型产业发展和国有银行改革，我国金融机构和金融资源过度向大中城市和东部沿海集中，加之大中型银行信贷发放权上收，农村和中西部落后地区出现金融服务退化现象。中西部地区和农民资金流向东部发达地区和城市，对城乡结构和区域结构产生了逆向调节作用，不利于城乡、区域协调发展。

三是现行土地制度影响城乡结构调整。我国对城市建设用地实行计划控制，中央政府对城镇新增建设用地实行年度指标管理，城市建设用地市场由地方政府垄断供应。这种土地管理制度一定程度上造成城市房地产建设用地供应不足，房价居高不下。我国对城市建设用地还实行"批租制"，地方政府在出让城市建设用地时，是根据土地用途一次性收取40年、50年和70年不等（住宅用地70年、工业用地50年、商业用地40年）的土地出让金，这种收取租金的方式进一步抬高了房价，而高房价提高了农民进城成本，影响到城镇化进程。此外，农村土地产权不完整，农民拥有的土地和宅基地没有退出机制，农村居民进城安居和创业缺乏经济基础，影响农村转移人口市民化。

四是户籍和社会保障制度影响城乡区域协调发展。人力资本是缩小地区发展差距的重要条件，但在现行户籍管理制度下，进城务工农民不能与

城镇居民享受同等待遇，无法真正融入城市，影响城乡一体化发展。城乡社会保障制度不统一，地区之间社会保障制度不能有效衔接，影响劳动力在全国范围内自由流动，制约城乡二元结构转换和区域协调发展。此外，我国绝大多数公共服务标准由中央负责制定，并依据统一标准进行监督，地方政府负责落实，尽管近年来中央政府不断加大对基本公共服务的支出责任，但地方政府获得的财力与其承担的支出责任间仍存在缺口，落后地区在中央给予一定的补助后仍然收不抵支，一些项目的统筹层次明显偏低，这种因公共服务带来的地方负担不公平，不利于区域协调发展。

五是资源价格扭曲影响区域结构调整。我国中西部属于资源禀赋充裕的地区，但资源性产品深度加工和增值环节却在东部地区，由于资源价格过低、资源价值补偿机制缺失，相当于将大量生产利润转移到了东部地区，在一定程度上加剧东西部地区发展不平衡。

二、新常态下如何释放改革红利

正如习近平总书记指出的，"能不能适应新常态，关键在于全面深化改革的力度"。我国经济进入新常态后，实现经济增长更趋平稳、增长动力更为多元、经济结构"质量更好，结构更优"、发展前景更加稳定，必须按照十八届三中全会的战略部署，向改革要动力，加快消除经济增长不可持续、增长动力内生性不足、经济结构不够合理的体制因素，努力释放改革红利，为适应新常态、实现新发展提供良好的制度保障。

（一）改革科技和教育体制

改革科技、教育体制，是新常态下重塑发展新动力的基础。科技、教育体制完善，可以进一步提高人力资本素质和技术创新能力，为促进经济长期稳定增长和转型升级创造条件。

1. 科技体制改革

科技支撑发展，创新引领未来。新常态下提高经济质量和效益，必须以科技创新、技术进步为动力。要加快科技体制改革破除一切束缚创新障碍，加快建立健全科学合理、富有活力、更有效率的国家创新体系，不断提高自主创新能力，为经济转型发展提供持久动力。

一是提高科技资源配置和利用效率。科技资源的使用不能撒"胡椒面"，新常态下要加快整合科技、发改、工信等部门掌握的科技资源，进一步明确国家各类科技计划、专项、基金的定位和支持重点，防止重复部署。推动国家科技资源更多流向企业，支持企业更多承担国家研究开发任务，国家科技计划要更多地反映企业重大科技需求。探索以科技券等形式建立主要由市场决定技术创新项目和经费分配、评价成果的机制，建立健全对科技计划实施情况的第三方评估机制。

专栏 8-1　江苏省宿迁市的"科技创新券"

为了更好地发挥政府创新资金对企业研发投入的带动作用，2012年江苏省宿迁市政府发布了《宿迁市科技创新券管理办法（试行）》（宿政办发〔2012〕194号），在全市实施"科技创新券"政策。

资金来源于市科技创新专项资金、市新兴产业引导资金、新型工业化专项资金以及县区财政配套资金。区财政与市财政按5∶5的比例进行资金配套。每张创新券面值1万元，有效期2年，编号唯一，不转让、买卖，不重复使用。申请创新券的企业必须按1∶3比例自筹配套资金，兑现需在2年有效期内进行，并要通过市创新券营运管理中心的相关审查。

自2012年9月，宿迁市分三批向1016家企业、园区、服务机构，下发了6372.4万元科技创新券，兑现了1026万元，带动科技投入1.32亿元，财政资金带动企业研发投入效率达1∶9.4，比预期的1∶3高出213%。

二是加强产业共性技术和关键技术研发体系建设。共性技术和关键技术关乎全社会创新能力的提高。新常态下，要支持发展国家共性技术研究院等一批从事产业共性技术和关键技术研发的研究机构，加大对基础研究、前沿技术、社会公益技术、重大共性关键技术的投入，为产业升级提

供公共科技服务平台。

三是加快推进产学研结合，提高研发成果转化率。科技成果只有转化为现实生产力，才能在经济增长和转型升级中发挥作用。新常态下，要加快建立大学、科研机构研究成果转移机制和绩效考核机制，重点大学、科研机构的技术转移年度报告制度。完善知识产权许可、技术入股等法律法规，促进高校、科技机构科研成果产业化向技术许可、技术转移为主的方式转变。发展高新技术孵化中心、生产力促进中心、技术市场以及专利代理等中介服务机构，为科技成果产业化提供全方位服务。

四是完善技术创新环境。努力营造有利于激发创新活力的环境氛围，是激发创新活力的关键。新常态下，要引导和鼓励商业银行、资产管理公司、金融租赁公司等金融机构开展支持创新的科技金融服务试点。扩大企业技术开发费税前抵扣、企业职工教育经费税前扣除等优惠政策实施范围，制订政府采购政策实施细则和国有企业采购自主知识产权产品的政策，建立政府采购政策实施的跟踪、评价和监督机制。借鉴国际经验，探索建立研发合同制试点，引导需要使用新产品的政府机构和企业按照可预见的产业需求与科研单位签订合同，从研发到产品全面订购。完善科技人才激励、流动和评价体制机制，推广科技入股、股票期权等激励模式，支持科技人员在企业和高校院所之间双向流动，建立以提高自主创新能力为导向的科学成果评价体系。加大知识产权保护力度，促进知识产权推广和交易。营造鼓励创业、宽容失败、求真务实、勇于创新的创业创新文化氛围。

2. 教育体制改革

人才是经济社会发展中最具能动性的战略要素，人才资源是第一资源，而教育则是培养各类人才的摇篮。新常态下，要围绕提高人的综合素质和经济社会发展的需要，更新人才培养观念、创新人才培养模式、改革教育质量和人才评价制度，加快与人的发展和人才培养关系紧密的重要领域和关键环节的改革。

基础教育要注重个性化教育和教学，尊重学生创新思维，重视学生的动手能力，培养勇于挑战程式的探索精神。加快推进教育方式由注重同一性和规范性向鼓励多样性和创造性转变，由注重对学生的灌输式教学向启发式教学转变，由重视知识单向传授向重视师生研讨、重视创造知识转变。

高等教育要坚持"大众化教育"和"精英教育"相结合，大多数大学主要承担"大众化教育"任务，逐步建立"宽进严出"的体制机制。少数大学主要承担"精英教育"、培养杰出人才的任务，实行"严进严出"的机制。加快推进高校自主办学，增强学科设置调整的灵活度。实行"产、学、研"相结合的教育体制，建立学校与生产、科研部门需求信息的沟通机制，允许大学与企业合办社会亟需专业。创新高校内部行政化管理制度，允许学生自主选择专业和教育年限。

职业培育要加快管办分离，改革创新社会办学体制，深化公立职业教育改革，积极发展各类民办教育机构。加强校企合作，以需求为导向，扩大开放式办学。加大公共服务、扶持力度和购买机制，规范民办教育办学行为，提高办学质量。加快职业导向的教育培训体系建设，加大人力资本投资力度，培养高素质的劳动力和技术工人队伍。

（二）完善财税和行政管理体制

行政管理体制改革是其他领域改革的前置性改革，财税改革是土地、户籍、社保等领域改革顺利推进的基础。行政管理和财税体制变革涉及权力和利益格局的调整，事关总体改革成败，是新常态下深化改革的重点和难点。

1. 财税体制改革

财政是国家治理的基础和重要支柱，科学的财税体制是优化资源配置、维护市场统一、促进社会公平、实现国家长治久安的制度保障。党的十八届三中全会对深化财税体制改革的战略部署主要涉及改进预算管理制度，完善税收制度，建立事权和支出责任相适应的制度等方面。2014 年 8 月 31 日第十二届全国人大常委会第十次会议通过的《全国人民代表大会常务委员会关于修改〈中华人民共和国预算法〉的决定》，重新颁布了修改后的预算法，新预算法在全口径预算改革、预算收入的编制、建立跨年度预算平衡机制、规范地方政府债务管理等方面做出了重大突破。从加快经济结构调整出发，新常态下财税体制改革还要从以下几方面推进。

一是推动各级政府事权及支出责任与财力、财权匹配适应改革。必须彻底改变"上面千条线、下面一根针"的局面，结合十八届四中全会逐步提高中央政府事权与支出责任比重的改革设想，上移基本公共服务支出责任重心，提高中央政府的支出责任。同时，要加快推进政府间收入分配体制的改革。由于实行分税制以来，中央税、中央与地方共享税改革进展比较大，地方税的改革相对滞后，不利于增加地方财政收入，而"营改增"后地方财政处于更为被动的地位，应按照减少共享税种、规范税种划分的思路深化分税制改革：将增值税作为中央与地方特殊共享税，将归中央财政的增值税的75%全部用于中央对地方的转移支付，同时联动推进企业所得税划归中央税改革，将地方财政所属企业所得税的40%上交中央，这样既可以解决增值税和企业所得税作为共享税对地方的不当激励问题，也能为中央对地方转移支付提供稳定、可预期的资金来源。此外，还要加快完善地方主体税种，一方面在完善资源环境税收制度的基础上将其作为地方主体税种，另一方面清理或归并现行交易、保有环节的各类税费，将城镇土地使用税与现行房产税合并征收房地产税，加快开征保有环节的房地产税，择机开征遗产税和赠与税，增强地方政府可支配的财力。

二是建立有利于经济结构调整的税收制度。从促进资源节约型、环境友好型产业发展需要出发，合理调整消费税范围和税率结构，将部分严重污染环境、大量消耗资源的产品纳入消费税征收范围。按照"立税清费"的原则从价计征资源税，依据开采年限实行差别税率，使资源价格能够反映资源破坏和环境治理成本。按照"污染者付费"原则，推进排污费改税，并逐步扩大排污税征收范围，消除内部成本外部化、企业成本社会化的制度根源。对落后地区实行倾斜的税收优惠，重点支持地区技术创新，为新常态下缩小区域经济发展差距创造条件。

三是加快完善转移支付制度。在综合考虑公共服务均等化、主体功能区建设、各地收入能力和支出需要等因素的基础上，科学确定对各地的转移支付规模，重点增加对革命老区、民族地区、边疆地区、贫困地区和主体功能区等特殊类型地区的转移支付力度。进一步提高一般性转移支付比重，完善中央对地方均衡性转移支付增长机制，科学设置转移支付补助系数，逐步补足地方标准收支缺口。清理、整合、规范专项转移支付项目，逐步取消竞争性领域专项转移支付和地方资金配套要求。

2. 深化行政管理体制改革

行政管理体制是推进国家治理体系和治理能力现代化的核心组成部分。新常态下，深化行政管理体制改革，要以市场为导向、转变政府职能为核心、深化简政放权为基础、创新行政管理方式为途径，更好发挥政府作用，努力激发市场活力、促进公平正义，为保持合意经济增长速度、实现经济增长动力顺利转换、加快优化经济结构保驾护航。

（1）深入推进简政放权

简政放权是迄今为止本届政府推进力度最大的改革。十八届三中全会以来，国务院大力取消和下放行政审批等事项，改革工商登记制度，简政放权取得重大阶段性成果，有效提振了市场信心，激发了社会投资创业的积极性。新常态下，深入推进简政放权，要结合当前投资体制和行政审批领域存在的突出问题，突出改革的法制化、规范化，同时加强问责和监督。

一是深化投资体制改革。投资体制改革是政府的自我革命，是实现职能转变的关键环节。加快实施以并联审批和网上核准为主要特点的新型项目核准制，建立纵横联动协管的投资监管机制。逐步推行负面清单管理，按照"法无禁止即可为"的原则，政府列出禁止和限制进入的行业、领域、业务等清单，各类市场主体可依法自由进入清单之外的领域。同时，通过扩大特许经营、推行政府购买服务、开展政府与社会资本合作、健全公共领域价格形成机制、完善建设运营税费优惠政策等多种途径，提高民营企业投资的积极性。

二是深入推进放权改革。加快向市场和企业放权，最大限度减少对微观事务的管理，加快从竞争性领域以及能够引进市场机制和社会力量的公共服务领域退出，政府不再直接投资办企业，不再直接干预市场运行和企业经营。加快向社会放权，将行业规范制定、资质认定、行业技术标准制定等职能转移给具有资质条件的社会组织，减少政府对社会组织的具体干预，给予社会组织管理层的产生、活动内容、资金使用等更大权限。加快向地方政府和基层放权，将更多的审批和经济社会管理权限下放给地方政府；在逐步推进社区自治基础上，赋予城镇社区更多的人事、财务、管理权利；按照方便农民、便于监管的原则，将部分行政事务和社会管理权限下放到镇级政府。

（2）创新行政管理方式

"阳光是最好的防腐剂"。行政管理应围绕解决权力部门化利益化、运转效率不高、公开透明程度不够、监督不力等问题，加快推行权力清单和责任清单制度。科学配置和依法规范各部门职责权限，制定权力清单，公开权力目录和运行流程，量化行政执法自由裁量权标准，推进权力运行程序化和公开透明化。对于公众关注度高的食品安全、环境保护等领域，建立责任清单制度，明确职责关系和履职界限，落实主体责任，坚决消除"模糊地带"。

行政管理和服务方式变革的方向，是从权力导向向规则导向转变，从政府本位向社会本位转变，从注重权威管制向注重柔性疏导转变。新常态下提高行政管理效能，必须加快建立决策、执行、监督制衡机制，完善科学决策机制，实行重大行政决策咨询制度，决策前广泛辩论、咨询、公示、听证，决策后科学评估、修正；通过调整机构设置和职能配置，建立"管理"与"监督"分开的体制，管理机构与监督机构分设，管理人员与监督人员分立，提高监管独立性。更多运用市场化管理手段和经济调节方式，对经济主体的管理从工程项目审批为主向以外部性管理为主转变，对社会主体的管理从单纯事件管理向诚信管理为主、诚信管理和事件管理相结合转变，管理工具从运用行政手段为主向运用法律手段为主转变。

（3）完善政绩考核体制

科学的政绩考核评价体系，正确的干部行为导向机制，是推进转变政府职能的有效手段。新常态下，完善发展成果考核评价体系，应切实纠正单纯以经济增长速度评定政绩的偏向，加大资源消耗、环境损害、生态效益、产能过剩、科技创新、安全生产、新增债务等指标的权重，更加重视劳动就业、居民收入、社会保障、人民健康状况，对限制开发区域和生态脆弱的国家扶贫开发工作重点县取消地区生产总值考核。完善绩效评估机制和方法，建立政府绩效评估公共参与机制，探索建立独立的第三方机构评估制度。注重绩效评估结果的运用，建立绩效评估结果公示制度和反馈调整机制，引入责任追究和领导引咎辞职制度。

（三）构建统一开放的市场体系

要素市场不仅涉及经济体制中的深层次矛盾，而且牵涉到整个经济、社会、政治等方面最基本的制度安排，各种矛盾纵横交错，利益关系错综复杂，改革的复杂性和艰巨性不容忽视。新常态下，深化改革要以完善产权制度为基础，加快完善土地、金融、劳动力、技术等要素市场，着力清除市场壁垒，形成产权清晰、功能完善、流动顺畅、统一开放、竞争有序的现代市场体系，提高各类资源的市场配置效率，激发市场蕴藏的活力。

一是健全土地市场。土地市场建设必须以城乡土地制度改革为基础。2008年党的十七届三中全会颁发《中共中央关于推进农村改革发展若干重大问题的决定》，已经明确提出了土地制度改革的基本思路，但土地制度改革涉及政府和居民、城乡居民之间利益格局的重大调整，改革进展缓慢，尤其是农村集体土地进入市场交易尚未推进。新常态下，深化土地制度改革，必须以进一步明晰农村土地产权关系为基础，以强化用途管制为前提，加快改革土地制度改革，完善城乡土地市场体系。打破政府垄断城市建设用地供应局面，建设城乡统一的建设用地市场，在符合规划和用途管制前提下，允许农村集体经营性建设用地出让、租赁、入股，实现城乡土地同地、同权、同价。还原农民对宅基地的财产权利，参照城市住宅用益物权交易法规法则，允许农村宅基地融资抵押、适度流转、有偿退出，为农民工市民化后变现农村资产增强在城市的发展能力创造条件。落实农村承包地无固定期限的长久使用制度，建立健全农村承包地流转市场，引导农村土地流转和规模化经营。减少非公益性用地划拨，扩大城市建设用地市场配置范围，使土地在竞争使用中得到优化配置。加快完善征地制度，严格将征地范围缩小至公益性用地，完善征地补偿机制，积极探索征地补偿安置模式，推进征地公众参与和过程公开。

二是完善金融市场。金融体系关乎资金的优化配置。新常态下，应围绕提升金融资源配置效率及支持实体经济转型升级和可持续发展，以市场化为方向，以扩大金融业对内对外开放为途径，加快完善金融市场体系。大力发展有利于中小企业发展、技术创新和产业结构调整的信贷服务机构，促进信贷市场供给主体多元化。提升信贷服务机构自主定价能力，

专栏 8-2　地方探索的征地补偿安置模式

广东"留地安置"模式　除了给被征地农民较高货币补偿，还留有一定比例的安置地，解决失地农民就业、生产、生活等问题，保障农民失地后的长期利益。

海南陵水的"农民自主拆迁"模式　政府建立"村委会拆迁公司"，村民任股东，拆迁公司完成征地和各项赔偿，同时获得土地平整、相关设施配套开发等商业机会，用以发展集体经济。这种征地模式，农民成为征地拆迁的主体，较好地调整政府、开发商和农民间的利益关系。

河北邯郸经济开发区的"长期生活补贴"即"吨粮田"模式　被征地农民在得到国家规定的各项补偿及福利的基础上，每年还可以获得每亩两季粮食总产量 1 吨的实物或者等额经济补贴。补贴标准就高不就低，并且可由子孙世代继承享有。同时，还积极为托管农村发展村集体经济项目，增加村集体的固定财政性收入。

充分发挥利率信号引导资金配置的作用。大力发展财政出资的政策性引导基金和政策性种子基金，引导社会资本进入创业投资领域，大力发展包括天使资本、种子基金等在内的创业投资基金，为创新提供资金支持。完善多层次的资本市场体系，促进主板、中小企业板、创业板等交易所市场与"新三板"等柜台交易市场协调发展，大力发展产权交易市场，为技术创新和结构升级提供便捷、高效、适用的金融服务。发展地方政府债券，为地方政府提供规范的融资渠道，减轻地方政府对投资和产业项目的过度依赖，为产业结构调整创造条件。大力发展普惠金融，为县域、乡镇和其他偏远地区及贫困人群、小微企业提供价格合理、便捷安全的金融服务。

三是优化劳动力市场。2014 年 4 月颁布的《国家新型城镇化规划（2014—2020 年）》和《关于进一步推进户籍制度改革的意见》，明确提出建立以人为本、科学高效、规范有序的新型户籍制度，努力实现 1 亿左右农业转移人口和其他常住人口在城镇落户。新常态下，应以新型城镇化建设和户籍制度改革为契机，加快消除城乡、行业、身份等影响平等就业的制度障碍和歧视，实行城乡平等的就业服务、用工准入和同工同酬的劳动报酬制度。深入推进国有企业和垄断行业劳动用工制度改革，加快建立体现市场竞争的选人机制和用工制度，用人向社会开放、工资与其他行业对接。落实2014年颁发的《国务院关于建立统一的城乡居民基本养老保险制度的意见》和《城乡养老保险制度衔接暂行办法》，完善社会保险制度衔接和关系转移接续政策，加快形成与劳动力自由流动相适应的社会保障制度。加快建立职业经理人市场，为国有企业经营者去官僚化和市场化配置提供市场环境。

四是提升技术市场。技术市场功能提升必须以科技体制改革为基础，要加快健全技术创新市场导向机制，发挥市场对技术研发方向、路线选择、要素价格、各类创新要素配置的导向作用，建立主要由市场决定技术创新项目和经费分配、评价成果的机制。挖掘技术可界定、可划分、可流通、可交易的产权资本属性，推进专利技术和知识产权全面融入市场，促进科技成果产业化。加快推进科技成果转化法修订落实，明确财政性资金形成的知识产权的归属，完善流转、收益、处置机制，引导高校院所通过转让、许可、质押等方式实现知识产权的市场价值。完善知识产权技术鉴定、评估、交易体系和定价机制，规范发展中介服务机构，促进更多专利和知识产权通过市场转让。

五是统一区域市场。新常态下，应加快形成统一开放、竞争有序的市场体系，加快清除市场壁垒和地方保护在全国范围内优化配置资源。加快打破行政性分割和地区、部门封锁，在全国范围内建立统一、开放、竞争、有序的市场体系，引导资本、劳动力等生产要素跨区域合理流动。进一步放松市场进入管制，禁止对外地产品或服务设定歧视性准入条件和收费项目，或以颁发许可证等方式强制企业或消费者购买指定的本地商品或服务。全面清理不符合建立全国性统一市场的地方法规和歧视性、限制性政策。

（四）培育公平竞争的市场主体

进一步发挥市场主体的能动作用，释放市场主体的创新潜能，是新常态下中国经济增长更趋平稳、增长动力更为多元的战略要求。应按照体制内外双线推动的思路，深化国有企业改革，完善非公有制企业发展的制度，加快培育制度完善、机制灵活、创新力强的市场竞争主体。

1. 深化国有企业改革

国有经济作为公有制经济的重要组成部分，是社会主义制度的重要经济基础，是国家引导、推动、调控经济和社会发展的重要力量。如何深化改革，一直充满争议，但国有资本布局过宽、国有企业行政化倾向严重、垄断经营问题突出、经营效率低下等问题却是不争的事实。从培育新常态下公平竞争的市场主体出发，应继续按照"有进有退、有所为有所不为"的原则，建立国企从竞争性领域退出的通道，实施国有股权转让收入上缴及上缴资金补充社保资金制度，减少国有企业在竞争性领域与民争利。加快组建国有资本投资公司和国有资本运营公司，国有资本授权经营体制，提高国有资本经营效率。健全国有资本经营预算和收益分享制度，扩大国有资本经营预算实施范围，提高国有资本红利收取比例，从制度上为消除国有企业过度投资、粗放经营行为奠定基础。大力发展混合所有制经济，培育形成科学的出资人制度和企业法人财产制度，完善形成权责统一、运转协调、有效制衡的法人治理结构和激励约束机制，构建一批股权结构合理、公司治理完善、运行机制高效、竞争力强的大中型现代公司制企业。

2. 完善非公有制企业发展的制度环境

非公有制经济也是社会主义市场经济的重要组成部分，也是我国经济社会发展的重要基础，必须毫不动摇鼓励、支持、引导非公有制经济发展，激发非公有制经济活力和创造力。新常态下，要进一步转变思想观念，打破各种影响公平准入和公平竞争的"玻璃门"、"弹簧门"、"旋转门"，完善支持引导非公经济发展的各项制度，保证各类市场主体权利平等、机会平等、规则平等。一是平等使用生产要素，加快资金、土地、资源要素等领域的市场化改革，逐步建立统一的人力资源市场，各种所有制经济在使用要素资源，特别是在使用贷款、土地、融资时获得平等对待，享有同等的资源条件和经营环境。二是公平参与市场竞争，逐步取消不合理的行业准入限制，对各种所有制企业实行统一的市场准入标准，消除行业所有制歧视；加强对政府采购、工程招标、特许经营等领域的公开化、透明化、程序化管理，确保各类市场主体参与竞争时机会平等、规则统一。三是同等受到法律保护，加快完善和落实保护私人财产权的法律法规，通过修宪和立法赋予私有财产权以合法身份和平等地位，建立针对民间投资的法律援助和司法救济制度，确保各类市场主体同等受到法律保护。四是共同承担社会责任，在吸纳劳动力就业，规范企业劳动用工，保护员工身心健康，反对不正当竞争，节约资源保护环境，扶危济困，慈善捐助等方面，切实承担起相应的社会责任，树立良好的企业形象。五是完善民营企业管理制度。引导民营企业加快产权制度改革，完善公司治理结构，提高企业经营素质和社会形象，形成一批经营机制灵活、创新能力强的中小企业。

（五）完善收入分配和社会保障制度

收入分配和社会保障制度是经济社会发展中一项带有根本性、基础性的制度安排，是社会主义市场经济体制的重要基石，也是新常态下培育多元增长动力、维护社会公平正义与和谐稳定、全面建成小康社会的关键性制度。应围绕增加城乡居民收入、提高居民消费能力、改善消费预期，加快完善收入分配和社会保障制度。

1. 完善收入分配制度

按照初次分配和再分配都要兼顾效率和公平，初次分配要注重效率，再分配要更加注重公平的基本思路，加快完善收入分配制度。

一是完善初次分配机制。按照"增收、托低、扩中"思路，建立获取收入机会均等机制，实施劳动工资与企业利润、高管薪酬挂钩机制，提高劳动报酬在初次分配中的比重，缩小薪资分配差距。健全劳资谈判和工资集体协商、工资支付监控、企业工资支付保证金制度，在工资形成中充分发挥"劳"方的影响作用。建立规范、合理的机关事业单位工资增长机制，科研经费中要提高体现人力资源价值的科研人员劳务费支取比例。

二是健全再分配调节机制。加快个人所得税改革，按照简税制、宽税基、低税率、严征管的原则，建立综合与分类相结合的个人所得税制度，探索以家庭为单位计征和抵扣，进一步规范和拓宽税基，合理调整税率和级距，降低工薪阶层的个人所得税负水平。加强财产税收制度建设，扩大房产税征收范围，尽快开征遗产赠与税，加强对高收入阶层的税收调节。建立个税起征点与物价指数等经济数据挂钩制度，对个人所得税免征额实现指数化、动态化调整。推进结构性减税，减轻中低收入者和小微企业的税费负担。

三是规范收入分配秩序。加快建立并规范收入申报、财产登记等基础性制度，推进收入分配相关领域立法。清理规范工资外收入和非税收入，打击和取缔非法收入。保护合法收入，调节过高收入，增加低收入者收入，扩大中等收入者比重。

2. 完善社会保障制度

新常态下，社会保障除了发挥"稳定器"和"安全网"的功能，还要围绕推进农村剩余劳动力向城镇转移和在地区间合理流动、减轻落后地区社会保障负担及改善居民消费预期，以"人人享有基本生活保障"为目标，按照全覆盖、保基本、有弹性、可持续的方针，以增强公平性、适应流动性、保证可持续性为重点，以基本养老、基本医疗、最低生活保障为重点，逐步建立城乡统一的社会保障体系。一是逐步统一城镇职工基本养老保险、城镇居民社会养老保险、新型农村社会养老保险以及农民工养老保险制度，推动实现基础养老金账户全国大统筹、省际间无缝对接、顺畅转移和便捷接续。二是加快推进基本医疗保险人口全覆盖，理顺城镇职工基本医疗保险、城镇居民基本医疗保险、新型农村合作医疗保险的衔接机制。三是统筹城乡最低生活保障制度，逐步缩小城乡待遇差距，有条件的地区率先实现城乡标准并轨。四是提高社会福利。逐步提高农村五保供养和城镇"三无"老人供养标准，探索将（半）失能老年人、低收入老年人等纳入社会福利保障范围。五是加大对低收入城镇居民的住房保障力度，为稳定就业的进城务工人员提供保障性住房。

（六）改革资源环境管理制度

资源环境既是支撑经济社会发展的物质条件，也是制约经济可持续发展的约束条件。新常态下，必须遵循自然规律，在健全自然资源产权制度的基础上，加快形成合理的资源价格形成机制，实行资源有偿使用制度和生态补偿制度，完善资源税费制度，为经济可持续发展创造条件。

一是完善资源环境产权制度。产权清晰，是合理开发利用资源、加强环境保护的前提。新常态下，要加快构建归属清晰、权责明确、监管有效的自然资源资产产权制度，落实全民所有自然资源资产所有权，建立统一行使全民所有自然资源资产所有权人职责的体制。在加强用途管制制度的前提下，建立公共资源出让收益合理共享机制，完善国家宏观层面与资源属地的利益分享机制，重视资源属地的利益，中央应将部分税收让利于地方，使地方在资源开发利用中获取应有的利益。加快建立环境产权制度，建立平衡环境外部经济的贡献者与受益者之间关系的体制机制。

二是加快资源价格形成机制改革。价格是市场经济的核心机制，价格改革的深入推进对提高资源配置效率具有重要意义。新常态下，要统筹协调天然气、电力、水等资源性产品生产者、经营者、消费者、上下游产业的利益关系，健全完善反映市场供求、资源稀缺程度、生态环境损害和修复成本的价格形成机制。按照与可替代能源保持合理比价关系的原则，逐步理顺天然气价格，并建立起动态调整机制，完善煤电价格联动机制。在供电、供水、供气领域全面推广居民阶梯价格制度，保持基本需求部分价格相对稳定，合理控制不同阶梯加价幅度。

三是实行资源有偿使用制度和生态补偿制度。资源有偿使用和生态合理补偿，是高效利用资源和有效保护环境的前提。新常态下，应以市场化手段建立探矿权、采矿权有偿取得制度，对新增的探矿权和采矿权全部通过招标、拍卖等市场配置手段出让。全面征收资源租，将具有商品属性的自然资源全部纳入征收范围。坚持谁受益、谁补偿原则，完善对重点生态功能区的生态补偿机制，推动地区间建立横向生态补偿制度。发展环保市场，推行节能量、碳排放权、排污权、碳汇交易制度，建立吸引社会资本投入生态环境保护的市场化机制。

四是完善资源环境税收制度。合理的税收制度，对合理利用资源和加强保护环境具有重要的引导调节作用。新常态下，按照"立税清费"的原则适时推进资源税改革，基于级差地租和所有者收益，资源税应全面推行从价计征，根据开采年限不同实行差别税率，暂停或取消相关收费，适度提高主要资源产品的税率。以排污费改税为主，建立独立的环境税制度，将废气、废水、固体废弃物、超标噪声以及二氧化碳排放等列为征收范围，按照排放量实行差别化从量征收，并逐步扩大排污税征收范围。

参考文献

1. 王一鸣：《改革红利与发展活力》，人民出版社 2013 年版。

2. 宋立、王蕴等：《深化财税体制改革研究（内部报告）》，国家发改委宏观院 2014 年重点课题。

3. 赖德胜：《2012 年中国劳动力市场报告》，北京师范大学出版社 2012 年版。

4. 国家发展改革委高技术产业司：《关于技术要素市场发展与价格问题研究》，《宏观经济研究》2005 年第 7 期。

5. 郭春丽：《"十三五"时期调整优化产业结构须破除体制机制障碍》，《中国经贸导刊》2014 年第 11 期。

第九章　创新驱动：发展动力转变

国家层面的繁荣源自民众对创新过程的普遍参与。

——埃蒙德·菲尔普斯《大繁荣》

从智能机器人到不断升级的智能手机，从标杆管理到淘宝村和众创空间，从手机打车到"特色"米粉店，大量的技术创新、管理与组织创新、市场创新不仅改变微观个体的生产生活方式，也对宏观经济产生了重要影响。在以数量型人口红利为代表的传统红利逐渐消退，改革红利和全球化红利仍在不断释放的过程中，我国进入增长趋势性放缓的经济新常态，过去持续 20 多年的高速增长将结束。要确保经济平稳迈进新常态，并在新常态中实现"新"增长，需积极转换经济发展动力，实施创新驱动发展战略。这不仅需要政府树立政策新思维积极作为，更需要全社会认识创新、崇尚创新、投身创新，让大众创业、万众创新成为释放微观主体创造力、激发宏观经济活力的金钥匙。

一、创新驱动引领经济新常态

中国经济进入新常态，亟需实现发展动力的转换。在历经较长时期的快速增长后，国际国内竞争格局、供需结构和要素条件等都发生深刻变化，及时转换经济增长动力，实现从依靠要素投入的粗放型增长向依靠创新驱动的集约型增长转变，可以避免陷入经济增速无序下滑、产业结构无法升级的困境。

（一）创新驱动发展：现实之策与未来之谋

要用平常心来看待和认识实施创新驱动发展战略。它既是有效应对经济新常态中多重挑战的措施，也是立足现有实力、谋划未来发展的抉择。

1. 创新有助应对当前的多重挑战

当前，国际格局、供需结构和要素条件发生深刻变化，我国面临要素成本上升、资源环境约束趋紧和发达国家再工业化战略等挑战。

成本优势大幅削弱。改革开放以来，低成本一直是我国企业的重要竞争优势。但进入新时期，新《劳动合同法》实施、厂房租金上涨、人民币升值预期稳定，我国制造业成本骤升。2014 年 8 月，美国波士顿咨询集团（BCG）发布的全球制造业成本竞争力指数显示，中国的指数值为 96（美国为 100），这表明在美国生产的成本比中国仅高 4%。而 2004 年中国的指数值仅为 86.5（美国为 100，见图 9-1）。相较 2004 年，2014 年中国的工资成本已经上升 5 倍（而墨西哥仅上升不到 50%），工业用电成本上升 66%，天然气成本飙升约 138%，快速上升的成本进一步挤压了本已十分有限的利润空间。只有加紧实施创新驱动，通过智能化、集约化生产方式才能降低成本上涨带来的不利影响。

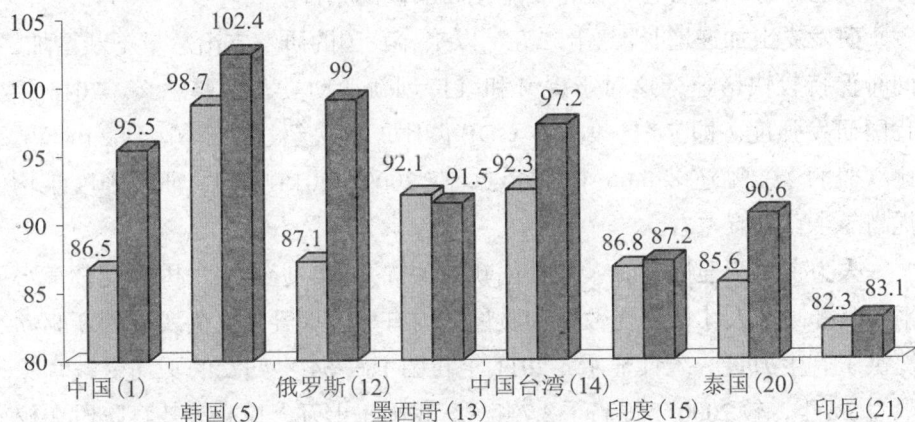

图 9-1 2004 年与 2014 年部分国家制造业成本竞争力指数比较

注：圆柱和方柱分别代表 2004 和 2014 年数据（当年基准指数美国 =100）。国家名称后括号内的数字代表该国（或地区）出口额的排序。数据均来自 BCG。

　　资源环境约束趋紧。我国能源消费结构长期以一次能源（如煤炭、石油）为主，给环境污染治理、温室气体减排带来巨大挑战。统计显示，2014年我国能源利用效率仅有36.3%，比发达国家低约10%[21]。面对化石能源的供给硬约束以及能源消费的增长，实现能源可持续利用十分紧迫。尽管石油价格超过50%的跌幅让中国有所受益，但宏观经济的能源需求刚性仍在日益加强，中国亟需依靠技术创新来突破潜在的能源约束和使用困境。

　　发达国家实施"反替代"战略。改革开放初期，我国与发达国家在产业分工上具有较强的互补性，即发达国家从事高端技术出口与产品制造，我国从事技术引进、加工贸易，出口附加值较低的廉价低技术产品。随着我国创新能力的不断提升，原来的互补性正逐渐演变为中国与发达国家在部分产品市场份额上的竞争。金融危机后，发达国家开始积极谋求保持独特优势、重塑制造业和技术领域前沿地位，实施各种"反替代"战略。比如美国的"再工业化战略"、德国的"工业4.0"、英国的"信息经济战略"、日本的"人工智能计划"等。在此情况下，中国只有奋力创新才有可能最终脱颖而出。

　　2. 实施创新驱动的条件基本具备

　　总体来看，我国在研发支出、人力资本等方面的优势逐渐显现，在部分领域已拥有领跑实力，具备实施创新驱动的条件。

　　研发支出加速增长。"十二五"以来，我国的研发支出总量不断增加，同时保持较快增速，这对于提升和维持创新活动具有重要意义。2013年我国研发强度（即R&D投入在GDP占比）首次超过2%（达到2.08%），比欧盟的2.02%还多0.06个百分点。在2009—2013年间，研发强度年均提高5个百分点左右。

　　人力资本明显提升。人才是创新的关键要素。近年来，国民受教育水平不断提高、人才培养在数量和质量上均有显著提升，这为实施创新驱动提供了有生力量。统计显示，2011年我国18—64岁妇女的平均受教育年限为8.8年，较2000年提高了2.7年[22]。我国每十万人口高等教育阶段在校

---

[21]　2014年我国能源利用率浪费情况严重》，http://www.chinairn.com/news/20140409/102859482.shtml。

[22]　全国妇联、国家统计局，《第三期中国妇女社会地位调查主要数据报告》，2011年1月21日。

生和毕业生大幅增加，更多留学人才回到中国，这些变化有力地提高了劳动力整体素质，为改善劳动生产率创造了条件（见图9-2）。

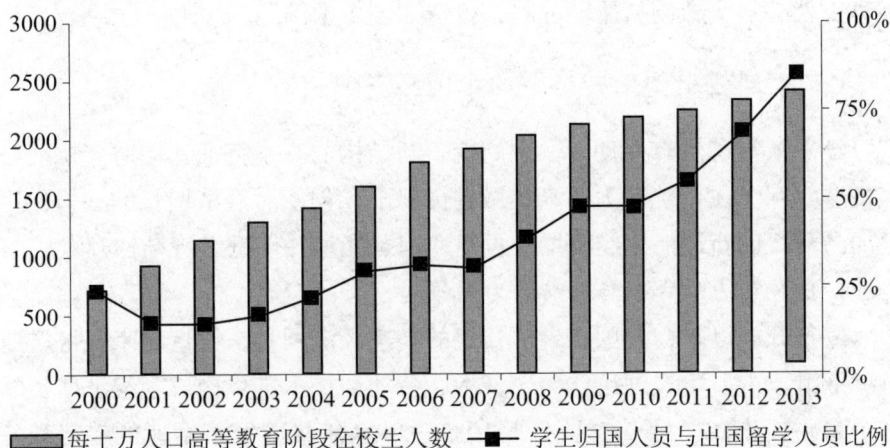

图 9-2　高等教育与留学归国人员情况

数据来源：2014年《中国统计年鉴》。

部分领域实现领跑。 目前，中国部分领域的创新已经处于世界领先地位，如微支付、电子商务、快递服务、在线投资产品、廉价智能手机、高铁、水力发电和DNA排序等创新产业[23]。另外，在新能源汽车等部分战略性新兴产业，我国也处在领先水平。这主要得益于一些独特的商业模式和技术创新适应了当前阶段的经济社会发展需要。在广阔的市场需求拉动下，企业及相关技术呈现强大的生命力。

3. 着眼于打造"创新中国"

中国要成为全球的创新策源地、具有产业动态竞争优势，进而占据未来竞争制高点，必须依靠创新驱动发展战略，打造"创新中国"。

从长远来看，创新活力对国家和民族的竞争力具有决定性影响。正如乔布斯所说，创新区分出了领先者和跟随者。历史表明，重大创新往往是"创造性破坏"，只有洞悉技术趋势、积累动态优势，才能内生出源源不断的创新动力，始终站在创新前沿。纵观世界科技和产业发展竞争的历史，工业革命后的英国、无线电创新的日本，都曾经处于世界技术领先者地

---

[23]《中国领先全球的八大创新产业》，福布斯中文网2014年12月10日。

位，但也受到过创新的猛烈冲击。创新的本质决定了长期占据竞争制高点者必定是少数，即便是美国也必须如履薄冰。因此，着眼于培育未来竞争优势，就必须实施创新驱动战略，打造"创新中国"。

（二）创新引领新常态下的中国经济增长

经济新常态具有换动力、中高速、新结构的基本特征，同时多挑战与多机遇并存。在传统动力逐渐式微的情况下，创新对经济增长的动力作用更加凸显，创新还能为经济增长再提速积蓄能量并促进经济结构升级。

1. 传统动力的式微与创新动力的崛起

改革开放以来，我国实现了长期的高速经济增长，但近年来经济增速持续下滑。古典增长理论认为，资本、劳动和技术进步构成了经济增长的三个最主要来源。图9-3显示了1983—2009年我国经济增速的趋势和各来源的贡献，代表技术进步的全要素生产率对经济增长的贡献率近年显著下降，而资本对经济增长的贡献率仍维持高位。Kuijs（2009）的测算表明2010—2015年间全要素生产率对提高劳动生产率的贡献率可能仅为

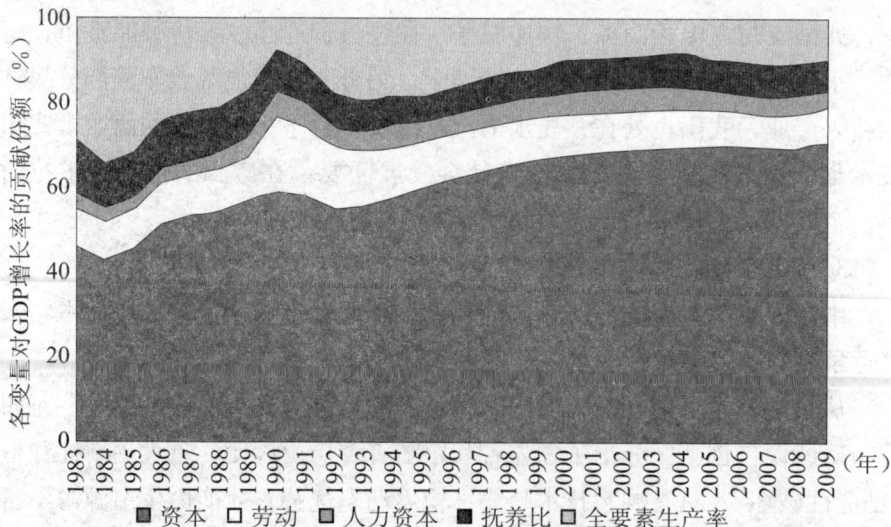

图9-3　中国经济增长各种源泉的贡献率

资料来源：Cai and Zhao（2012）When demographic dividend disappears: growth sustainability of China, in Aoki and Wu（eds.）The Chinese Economy: A New Transition. Palgrave Macmillan, 2012.

28%，大大低于 1978—1994 和 2005—2009 的 46.9% 和 31.8%。这说明人口红利和大规模资本投入仍是我国经济增长的主要动力。

创新为经济增长带来了新动力。内生增长理论表明，研发活动带来的技术进步、人力资本提升等也会促进经济增长。采用 SNA2008 的核算体系后，知识资本积累不仅成为投入要素，知识资本也会成为产出的一部分，GDP 增长核算会出现显著变化。美联储和 OECD 的相关测算表明，知识资本纳入统计将提高发达国家 GDP 约 6%—10%，同时也会提高中国、巴西等发展中国家的 GDP 约 2%—5%；严诚樑和沈超（2011）利用 1988—2009 年数据的估算表明，知识生产对我国经济增长的贡献率为 6.70%。

专栏 9-1　什么是SNA2008

国民经济核算体系（SNA）是以全面生产理论为基础，运用会计账户方法对一定时期一个国家或地区国民经济活动的全部内容进行系统的统计核算。2003 年，联合国、欧盟委员会、经济合作与发展组织、国际货币基金组织和世界银行联合发布了《国民经济核算体系 2008》，是 SNA1993 的更新版本。

区别于以往，SNA2008 将那些近年来越来越重要的经济特征引入核算之中，对那些日益成为分析焦点的各种观点进行详细阐述。按照新的核算体系，研究与开发支出开始作为资本形成处理。这一改进有助于全球各国在经济增长核算中凸显无形资产的"有形化"和"资本化"，也将有助于真实反映创新在各国经济增长中的贡献。2013 年 7 月，根据新的核算方法，美国将研发投入和娱乐、文学、艺术产业的支出等原本纳入成本的部分等计入核算范畴之后，其 2012 年 GDP 总量增加了 3.6%。我国也将于 2015 年开始采纳这一核算体系。

参考资料：《国民经济核算体系 2008》，http：//unstats.un.org/unsd/nationalaccount/sna2008.asp；《美国修改 GDP 统计方法，SNA2008 新标准将在世界范围内推广》，http：//kp.sim.ac.cn/view.do?id=285。

2. 创新为经济稳定增长注入新能量

在实现经济增长动力转换的过程中，创新能为经济稳定增长注入新能量，从而引领经济在中高速水平上的增长。目前，我国经济增速出现了阶段性趋势性放缓，这具有其内在必然性，但要坚决防止和避免经济增速出现"台阶式"的快速下滑。通常经济发展水平越高的国家，其经济增速也会相对较低。对于发展中国家而言，保持一定的经济增速意义重大，它不仅是实现经济追赶的重要条件，也是保障和改善民生的需要。

以技术创新为例，在信息经济时代，信息技术创新就对经济增长带来了积极影响。首先，它优化了资源要素的配置并间接扩大了要素供给。例如，创新性的想法可以通过众筹平台实现有效率融资，机器对初级劳动力的替代不仅释放出富余劳动力，还提升了生产效率。其次，它突破了现实空间的束缚，使知识在更广阔的时空中发挥作用。例如，依托互联网出现的维基百科、慕课等开放型知识平台，知识获取更加便利、传播渠道更为多元。另外，信息技术在实物商品、商业模式中的嵌入改善了生产生活的各方面。这些影响将使得技术进步、人力资本和知识资本等要素对经济增长的贡献显著提升，使经济从依靠要素投入向依靠效率提升转变。以美国为例，通用目的技术的创新和运用对劳动生产率增长的贡献不断提升（见表 9-1），使得其在 20 世纪 90 年代实现了经济增长的又一轮高潮（见图 9-4）。

表 9-1　通用目的技术对美国非农部门劳动生产率增长的贡献（单位：%/ 年）

通用目的技术	时期	通用目的技术对资本深化	通用目的技术对 TFP	总计
蒸汽机	1830—1850	0.02	0.02	0.04
	1850—1870	0.06	0.06	0.12
	1870—1910	0.09	0.05	0.14
铁路	1830—1850	0.14	0.02	0.16
	1850—1870	0.12	0.14	0.26
	1870—1910	0.01	0.06	0.07
ICT	1974—1990	0.41	0.27	0.68
	1991—1995	0.46	0.41	0.87
	1996—2001	1.02	0.77	1.79

资料来源：Crafts N.（2003）：Quantifying the Contribution of Technological Change to Economic Growth in Different Eras: A Review of the Evidence, London School of Economic History Department Working Paper No. 79.

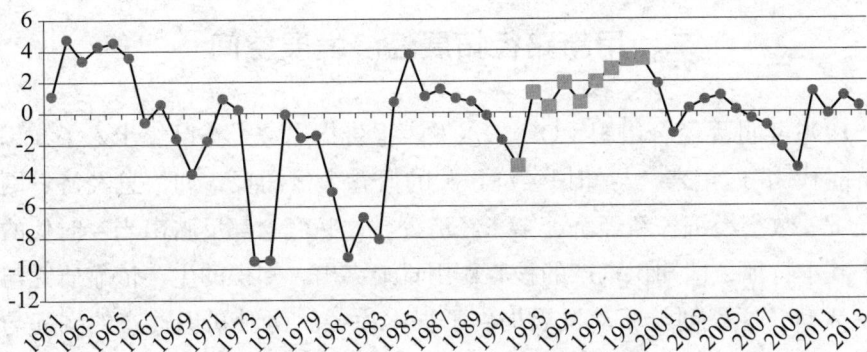

图 9-4　美国经济实际增长率（单位：%）

数据来源：世界银行数据库。

3. 创新有助经济结构嬗变升级

创新还从两个方面助力实现经济结构优化。

一是创新有助于提升产业附加值，实现产业结构的高级化。例如，培育壮大科技服务业，不仅能进一步提升服务业比重，拉动经济增长，还能消除技术转化和服务中的"梗阻"；物流、金融和信息等生产性服务业中的创新，不仅能提升行业自身利润，还会对制造业形成强有力支撑。2013年1季度我国服务业占 GDP 比重首超制造业占比，成为产业结构发生重要变化的标志，但产业结构优化之路仍很漫长。只有通过创新来转变竞争优势，形成高附加值的制造业，才能从根本上扭转行业前景渐被看淡，制造业资金大幅流向金融、房地产等行业的局面。

二是创新有助于软化投资结构，加快投资方式的市场化。长期以来，我国投资结构上偏硬、方式上偏计划。过去的经济增长主要依靠投资和出口拉动，但即使 2014 年之后美国经济企稳复苏，我国的出口也很难达到过去的增长水平。加上消费在短期内难以显著提升，投资成为稳定经济增长的重要力量。通过大力实施创新驱动发展战略，研发和人力资本投资将成为资本形成中的重要部分，使得投资结构趋软、方式上偏市场。在我国人口数量红利日渐消失的情况下，发挥人力资本优势成为释放经济潜力的重要途径。

二、用新路径拓展经济发展空间

1996 年世界经合组织（OECD）发表报告指出"人类已经步入了知识经济时代"。近年来，与知识经济相关的概念大量涌现，如信息经济、网络经济、数字经济、新经济、第二经济等。这些概念都反映出当今时代的一个基本特征，即知识资产的核心作用日渐突出。知识的生产依靠研究与开发活动，这为创新驱动发展提供了根本途径。面对知识资产的崛起与实物资产的式微，我们应该在新产业、新技术、新模式等方面开辟发展的新路径，通过促进知识生产及其转化利用，实现经济新常态下的"新"增长。

（一）依托新技术与新产业形成新增长

利用新技术和新产业形成新增长是创新驱动的重要特征。历史表明，每一次科技革命都会给经济发展和社会进步带来强大推动力。只有充分利用每次科技革命带来的先进成果并及时跟上其发展的步伐，才能在未来竞争格局中占据主动。

1. 充分利用新技术

争取在新技术研发上取得重要突破，让新技术为经济增长注入动力，就必须把握世界前沿技术的发展脉搏，既要密切跟踪新技术的发展动态，又要预判新技术的未来趋势。著名经济学家、复杂性科学研究的奠基人布莱恩·阿瑟认为，技术有其自己的进化方式，一切技术都是元素的组合，而这些元素本身也是技术。所以，新技术显然也是已有技术元素的组合。若组合本身是革命性的，就会形成对早先技术的颠覆。

当前，下一代信息技术成为诸多新技术的重要代表。作为一种通用目的技术[24]，它对其他技术的研发、推广和应用都具有重要影响。随着信息技术日臻成熟，基于信息化的智能化几乎已经渗透了"研发—设计—制造—销售—售后"的整个生产过程。新技术浪潮对制造业、服务业的升级已经

---

[24] 已有研究将通用目的技术定义为"许多部门具有广泛且深入使用潜力和技术活力的技术"或"动态演化并贯穿于产品、生产过程或组织形式的一种通用技术"。

从"点状式"演变成"系统式"。可以预见，经济运行的各个部分都会被网络技术、智能技术和数字技术深度润滑，最终实现全产业生产模式的重大变革和整体升级。2014年OECD的报告指出，近年数据挖掘、3D打印、机器交互（M2M[25]）专利数量显著上升，其中机器交互的专利数上升最快，而这些技术均与信息技术有关。另外，移动互联技术运用带来的产值也甚为可观（见图9-5）。

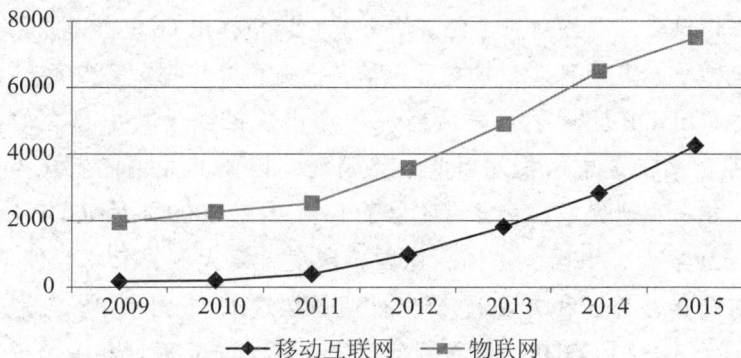

图9-5　移动互联和物联网产业市场容量及预测（单位：亿元）
数据来源：DCCI互联网数据中心、工业和信息化部相关资料。

2. 聚焦以战略性新兴产业为代表的高新技术产业

新技术往往蕴含催生新产业。在技术创新驱动下，高新技术产业可以为经济增长提供强大动力。2012年我国发布了《"十二五"国家战略性新兴产业发展规划》，正式提出发展节能环保产业、新一代信息技术产业、生物产业、高端装备制造产业、新能源产业、新材料产业和新能源汽车产业共七大战略性新兴产业。

发展战略性新兴产业是我国着眼培育未来竞争优势的重要抓手。从产业成熟度来看，这些产业中有的已经崛起并成为竞争热点，有的尚处于蓄势待发的孕育中；从技术差距来看，我国在部分产业存在"先天劣势"，但在某些产业中和其他国家大致处于同一起跑线；从发展前景看，这些产业具有前瞻性、基础性，不仅对改善经济基础大有裨益，未来还会形成全

㉕　M2M，即机器对机器，指在信息需求的特定条件下，公司内部实现资产、机器、设备等相互间的数据交换以适应管理系统对信息的需求。

球竞争。只有提前谋划、及早发力，我国才可能在与西方发达国家的未来竞争中具备核心竞争力。

专栏 9-2   麦肯锡的"iGDP"

麦肯锡全球研究院（McKinsey Global Institute）提出了 iGDP 的概念，用以量化互联网对一国经济的影响。该指标用 GDP 核算中的支出法，包括了私人消费、公共支出、私人投资和贸易收支等内容。

尽管 iGDP 度量了互联网经济的产出，但由于其中包含的部分内容可能仅仅是中间投入而非最终消费，因此其并不能直接等同为 GDP。在一项研究中，麦肯锡度量了 13 个国家 2009 年的 iGDP（包括巴西、加拿大、中国、法国、德国、印度、意大利、日本、俄罗斯、韩国、瑞典、英国和美国）。研究表明，在这 13 个国家中，互联网平均贡献了 3.4% 的 GDP。如果按部门来测算，与互联网相关的消费和支出已经大于农业和能源部门。

参考资料：McKinsey Global Institute（2014）China's digital transformation：The Internet's impact on productivity and growth.

当前，七大战略性新兴产业的发展非常迅速。以新能源汽车产业为例，2014 年中国新能源车市场全年销量超过 6 万辆，这一销售量是 2009—2013 年累计销量的 2 倍，它意味中国将成为世界第二大新能源汽车市场。目前，我国已经在北京、天津、上海、重庆、株洲、芜湖等地设立与新能源汽车产业相关的产业化基地，依托于电池技术方面的核心优势与本土化市场的巨大需求，未来的新能源汽车产业会随着充电设备等基础设施和电池续航能力的不断完善而快速发展。其他六大战略性新兴产业也呈现出分散与集聚共存的显著特征（见表 9-2），相信会成为未来中国经济增长和转型升级的重要亮点。

表 9-2　部分战略性新兴产业主要基地的区域分布

产业名称	主要基地分布区域	产业名称	主要基地分布区域
新一代信息技术产业	环渤海、长三角、珠三角地区和武汉、长沙、西安和成都等中西部城市	新能源产业	环渤海、长三角地区和新疆、内蒙古、甘肃、四川和河南等中西部省份
生物产业	北京、上海、广州、武汉、杭州、石家庄、昆明、重庆、郑州、长春、南宁、德州等	新材料产业	包头、宁波、西安、昆明、株洲、成都、洛阳、大连、铜陵、连云港、金昌等
高端装备制造产业	西安、上海、大连、沈阳等	节能环保产业	上海、深圳、长沙、武汉、西安、石家庄、诸暨、宜兴、扬州、大连、芜湖等

资料来源：作者根据《战略新兴产业技术报告》（钟永恒，2014）整理。

（二）立足技术跨界融合提升传统产业

利用新技术跨界融合来加速传统产业升级对所有地区都具有重要意义。尤其在开放程度较低、创新要素相对匮乏的地区，其大量存在的仍是传统产业。当前，社会上存在将传统产业与中低技术产业画等号、认为传统产业没有发展前途的错误观念。尽管利用新技术和新产业形成新增长是创新驱动的重要特征，但并非所有地区都具备发展新技术和新产业的能力和条件。若不因地制宜而是盲目追求产业高精尖化，可能导致区域或城市经济的塌陷。

立足技术跨界融合提升传统产业是一个重要且现实的途径。例如"互联网＋"就强调通过实现其他领域的深度信息化，从而引发生产方式、销售模式和产品增加值的革命性变化。"互联网＋"也代表了一个整体性趋势，即互联网与传统行业相加后，会释放出巨大的商业模式红利（见表9-3）：虽然网络媒体的出现使传统媒体的生存环境急剧恶化，但网络媒体的辐射传播范围远远超出以往并显示出强大生命力；网络游戏、手游等已经形成巨大的产业生态，使得传统游戏产业在留住用户、变现增值上有了抓手；电子商务使得消费互联网的能量集中迸发，把以线下交易为主要方式升级为线上线下交互频繁的新型方式；以"普惠金融"为宗旨，互联网金融的发展十分迅速，迫使传统金融部门推出新业务以及时调整适应。

表 9–3 传统行业中的网络应用对 GDP 增长的影响估计

所属行业	网络应用	2025 年潜在 GDP 增量下限（亿元）	2025 年潜在 GDP 增量上限（亿元）
金融服务	更好的数据分析以减少坏账	2080	8000
	更有效的银行运营	2000	2300
	有效证券和投资公司的更有效运营	400	1100
	网络支付系统带来交易成本的降低	300	2050
医疗保健	慢性病患者的远程控制	700	3400
	非处方治疗的电子商务	250	700
房地产	线上采购	500	2000
	线上营销	750	1700
	开发者提供的线上社区服务	400	1000

说明：增长上限与下限均为估计值；加粗灰底的数字为创造新市场带来的 GDP 增量，其余为生产率改进带来的 GDP 增量。

数据来源：《中国的数字化转型》，麦肯锡全球研究院。

从行业层面看，信息技术跨界从传统行业内部驱动促其产生了局部或更大范围的颠覆性变化。最典型的是大规模生产方式正逐步演变为小规模定制和大规模定制。家电、家具、服装制造行业正从传统加工制造向智能家居转变：传统的白色家电制造商已经开始着手打造智能化家居；家具制造商已经把提供设计方案整合到其业务中，并利用消费互联网形成辐射；服装制造商允许客户主动参与设计，在制造和销售配套上展现出更大的灵活性。

从企业层面看，一些高科技企业开始利用技术跨界渗透到其他业务，间接改变了其他业务的竞争生态。发迹于手机制造的小米开始进入空气净化器和空调等家电产品制造和智能家居领域；在电视内容上优势显著的乐视也宣布涉足汽车产业。这种现象的背后隐含着技术跨界融合的大背景、大趋势。以大数据、智能制造、物联网、云计算等技术为支撑，手机制造商不再仅仅满足于客户的电话、短信与无线网络体验，而是着眼于让移动互联网成为更大的消费平台；内容制造商亟需在传统的电视渠道之外拓展更为丰富的空间，例如车联网。

（三）利用"走出去"促进企业创新发展

获得经济发展新空间需要立足于企业。在开放情境下，企业必须更加积极主动地通过与国际市场交互获取各种资源。在传统路径的局限性日益凸显的情况下，需要找到企业"走出去"的新路径。

1. 传统路径的局限性日益凸显

通过逆向工程、模仿等方式实现消化吸收再创新是我国创新的传统路径。但随着技术差距缩小、发达国家技术保护等策略行为的实施，技术引进的溢出效应和可得性都显著降低，传统路径的局限性日益凸显。

传统路径的特点是产品创新少、工艺创新多，剧烈创新少、渐进创新多。在与世界技术前沿国家技术差距较大的情况下，传统路径利用技术后发优势实现了基于引进的技术追赶，取得了成功。但由于科学研究领域也存在大量制度性障碍使政府不具专业知识却主导研究方向、不具市场嗅觉却主导资源配给，导致企业无法有效获得和配置创新资源，创新能力被极大束缚。如果继续完全依赖技术引进，可能由于发达国家的策略性行为造成创新动力断档，最终可能陷入低速增长的危险境地。因此，亟需在创新驱动发展中找到符合当前中国企业创新的新路径。

2. 创新国际化：企业创新发展的新路径

全球配置创新资源、参与全球创新竞争是当今创新的两个基本特征。在传统路径局限性日益凸显的情况下，需要找到符合经济发展形势和创新理论发展的新路径。创新国际化既暗合当前中国经济发展趋势，也符合创新研究前沿理论。从经济发展形势看，中国已经成为对外净投资国，需要为对外投资找到一个"好出口"。商务部统计数据显示，2014年我国对外投资规模在1400亿美元左右，高出利用外资200亿美元。这标志着中国年度对外投资（OFDI）超过千亿美元并迈进对外净投资国"俱乐部"。作为国际上日益重要的资本配置者，把创新作为重要方向有利于用好对外投资。从创新理论发展看，传统封闭式创新的局限越来越明显，企业需要利用好内部外部两个市场、两种资源实现"开放式创新"。这意味着中国企业应该在开放合作中提升创新能力，而应摒弃关起门来"自主"创新的做法。

已有研究表明，创新国际化有不同的方式、目的和发展阶段。从我国企业创新的实际出发，至少有如下四种方式可以成为创新国际化路径下企业的选择。

一是自建海外研发中心。主要指本国企业在海外设立研发机构，通过获取外部技术信息、集聚创新要素实现研发活动的全球配置。它不仅为企业提供了接触、识别、获取前沿技术信息和市场匹配信息的渠道，还为企业提供了全球最优配置创新资源的机会。这一策略较早被发达国家的跨国企业使用，如今不少中国的创新领军企业也广泛采取这一战略。例如，华为早在 1999 年就开始在印度班加罗尔建立海外研发机构，随后其海外研发网络遍及美国、瑞典、俄罗斯、加拿大等国家和地区；海尔 1999 年在美国洛杉矶设立研发机构并随后扩大到意大利、荷兰、丹麦、日本和韩国等地。类似的企业还包括汽车制造商长安、婴儿车供应商好孩子等。

二是技术标准"走出去"。主要指通过参与制定国际性的行业标准，树立中国企业在国际市场上的独特竞争优势。难以达到国外的技术标准、在国际标准制定上无话语权一直是制约我国企业"走出去"的一大壁垒。要扫除这一障碍，既要政府发挥国际影响力，更要企业在相关领域具有过硬的专业话语权。有条件的企业应通过参与国际组织使企业制定的标准成为国际标准，把标准化作为企业创新国际化的重要部分。2014 年，中国标准加速走出去且成绩斐然，提出国际标准 48 项、新增主席秘书处 12 个，技术委员会的主席数量超过 40 个，中国标准国际化正成为中国制造提质增效升级的重要动力和标志[26]。

三是基于技术获取的跨国并购。主要指通过跨国并购获取对方的核心技术和知识产权，在进一步整合的基础上实现企业技术水平和创新能力的跨越。跨国并购一直是我国企业实施国际化战略的重要策略之一，但并购的结果往往因无法掌握核心技术而并不理想。其中既有被并购方不愿转让的客观因素，也有我国企业不具备消化吸收和整合再创新能力的主观原因。随着全球生产网络的演化和我国企业技术能力的提升，通过并购获取核心技术和知识产权的可能性大大增强。近年来，中国企业基于技术获取

㉖ 《引领产业竞争之先中国标准加速走出去》，中国质量报，2015 年 1 月 8 日。

的跨国并购日趋频繁，吉利收购了沃尔沃的同时也获取了其核心技术的使用权；比亚迪收购日本获原磨具厂后掌握了汽车磨具的核心技术；联想收购 IBM 的同时也纳入其在 PC 领域的知识产权；华为更是与其他企业抱团对柯达的 1100 项数字成像专利予以收购。

四是基于共性技术的国际研发合作。主要指与发达国家的各类科研院所及企业开展多种形式的合作，推进对共性技术的研发。共性技术通常被定义为科学现象中具有广泛用于产品或生产过程潜力的概念、要素或观察[27]。现实中，信息技术、生物技术和新材料技术等往往是政府支持的主要共性技术领域。在这些领域，国内科研机构、企业与国外相比还存在较大差距。以云计算为例，中国在该领域的论文发表量占全球的 30% 以上，但从总被引频次数和平均每篇的被引次数都与英美等发达国家相差甚远；美国形成了以各大实验室为中心的整体合作网络，而我国中科院、清华大学等机构之间的合作交流还相对较少[28]。从企业角度来看，云计算专利的主要申请单位也以美日企业居多。总之，加强国内企业与国外高校科研机构、企业开展研发合作，有利于我国企业更好地跟踪国际创新前沿。

三、用新思维推进创新驱动发展战略

自创新驱动发展上升为国家战略以来，相关意见和规划密集出台。继 2012 年和 2013 年分别出台《关于深化科技体制改革加快国家创新体系建设的意见》和《关于强化企业技术创新主体地位全面提升企业创新能力的意见》后，2014 年，我国在建立科技报告制度、科技经费管理体制改革、培育壮大科技服务业等方面继续发力，并强化了财税、工商和金融等扶持性政策的配套。总体来看，已有政策体系的完备性不断提升，但如何有效落实还取决于政府的思维方式和创新理念，而对后者的讨论显然还有待加强。例如，我们到底应该寻求什么样的创新？创新体系建设的侧重点是否有所变化？如何认识和适应创新活动的新变化？这些问题直接关系到创新

---

[27] 也有定义认为共性技术是具有商业潜力，其成果能对一个或多个产业产生深刻影响的一类技术。

[28] 资料来源于《战略性新兴产业技术分析报告》。

驱动发展战略的实施与成效。

（一）激发全面、开放与包容的万众创新

国务院总理李克强在 2014 年夏季和 2015 年冬季达沃斯论坛等多个场合均指出，要掀起创业创新的新浪潮，大众创业、万众创新是中国经济的新引擎。当前，应努力转变将创新局限于科技创新的狭隘认识，努力推进以科技创新为核心的全面、开放和包容的万众创新。

1. 全面创新有助实现多种创新的良性互动

万众创新是全面创新，它既包含科技含量极高的科技创新、也包含开辟市场、改造组织的其他形式创新。长期以来，我国力争发挥制度优越性在基础研究等方面成功赶超发达国家，把加速科技创新作为战略导向。其结果是我国的技术创新依赖技术引进，同时转化率低使得创新对经济增长的拉动十分有限。

创新经济学的开创者熊彼特认为，创新包括新产品创新，新技术、新市场、新原料和新组织等内容。改革开放以来，除了技术创新，大量与组织管理、市场开拓、商业模式相关的创新不断涌现，成为不可忽视的创新力量，成功掌握其他种类的创新已成为中国经济增长的关键。丹·布莱兹尼茨和迈克尔·莫夫里（2011）也指出，认为只有创造新技术才能确保经济长期增长和国民福利提高的观点是不正确的。

在全面创新下，不同创新之间可以形成良性互动：技术创新刺激潜在需求，而市场和商业模式的创新会将这种潜在需求转化为现实需求，对技术创新形成需求侧的拉动，从而激发更多的技术创新。在《跨越鸿沟》一书中，杰弗里·摩尔认为许多前沿的创新产品往往在推广和使用过程中存在"难以逾越的鸿沟"。而商业模式创新往往有助于解决这一难题，从而使新产品的研发获得市场青睐和及时反馈。当新产品的研发进一步以市场为导向时，它更有可能占据较大市场份额，从而帮助创新进入正反馈循环。实现全面创新，并不否认技术创新的重要地位，而是强调要促进以科技创新为核心各种创新良性互动。

2. 开放创新需要构筑互联互通的创新平台

万众创新是开放式创新，它既发生在产学研用等实验室平台，也发生在创客空间等大众化平台。与封闭式创新相比，开放式创新强调创新主体应利用多个市场、多种资源，通过创意的充分流动来实现创新的迸发（见表 9-4）。为此，需要通过构筑互联互通的创新平台来实现开放式创新。

表 9-4　开放式创新与封闭式创新的若干区别

维度	开放式创新	封闭式创新
核心原则	创意有意的流入与流出	创意全部来自企业内部
知识来源	知识既来源于内部也来源于外部，并且外部知识与内部知识同等重要	知识主要来源于内部的创造
盈利核心	商业模式是企业成功的核心，技术本身没有价值，关键在于生意模式	技术能力是企业成功的核心，技术自身的价值决定企业今后的盈利
知识产权	知识产权需要灵活的交易，既可以出售也应该购买从而实现知识流动	必须控制知识产权并实施最严格的知识产权保护

资料来源：根据 Chesbrough（2003）和 Chesbrough, Vanhaverbeke& West（2006）的相关内容整理。

从我国创新平台的现状来看，部分平台没有发挥应有的作用：一些地方规划不少，但处于"空中楼阁"的居多；有的平台虽然建立了相关组织机构和运作机制，但处于"名存实亡"的不少。只有转变政府在服务企业创新方面的理念，才能最大程度释放平台的力量。为此，需要明确构筑互联互通创新平台的两个基本含义：一是创新的关键是开放合作。只有立足于创新平台，以企业为主的创新主体才能更好地超越企业边界，与其他外部组织进行创新资源要素的交互，从而加速自身创新能力的提升。二是平台的本质是中介组织。构筑互联互通的创新平台，除了"减少信息不对称、发挥市场配置资源的决定性作用"的考虑之外，更重要的含义是政府应在服务企业创新的中介组织培育、基础设施建设上精准发力，避免对企业研发活动进行直接干预。

3. 包容创新强调人人参与和受益于创新

万众创新还具有包容性，它既可以是推动人类技术进步的顶尖发明，也可以是服务草根等社会大众的"微创新"。在汇聚民智的基础上可以通过培育思想市场更好地激发创新。尤其是在中国等发展中国家，创新成果不应该只由其发明者或高收入人群独享。创新应是能提升社会整体福利，尤其在提高穷人生活质量、缓解和消除贫困方面有所作为的包容性创新。

经济合作与发展组织（OECD）认为包容性创新至少包含两层含义，一是创新活动的对象应该针对低收入群体的特定需求，确保这些边缘群体能够获得并享受创新成果；二是低收入群体在创新过程应中发挥作用、创造价值，通过亲自参与来推动"草根创新"。一旦成为只能束之高阁、只可远观的遥不可及之物，其自身的内在动力和外在氛围也会被极大削弱，难以持久。目前，印度、孟加拉国、马来西亚等东南亚国家在这方面有很好的经验，值得我们学习借鉴。

（二）建设区域创新体系与营造区域创新生态

创新体系建设一直是我国创新政策的重要内容。随着国家创新体系的逐步完善，区域创新体系建设和生态营造的紧迫性日益突出。

1. 更加突出区域创新体系的建设

我国的国家创新体系已经基本建立，但区域创新体系的建设还明显落后，不同地区的建设水平差距较大。在资源要素集聚十分不均衡、发展程度相差较大的不同区域中，创新本身被严重分化。重视区域创新体系建设，有利于推动创新拉动区域经济增长的落地，实现资源要素的跨区域流动可持续的均衡发展。

国家和区域创新体系有着相似的理论来源，但侧重点不同。国家创新系统理论认为，由一国境内的企业、政府部门、大学和科研机构和其他中介机构组成的有机网络会促进新技术的产生、扩散；区域创新体系将创新系统的聚焦层面从国家下移到特定的区域层面，利用演化经济学论证了金融能力、制度学习和富有创造性的文化对系统性创新的重要性。

从创新体系在我国发展的历程来看，虽然国家与区域层面的两个体系很早就开始并行，但由于中央政府在资源分配上的绝对主导地位，国家创新体系的建设一直处于不断强化的过程中。当国家创新体系被广泛强调和推崇时，此时会导致区域创新体系在一定程度上被忽略。有研究表明，不同省份的制度性差异会导致产学研合作的创新收益相差巨大。因此，有必要更加突出区域创新体系的建设。

2. 更加注重区域创新生态的营造

在谋划自主创新示范区等创新区域发展时，有必要借鉴国外发展"创新区（Innovation Districts）"的理念，更加注重区域创新生态的营造。新的"创新区"不仅包含企业集群、顶尖且拥有广泛研发活动的研究型大学、医疗机构和企业孵化器，而且规划十分紧凑、利用公共交通方便易达、无线网络覆盖公共空间，还提供多用途的住所、办公用地和零售贸易服务。因此，"创新区"是一个富有生气的创新社区。

通过设立各种形式的创新集聚区来实现产业转型和创新驱动是我国改革开放以来发展地方经济的一条重要经验。以聚集高技术产业企业、吸引国外资本、促进创新驱动为目的，我国成立了大量的高新区、经开区和自主创新示范区等，它们对促进我国引进先进管理和技术发挥了不可替代的作用。尤其是设立自主创新示范区对落实创新驱动发展战略意义重大。2009 年 3 月以来，已经先后有北京中关村、武汉东湖、上海张江、深圳、苏南等国家自主创新示范区分别获批。预计在 2015 年还会有一批国家自主创新示范区相继成立。但我国后续设立的各类创新集聚大都属于城市布局中新开发的全新区域，这些区域通常距离城市核心区较远。尽管规划较为合理，面积较大，大量企业、高校和科研机构在园区内聚集，但更像一个大厂房，尤其是生活性的基础设施不足，在整个园区内未形成利于创新的生态。

现实中，不论是新兴经济体还是发达经济体都广泛存在着创新园区（见表 9-5）。但这种创新园区的趋势正在发生变化。布鲁斯·卡茨和朱列·瓦格（2014）的研究指出，过去 50 年美国的创新被硅谷这类地区所主导，但硅谷的缺陷也十分明显，例如郊外廊道、空间上孤立的企业园区、只有开车才能到达、轻视生活质量、工作生活和娱乐无法统一为整体。随着美国经济的复苏，创新活动的地理分布也发生了改变，一种"创新区"在欧美已经有很好的实践，如巴塞罗那、波士顿、西雅图、剑桥等地。2014 年，深圳成为我国第一个以整个城市为区域的自主创新示范区。它改变了以往高新区、经开区、自主创新示范区等通常设立在某一个城市区划内部较为偏远的小部分地区的做法。这种做法符合"创新区域"的概念，相信未来会有更多创新诞生在这些存在有机联系的生态区域中。

表 9-5　部分新兴经济体和发达经济体创新集聚代表性园区

国家	创新集聚代表性园区
中国	北京中关村高新区、天津滨海新区、上海张江新区、武汉东湖高新区、西安高新区、新竹科学工业园（中国台湾）
日本	筑波科学城、关西科技城、名古屋"丰田城"、北海道惠庭技术园区、宫城的泉开发园区、石川软件开发区、富山创新园区、西播磨技术园区
美国	硅谷、波士顿 128 公路、北卡罗来纳州研究三角园区、马里兰中美科技园、麻省生物科技园
印度	集中在班加罗尔的软件园和航天科技园区

资料来源：作者根据互联网相关资料整理。

（三）认识和适应创新活动的新变化

信息经济时代呈现两个显著特征。一是信息的传递突破了传统的地理距离限制。基于互联网技术的发展和传感器等设备的低廉价格，所有物体可以通过特定方式集成加载到手机、平板电脑等移动设备上，实现信息的互联互通。二是服务的价值可能超过产品制造本身。生产商在制造商品的同时也开始逐步提供基于特定产品的增值服务，在这种新模式下产品本身可能趋近于低价甚至免费，而服务销售将成为企业的重要收入来源。

上述特征给企业创新带来重大变化。一是现实中一些根基牢固的企业可能在数月甚至数日之内彻底颠覆。美国学者拉里·康斯和保罗·纽恩斯（2014）认为"大爆炸式创新"是产生这种现象的根本原因。因此，固守传统创新思维方式将会给企业留下致命的隐患。二是创新企业"大资本"和"大生态"的现象开始涌现。创新企业市值不断积聚放大，新创企业可以在短短数月或数年之间一跃成为风险资本的宠儿，其身价的倍增速度远远超过传统制造业企业；许多高科技企业都在试图打造围绕着自己品牌的产品生态圈，例如美国的谷歌、中国的淘宝、小米等都在通过收购或培育孵化器等方式将供应商、竞争对手和消费者纳入同一价值链上，形成独具特色的共生共存共荣生态圈。

面对这些变化，首先应容忍打破秩序与规则的创新。网络信息技术的跨界对大量行业产生了颠覆性的影响，也创造了全新的行业规则与秩序。一大批新的创新方式对原有的创新体制产生了根本性破坏，却极大地加速了创新。比如创客空间，它将发明、设计、开发、制造等环节有机地结合在一起，通过集聚众人智慧来实现原始创新，这对于提升自主创新能力具有重要意义；以互联网金融为例，股权众筹可以成为传统创新融资渠道的有力补充，在风险可控的前提下，应积极稳妥地扩大其在我国金融活动中所占的比例，并创造条件鼓励其开展竞争。

其次应更积极主动地防范未知风险。大数据、云计算等工具的快速发展，以及网络购物、智能穿戴等数据搜集渠道的日益丰富，给我们的生活带来了极大便利。而网上活动内容和频次史无前例的增长使个人与网络密不可分，同时也带来了许多潜在的未知风险，并存在造成较为严重公共事件的可能。既要宽容看待这些打破秩序与规则的创新，也要采取必要的防范措施。例如，在对待信息安全上，个人隐私数据和信息安全问题将会逐渐显现，信息保护模式也需要及时升级。英国著名的大数据研究学者维克托·舍恩伯格和肯尼斯·库克耶（2013）认为，应该让数据使用者为其行为承担责任，而不是信息所有者。在由新规则导致的创新变革中，积极作为防范未知风险将有助于社会大众更多享受到创新带来的益处。

参考文献

1. ［美］布莱恩·阿瑟：《技术的本质：技术是什么，他是如何进化的》，曹东溟、王健译，浙江人民出版社 2014 年版。

2. 国家发展和改革委员会经济研究所课题组：《十二五我国转变经济发展方式的主要路径和重点举措》，2011 年国家发展改革委宏观经济研究院重点课题。

3. 国家发展和改革委员会经济研究所课题组：《面向 2020 的我国经济发展战略研究》，2012 年国家发展改革委宏观经济研究院重点课题。

4. ［美］拉里·康斯、保罗·纽恩斯：《大爆炸式创新》，粟之敦译，浙江人民出版社 2014 年版。

5. 严诚樑、沈超：《知识生产对我国经济增长的影响——基于包含只是存量框架的分析》,《经济科学》2011 年第 3 期。

6. [美] 维克托·迈尔-舍恩伯格、肯尼斯·库克耶:《大数据时代——生活、工作与思维的大变革》,盛杨燕、周涛译,浙江人民出版社 2013 年版。

7. 钟永恒:《战略性新兴产业技术分析报告》,科学出版社 2014 年版。

8. D. Breznitz and M. Murphree, Run of the Red Queen: Government, Innovation, Globalization, and Economic Growth in China. New Haven: Yale University Press, 2011.

9. F. Cai and W. Zhao, When Demographic Dividend Disappears: Growth Sustainability of China. In M. Aoki and J. L. Wu (eds.), The Chinese Economy: A New Transition. Basingstoke: Palgrave Macmillan, 2012.

10. H. W. Chesbrough Open innovation: The new imperative for creating and profiting from technology. Boston MA: Harvard Business School Press, 2003.

11. H. W. Chesbrough, W. Vanhaverbeke and J. West, Open innovation: Researching a new paradigm. Oxford: Oxford University Press, 2006.

12. Crafts N. Quantifying the Contribution of Technological Change to Economic Growth in Different Eras: A Review of the Evidence, London School of Economic History Department Working Paper, No. 79, 2003.

13. Katz, B. and Wager, J., The Rise of Innovation Districts: A New Geography of Innovation in America. Metropolitan Policy Program Report, 2014.

14. Kujis, L., China through 2020: A Macroeconomic Scenario. World Bank China Research Working Paper, No. 9, 2009.

15. Sirkin, H. L., Zinser, M. and Rose, J., The Shifting Economics of Global Manufacturing. The Boston Consulting Group, 2014.

第十章　全球布局：构建全方位对外开放新格局

专业分工、市场扩展、自由贸易和包容性制度带来经济繁荣。

——阿西莫格鲁
美国麻省理工学院经济系教授

　　过去 30 多年，我国对外开放取得了世界瞩目的成就，随着经济迈入新常态，对外经济战略将呈现出理念新、战略新、成果丰的新格局。作为一个大型开放经济体，不断扩大开放、全面构建开放型经济新体制是我国经济迈入新常态的重要内涵之一。新时期，为适应经济全球化新趋势、全球政经版图新变动，推进实现全方位、宽领域、多层次对外开放水平，以企业"走出去"带动资本"走出去"，实现由"商品输出"为主向"资本输出"为主的重大转变，带动我国全球贸易布局、投资布局、生产布局的重新调整，以更主动的姿态在全球范围内配置资源，有利于拓宽我国经济新常态下国民经济的发展空间，赢得国际竞争主动权。未来一段时期，我国对外经济战略应当以合作共赢为主题，处理好"两个市场"和"两种资源"的关系，以"一带一路"、自贸区建设为重要抓手，推动国际国内要素有序自由流动、市场深度融合、资源高效配置，加快培育参与和引领国际经济合作竞争新优势，逐步打造内外相通、相互促进、共同发展的开放型经济升级版。

一、新常态下我国对外经济战略面临复杂多变的国际环境

　　改革开放 30 多年以来，我国国际经济地位显著提升，逐步迈入由"经济大国"走向"经济强国"的发展新阶段，对外开放的广度和深度不

断拓展，实现了从封闭半封闭到全方位、宽领域、多层次开放的伟大历史转折。新常态下，我国发展新阶段的开启和国际经济地位的提升，都要求提出升级版的对外经济新战略。随着我国各项改革、尤其是对外经济体制改革已进入深水区和攻坚期，国内发展处于换挡期和转型期，需要通过更高水平的对外开放，为我国经济长远发展再造一个"开放红利期"。

（一）新一轮全球化带动国际经贸规则显著变化

在经济迈入新常态的大背景下，需要认真研究我国对外经济战略所面临的国际环境以及其中蕴含的机遇挑战。2008年金融危机之后，尽管经济全球化深入发展的总趋势没有改变，但全球化特征发生了明显变化，甚至"去全球化"的声音不断出现。世界经济格局的变化必将引起国际政经关系的再调整。未来一个时期，伴随世界经济进入新的发展周期，世界经济将有可能出现与以往略有不同的结构特征：发达经济体与新兴经济体之间"双速增长"将导致新兴经济体在全球经济中的份额不断上升。新兴经济体对发达和新兴工业化国家的替代效应逐渐显现，全球化由以收入效应为主的双赢阶段推进到替代效应凸显的利益分化阶段，全球化进程将趋于放缓并出现去全球化的区域性制度安排。

从全球经贸规则看，多边贸易体制发展一路坎坷，多哈回合谈判徘徊不前，发达经济体贸易投资保护主义不断升温，全球范围内发达经济体、新兴市场国家之间的经贸摩擦政治化倾向有所抬头。从区域经贸合作看，主要的区域和次区域经济合作蓬勃发展，各类自由贸易协定大量涌现，现已大有替代WTO组织成为经济全球化重要动力的趋势。目前据不完全统计，向WTO官方通报并仍然有效的区域贸易安排共249个，70%左右是近10年出现的；WTO的159个成员方中只有1个没有参与区域贸易安排。从美国、欧洲、日本等西方发达国家主导贸易规则的新动向来看，领导性国家继续对我国采取反竞争、排挤、围堵等战略。自2008年以来美国实行"再制造化"在一定意义上即是对我国的反竞争，而近年来积极推行的具有排他性特点的新贸易制度安排，则是对我国的挤压与排挤。如建立标准更高、要求更严、甚至带有一定针对性条款的区域化贸易组织——如跨太平洋伙伴关系协定（TPP）、跨大西洋贸易与投资伙伴关系协定（TTIP）

等，试图对我国进行挤压或直接将我国排除在外。TPP 的 12 个成员国 GDP 和贸易占全球 40% 左右，TTIP 各国的 GDP、贸易分别占全球 50%、30% 左右，两个自贸协定一旦签署，将形成地跨两洋的超大自由贸易区，对经济全球化走向、多边贸易体系以及我国参与经济全球化的门槛都将产生深远影响，据测算，TPP、TTIP 建成后，5 年内我国外贸进出口将分别缩减 1200 亿美元、1000 亿美元以上。

此外，自 2012 年初以美国为主导的发达国家开始采取一种新的服务贸易谈判策略，《国际服务贸易协定》（简称 TISA）应运而生，TISA 是继 TPP、TTIP 之后美国推动全球贸易规则变革的又一重要举措。TISA 目前有 23 个成员，所占全球服务贸易比重接近 70%。TISA 成员中既有美国、欧盟、日本等发达经济体，也有智利、巴基斯坦等发展中国家，还有中国香港和台湾地区，但包括中国、印度、巴西在内的新兴大国并未参加。西方国家主导 TISA，就等于掌控了全球服务贸易总量的近 70%，那么，发展中国家今后崛起的至关重要的产业——服务贸易的游戏规则就牢牢掌握在西方大国手中。

由于我国现阶段在全产业链与所有类型国家在竞争，领导性国家通过"区域化"来建立新的壁垒的做法得到了比较广泛的响应。由领导性国家主导的超级自由贸易区未来势必对经济全球化的走向产生深远影响。从我国来看，正如当前经济处于"三期叠加"时期，我国的发展环境和对外开放也面临"三期叠加"，即"全球经济深度修复期"、"国际经贸新规则构造期"和"我国比较优势转换期"，如何对冲"去全球化"趋势及欧美主导的 TPP、TTIP 等战略对我国的不利影响，仍是未来一个时期我国对外经济领域面临的一个重大问题。经济全球化规则的新变化，必然深刻影响我国与世界的互动关系，面对全球经贸发展新趋势，我国必须全面深化改革，实施更加积极主动的对外开放战略，努力适应国际经贸规则新变化，更加深入地参与经济全球化。

（二）全球产业分工格局的传统竞合关系出现新动向

国际金融危机后，全球经贸格局发生重大变化，发达国家深陷债务危机沼泽，经济复苏艰难曲折，发展中国家成为拉动世界经济增长的重要力量，以金砖国家为代表的新兴经济体快速崛起，全球经济格局东升西降的特征明显。全球需求结构发生深刻调整，我国在巩固传统市场的同时，需要加快开拓前景广阔的新兴市场。

从全球范围看，尽管国际产业分工与合作仍在深化，但传统产业竞合关系出现新动向。包括我国在内的制造业大国由于劳动力等制造成本上涨，传统劳动密集型产业特别是低端制造环节加速向低收入国家转移。美国、欧洲等发达经济体也在"再工业化"、"结构性改革"等政策指引下，部分中高端制造业回流发达国家。相比制造业，围绕服务业的外包和投资成为国际经贸合作的一个新兴热点，这为新兴经济体提升在全球产业价值链中分工位势带来新机遇；新能源、云计算、3D 打印、基因诊断与修复等新技术革命取得新突破，各国均对新兴产业发展寄予厚望，抢占产业制高点的竞争日趋激烈。在全球经贸及产业格局加快变化的大背景下，我国需更高层次参与国际经贸及产业分工，改变传统的"商品输出"形象，大力支持资本输出和企业"走出去"，主动参与资源的全球配置。

（三）国际社会对我国积极参与全球治理抱有更大期待

目前，我国经济总量已位居世界第二，成为第一大出口国、第一大进口国、第一大吸收外资国、第三大对外投资国、第一大外汇储备国，这为我国进一步扩大开放、主动参与影响经济全球化趋势提供了坚实的物质基础。未来一个时期，广阔的国内市场、充足的资金、完备的基础设施、强大的产业配套能力、不断增强的企业创新能力等有利条件，为我国巩固传统优势、增创新优势、突破国内瓶颈、寻求国际拓展创造了新的空间。随着我国综合国力的不断提升，在国际经济治理体系中的话语权和影响力需要进一步加强。

未来一个时期，国际社会各方在重大问题上将更加关注我国的立场，更加注重与我国合作。同时，我国被加速推向国际各项经济事务的前台，在全球经济再平衡、人民币汇率、知识产权保护、市场开放准入、应对气候变化、国际政策协调等方面对我国要求越来越高。尽管我国的国际地位仍是世界最大发展中国家，但国际社会对我国的期待不断提高，我国需要本着既要有所作为又要量力而行的原则，承担与我国发展阶段和能力相适应的国际责任和义务。

（四）国际货币体系新变化为我国提升金融地位提供新机遇

国际金融危机重创发达国家金融体系，以美元为核心的国际货币体系受到严重冲击。据统计，2009—2012 年，美元和欧元资产在全球官方外汇储备中的比重分别由 62%、26%，降至 61.2%、24.1%。主要国际货币之间汇率大幅波动、金融市场剧烈动荡严重干扰全球经济复苏，国际社会要求改革国际货币体系的呼声越来越高。虽然在相当长时间内，以美元为核心的国际货币体系不会发生根本性改变，但随着新兴大国的迅速崛起，世界经济格局和力量对比正在发生重大变化，建立更加多元平衡的国际货币体系已是大势所趋。

我国经济持续快速增长，对外贸易投资规模不断扩大，外汇储备位居全球第一，人民币汇率持续走强，银行等金融机构"走出去"步伐加快，在全球金融体系中的地位日益提升。特别是近年来，我国加快推进人民币国际化进程，人民币在跨境贸易投资中的使用比重不断提升，香港、新加坡、伦敦等人民币离岸中心初具雏形。今后一个时期，随着资本项目可兑换、人民币汇率形成机制改革、利率市场化等不断取得新进展，人民币在国际货币体系中的地位有望持续提升。据测算，到 2016 年我国对新兴市场贸易量的 50% 有望用人民币结算；到 2020 年人民币在国际储备货币中的地位有望与日元或英镑持平。同时，我国在国际货币基金组织、世界银行以及多边开发银行等国际金融机构中的话语权和投票权不断加强，将有力地促进国际货币金融体系改革。

二、新常态下多措并举培育我国参与国际经济合作的新优势

总体来看，改革开放 30 多年以来，我国对外经济领域硕果累累，但对外经济制度建设仍存在不平衡、不协调、不可持续的问题，难以适应经济迈入新常态和开放型经济体自身发展的需要。党的十八届三中全会《决定》已对构建开放型新体制做出了重大部署，随着这些部署的贯彻落实，将逐步形成我国参与和引领国际经济合作新优势，全面提升我国对外开放

的水平和层次。未来一个时期，应以自贸区建设为抓手，加快培育参与并引领国际经贸规则制定的新能力；以放宽市场准入为突破，着力培育稳定透明国际化的营商环境；以提升国际产业分工位势为目标，抓紧机遇尽快培育产业竞争新优势；以改革对外投资管理体制入手，推动我国实现从贸易大国到投资大国、从商品输出到资本输出的伟大转变；以扩大内陆地区对外开放为着力点，培育实现内陆—沿海更加平衡的开放新优势。

（一）加快培育参与并引领国际经贸规则制定的新能力

自 2001 年加入世界贸易组织以来，我国逐步融入了全球重大经贸问题谈判的核心圈，在全球经济治理中也发挥着越来越重要的作用。当今世界，经贸规则竞争作为国际经贸活动领域最高层次的竞争，美欧日等发达经济体对于国际经贸规则主导权的竞争呈现白热化，但是包括我国在内的新兴市场国家仍是现行国际经贸规则的被动适应者和规则遵循者，这与新兴市场国家在国际贸易投资总量中所占份额不断提升的趋势形成鲜明对比。

未来相当长一段时间，我国一方面仍需遵循世界贸易体制规则，坚持双边、多边及区域、次区域的开放合作，继续维护多边贸易体制在全球贸易发展中的主导地位，加快环境保护、投资保护、政府采购、电子商务等国际经贸新议题谈判，扩大同各国各地区利益汇合。另一方面，需要以更大魄力、更加积极、更为自信、更为负责的姿态，主动参与国际体系变革和国际规则制定，增强我国在国际经贸规则和标准制定中的话语权，推动国际经济秩序朝着更加公正合理的方向发展。

与在全球多边贸易体系框架下的对外开放相比，在双多边、次区域范围内推进自由贸易区具有对象可选、渐近推进、风险可控的基本特点，可以实现以局部带动整体的开放效果，可望在不改变现有既定国际经贸规则的前提下更加有为实现一定突破。随着我国经济进入新常态，以自贸区建设为突破口和重要抓手，可以更为主动的姿态推动国际经贸规则向更有利于我国的方向改革，从一个角度上讲这也是我国主动挖掘自"WTO 红利"之后第二个"开放红利"。当前我国已签署了 12 个自由贸易协定，与发达国家相比，总体水平仍然不高，规模和影响范围仍然有限，仍不具备对冲现行国际经贸规则演变对我国产生不利影响的能力。近期，我国应抓紧机遇打造中国—东盟自由贸易区升级，进一步提升区内贸易投资自由化便利化水平，积极推进中韩、中日韩、中澳（大利亚）、区域全面经济伙伴关系（RCEP）等自由贸易协定谈判，推动亚太经济一体化进程，适时启动与其他经贸伙伴的自由贸易协定谈判。此外，中美双边投资协定（BIT）自 2008 年正式启动以来现已进入实质性谈判阶段，为中美 BITT 谈判提供了基础，通过建立制度化的经贸关系，有利于发挥中美两个大国的引领作用，深化两国互信，进而推动世界贸易和投资自由化，为全球经济繁荣稳定提供强大动力。未来一个时期，需要加快实施以我国主导并能够充分体现国家开放战略意图的自贸区战略，形成能够经略周边、面向全球的高标准自贸区网络，不断拓展国民经济发展新空间。

（二）着力培育稳定透明国际化的营商环境

现阶段，我国利用外资已不再是改革开放初期简单的吸引资金，更重要的是看重国际投资中搭载的先进管理经验、技术创新能力和知识外溢能力，这对我国经济迈入新常态时期经济转型升级和产业结构调整至关重要。得益于 30 多年来改革开放，我国制造业在全球范围内的整体竞争力得到极大提升，已经跃居第一大制成品出口国，相比之下，我国服务业开放程度低，竞争力较弱，仍然是制约我国经济迈向高端发展中的软肋。壮大和发展服务业需要进一步深化改革、扩大开放，其中重中之重是继续推进金融、教育、医疗、文化等服务业领域实现有序开放，放开相关服务业领域的外资准入限制。

当前，营商环境成为一个国家参与国际经济合作与竞争的重要依托，也是一个国家软实力的重要体现。人才、资金、技术、市场在全球范围内实现竞争性资源配置，各国之间的竞争日益激烈，如何在竞争中巩固并提升我国整体竞争力、更好处理政府和市场之间的关系，更好发挥市场主体竞争能力至关重要。党的十八届三中全会《决定》提出，深化行政体制改革，统一内外资法律法规，统一市场准入制度，统一市场监管，建立公开透明的市场规则，就是要积极对接国际先进理念和通行规则，大力营造竞争有序的市场环境、透明高效的政务环境、公平正义的法制环境，保证各类所有制经济依法平等使用生产要素、公开公平公正参与市场竞争、同等受到法律保护，增强各类企业长期投资中国的信心。

（三）抓紧机遇尽快培育产业竞争新优势

国际金融危机以来，随着全球范围内的产业结构调整和国际分工深化，国际竞争更加激烈，产业链的垂直分工已经成为国际分工的一种主要形式。我国绝大多数的行业仍然处于国际分工的中低端位置，缺乏左右国际市场的话语权，随着其他新兴市场国家的迅速崛起，我国以低成本参与国际产业分工的优势已经逐渐丧失。近年来，我国出口年均增速的连续下滑，既是国际市场需求不振的结果，更是我国经济传统竞争优势逐步弱化的反映，充分说明单纯依靠廉价资源和廉价劳动力支撑的开放型经济发展模式终究是不可持续的，也是不可能实现经济强国的伟大目标。

未来一个时期，随着工业化进程的加快和企业国际竞争能力的提升，我国成为世界制造业强国是大势所趋，当前需要引导和支持有实力的企业走出去，购买企业股权、品牌和技术，参与更高层次国际竞争，谋求我国在国际分工体系中的更高地位，已经成为共识。党的十八届三中全会《决定》提出，改革外商投资管理体制，放宽外资准入限制，加强知识产权运用和保护、健全技术创新激励机制，创新对外投资方式、鼓励企业并购国外研发机构和知名品牌等重大举措，就是要进一步发挥开放对产业升级的引领作用，推动开放型经济从规模扩张向质量效益提升转变，从成本优势向综合竞争优势转变，努力提高在国际产业分工中的位势。

（四）培育实现内陆—沿海更加平衡的开放新优势

内陆开放是我国新一轮对外开放的最大潜力和动力所在，是拓展开放型经济广度和深度的关键所在。改革开放以来，我国对外开放从建立沿海经济特区到沿边、沿江、内陆地区由东及西渐次展开，在成就珠三角、长三角、环渤海三大经济区的同时，也出现了东部沿海和内陆地区明显的差距。可以说，现阶段我国发展的不平衡，主要体现为区域发展的不平衡，开放程度的不协调，更多体现为内陆和沿海开放的不协调。

未来一个时期，需要创新内陆开放模式，激发广袤内陆地区的开放活力，形成对外开放的战略腹地和新的经济增长点，为我国全方位开放注入更为持久的动力。当前，我国内陆地区开放型经济发展面临历史性机遇，扩大内陆开放需要从体制机制、政策环境等方面下功夫，全面夯实内陆开放型经济发展的基础。在创新内陆加工贸易模式方面，可以考虑推进整机生产、零部件、原材料配套在内陆地区一体化集群发展，使内陆地区成为转移沿海加工贸易链条的承接地。在统筹推进内陆地区通道建设方面，可以考虑加快建设面向东南亚、中亚、欧洲等地区的国际物流大通道，发展江海、铁海、陆航等多式联运，形成横贯东中西、联结南北方的对外经济走廊。在推动内陆沿海沿边通关协作方面，可以考虑实现口岸管理相关部门信息互换、监管互认、执法互助，扩大"属地申报、口岸放行"等改革试点，提高口岸通行效率，降低通关成本。

（五）推动实现从贸易大国到投资大国、从商品输出到资本输出的伟大转变

一国经济影响力最重要的不是向全球输出多少产品，而是向全球输出多少资本，并通过这些资本深刻影响全球经济规则和贸易格局。从贸易大国到投资大国、从商品输出到资本输出，是开放型经济转型升级的必由之路。2014年，我国对外投资和吸引外资基本平衡，第一次成为资本净输出国，从资本输入国到资本输出国，这种角色变化具有极其重大的历史意义，在"中国制造"之后"中国资本"有可能再次重新塑造全球的金融和贸易格局。但是也应该看到，与我国目前的经济规模、贸易地位、产业影响等方面相比，对外投资在全球的排名和占比仍与经济综合影响力极不匹配。新常态下，推动我国资本和企业走出去，在全球范围内进行产业布局、资源配置，对于我国从经济大国成为经济强国至关重要。

近10年，尽管我国对外投资以年均40%以上的速度高速增长，累计对外直接投资已经超过5000亿美元，跻身对外投资大国行列，但总体看我国企业走出去仍处于初级阶段，特别是对外投资管理体制建设相对滞后，不能完全适应对外投资加快发展的新形势，在投资审批、外汇管理、金融服务、货物通关、人员出入等方面存在诸多障碍。加快实施"走出去"战略，关键是深化对外投资管理体制改革，放宽对外投资的各种限

制，确立企业及个人对外投资的主体地位。对此，《决定》提出了"三个允许"，即"允许企业和个人发挥自身优势到境外开展投资合作，允许自担风险到各国各地区自由承揽工程和劳务合作项目，允许创新方式走出去开展绿地投资、并购投资、证券投资、联合投资等。"这充分体现了国家支持企业加快走出去的政策导向，必将推动我国对外投资迈上新台阶。

三、"一带一路"是全面提升我国对外开放水平的重要突破口

新常态下，我国对"丝绸之路经济带"和"21世纪海上丝绸之路"的战略构想，在一定程度上反映了我国对外经济战略的新变化：一是从此前大力发展出口导向型对外经济继而在出口市场的直接竞争向着眼于间接创造外部需求的转变，二是对外经贸合作由单一国家合作为主逐步转向更加注重区域经济的全面合作。当前我国面临的外部经贸环境和经贸规则仍处在美国与西方主导的国际政治经济秩序之下，"一带一路"的"合作共生"、"互利共赢"理念，更容易被沿线国家接受，从而提高区域内的经贸合作水平。

（一）"一带一路"是我国对外发展战略转型的重要标志

2013年9月，习近平总书记在访问哈萨克斯坦时提出构建"丝绸之路经济带"；同年10月，习近平总书记在出席亚太经济合作组织（APEC）领导人非正式会议期间，在印尼国会发表演讲时提出中国愿同东盟国家加强海上合作，共同建设"21世纪海上丝绸之路"的倡议。以"丝绸之路经济带"和"21世纪海上丝绸之路"为核心的"一带一路"战略构想反映了新时期我国经济外交战略新思路，有利于密切我国与沿线国家及中亚、西亚、南亚、北非以及欧洲等国家的全方位关系，全球范围内跨度最大的国家合作平台，是聚集地缘政治、能源安全、国防安全和经济共赢为一体的大战略，也是新常态下我国由此前的商品输出转向资本输出的重要战略载体。此外，"一带一路"建设在保障国家安全方面也具有重大的战略意义。

（二）"一带一路"重在合作共生、互利共赢

我国对于"一带一路"的战略构想目前已进入务实阶段，沿线国家和国际社会也积极响应倡议。"一带一路"战略构想基于合作共生、互利共赢的核心理念，强调软硬两方面的互通互联，强调区域一体化的共同发展，即在巩固与加强沿线国家关系与合作问题上，提出了政策沟通、经贸畅通、交通联通、货币流通、民心相通的地区合作共生新理念。一是加强政策沟通，各国可以就经济发展战略和对策进行充分交流，本着求同存异原则，协商制定推进区域合作的规划和措施，在政策和法律上为区域经济融合"开绿灯"。二是加强道路联通。各方积极探索完善跨境交通基础设施，逐步形成连接东亚、西亚、南亚的交通运输网络，为各国经济发展和人员往来提供便利。三是加强贸易畅通，丝绸之路经济带总人口近30亿，市场规模和潜力独一无二，各国在贸易和投资领域合作潜力巨大。各方就贸易和投资便利化问题进行探讨并做出适当安排，消除贸易壁垒，降低贸易和投资成本，提高区域经济循环速度和质量，实现互利共赢。四是加强货币流通。探讨推动各国在经常项下和资本项下实现本币兑换和结算，降低流通成本，增强抵御金融风险能力，提高本地区经济国际竞争力。五是加强民心相通。国之交在于民相亲，上述领域合作必将得到各国人民支持，加强人民友好往来，增进相互了解和传统友谊，为开展区域合作奠定坚实民意基础和社会基础。

（三）"一带一路"战略构想对于新时期我国对外经济发展具有重大意义

全面启动实施"一带一路"战略，一定程度上反映了我国对外经贸战略的新变化，也即从此前大力发展出口导向型对外经济、在出口市场的直接竞争向着眼于间接创造外部需求的转变。改革开放30多年来，我国通过从欧美发达国家大量吸引资金、技术和管理经验，形成强大的制造业生产能力，间接拉动基础设施建设和装备生产能力，积累了巨额资本。

随着我国经济迈入新常态，经济发展必须实现转型升级，未来经济增长的动力主要依靠高新技术产业发展和不断提升创新能力，实现由过去要

素投入驱动型向创新驱动经济高质量发展。同时，我们应该看到真正实现经济转型需要一个较为漫长的时期，需要我国现有优势产业持续发展来为经济结构转型升级赢得空间、时间支持。从国际经济环境来看，发达经济体复苏态势尚弱，对新兴经济体的贸易投资保护主义不断升温，我国面临的外部需求在短期内难以恢复到国际金融危机之前的繁荣局面。在此背景下，可以将我国现有的装备制造业等优势产能和工程承包施工作业能力主动输出，通过大力支持企业"走出去"和资本"走出去"间接创造外部需求拉动出口和经济发展。我国与"一带一路"沿线国家经贸合作的不断加强，既有现实意义，又有战略远见，"一带一路"沿线国家大多处于工业化初期，对外部资金的需求十分旺盛，这为我国借助优势产能实现海外"二次创业"提供了大有可为的战略机遇期。

从我国来看，"一带一路"战略构想有利于实现东中西部地区更为平衡的可持续发展。以往我国提出西部大开发战略，主要是出于国内区域经济均衡、资源能源开发和国防备战安全考虑，而"一带一路"战略构想则将我国西部大开发战略与向西开放战略整合起来。改革开放30多年以来，我国地区间经济发展不平衡，发达地区主要集中在东部沿海地区，随着美国经济战略东移、TPP等战略实施，使得我国东部沿海地区对外经贸面临来自美国及美日同盟的战略挤压。"一带一路"的战略构想，打开了我国西部大门，明确了向欧亚内陆开放，以更大跨度对外开放带动西部地区更高层次开放，在一定意义上也是我国东西部发展战略的"再平衡"。

总体来看，党的十八大以来，我国对外经济领域接连推出的一系列重大举措，既是对35年来开放型经济探索经验的继承与发展，也是新时期、新形势下在制度层面对改革开放大政方针的具体化、蓝图化。当前，我国开放型经济已进入新的历史阶段，面临着国际经济政治环境新变化的机遇和挑战，面临着国家发展战略的新要求。更加积极主动的开放战略，需要找准对外开放的抓手，需要把改革的攻坚领域与开放的重要环节紧密结合起来，切实提高开放型经济的水平和质量，加快形成开放型经济的新机制、新态势。

参考文献

1. 汪洋：《构建开放型经济新体制》,《人民日报》2013 年 11 月 22 日。

2. 马小芳：《适应经济全球化，构建开放型经济新体制》,《中国经济时报》2013 年 12 月 2 日。

3. 钟伟：《一带一路战略将全面提升中国对外开放水平》, 平安证券研究所报告 2014 年 9 月 29 日。

结语　底线思维：保障国家经济安全

> 君子安而不忘危，存而不忘亡，治而不忘乱，是以身安而国家可保也。

——《周易·系辞下传》

新常态时期一切从新，阶段新、特征新、导向新，但也要牢牢把握"底线"，时刻运用"底线思维"来迎接新常态。底线思维是"有守"和"有为"的有机统一，"有守"是指要充分估计困难和阻力，设定并坚守可承受的底线目标，严防出现颠覆性的失误；"有为"则要求有责任担当和进取精神，充分挖掘潜力、激发动力、释放活力，为发展赢得新的生机。具体来说，新常态下要多管齐下将经济增速保持在合理区间，要防控经济发生系统性风险，要积极应对来自外部的挑战，要切实稳定国内社会大局，要在生态文明建设上守好红线。归根结底，在新常态下运用"底线思维"是为了防止现代化进程被打乱，推动实现全面建成小康社会和中华民族伟大复兴的中国梦。

一、掌好大舵：保持经济稳步增长

新常态下最为突出的特征事实是经济增速的换挡。我国经济已经从10% 以上的超高速和8% 以上的高速增长阶段走了出来，下一阶段出现"波浪式"减速将是大概率事件。"底线思维"要求我们，在接受这一规律性事实的基础上，要有所作为地将经济增速保持在合理区间，防止经济出现悬崖式下滑。

（一）经济增速是至关重要的

经济增长是衡量一国经济社会活力的重要维度，这是经济学里最重要的概念之一。改革开放以来 30 多年的高速经济增长给我们带来了翻天覆地的变化，取得了举世瞩目的成就，我们必须承认"发展是硬道理"。一些人痛斥"唯 GDP"式的经济发展，固然是因为 GDP 指标本身存在这样那样的缺陷，但更关键的问题在那个"唯"字上，也就是说，从来没有人不愿意追求经济增长，而是不能只追求经济增长，却忽视了社会发展、文明进步、资源环境保护等对人类福利来说同样重要的问题。正如日本在 20 世纪 60—70 年代一样，当时环境等问题也是日渐严重，整个国家在"能否"和"是否应当"继续争取高速增长的问题上出现诸多意见分歧，媒体上甚至出现了"GNP，见鬼去吧"的口号。然而讽刺的是，在经济增长实际停止后，此类口号也随即销声匿迹，重新实现经济增长的主张又成为主流呼声。

当前我国进入经济增速换挡的新常态本身正是经济规律的体现，并不是人为主观地要把经济增速拉下来。我国发展形势总体仍是好的，在今后相当长时期仍处于发展上升期，工业化、信息化、城镇化、农业现代化带来巨大国内市场空间，社会生产力基础雄厚，生产要素综合优势明显，体制机制不断完善。经过努力，经济增速完全有可能继续保持较高水平。新常态下，我们需要保持一定的经济增速，合理的经济增长速度可以为经济社会的各个环节顺利运转提供良好基础。过快不好、过慢也不好，在处理得当的情况下，相对较高的经济增速更有利于推动社会发展、更有利于促进资源环境生态保护工作，我们仍要坚持在发展中解决问题。

（二）科学界定经济增速的合理区间

新常态下要将经济增速保持在合理区间，然而合理区间在哪？从理论上讲，新常态下经济增速的合理区间是指潜在增长水平上下，可以较好平衡就业、物价稳定以及经济结构调整等宏观经济目标的增速区间。这意味着，经济增速的合理区间并不是固定不变的，它将随着我国潜在增长率水平波动，也应基于其他宏观经济目标有所权衡。当前阶段 7.5% 左右的底线并不是未来的底线，要顺应经济规律和自身发展目标的要求，依据实际情形条件对增速合理区间做出动态调整。值得提出的是，我国现代化进程中的两个重要时间节点（2020 年和 2049 年）所设置的发展目标，应作为重要因素在合理区间界定中认真考虑。

（三）多管齐下保持平稳增长

当前阶段的经济增速换挡是客观规律，但我们也应采取多重措施使其接近潜在增长水平，保障就业水平不滑出下限、而物价涨幅不超出上限，避免经济硬着陆。这对宏观经济政策提出了很大考验。要使经济增速接近潜在增长率水平，就要从制度、政策、技术、要素全方位入手进一步"解放生产力"。

制度上向改革要红利，通过体制机制改革扫除经济发展的制度性障碍，有效协调政府和市场两只手的作用，完善由市场决定资源配置的经济体制，政府要严守自身职责范围，做好应做之事，减少不当干预。政策上向调控要成效，创新宏观调控方式，保持定力，实行预调微调，财政政策、货币政策以及产业政策相互配合，熨平经济大幅波动，保持经济增速处于合理区间。技术上向创新要动力，随着技术引进效应的递减，要着力营造创新环境、加大研发投入、提升研发效率、拓展技术应用，努力推动我国经济向自主创新型转化。要素上向质量要效益，在受教育年限不断提升的基础上，努力提高劳动力技能水平，解决人才结构和产业需求之间的矛盾，切实将人口红利转换为人才红利；盘活资金存量、用好增量，提高资金使用效率，积极引导资本寻找新的产业增长点。

（四）着力改善经济增长质量

新常态下的底线不仅要让经济在合理区间内平稳增长，更要着力改善经济增长质量。这包括减少资源消耗、推动产业升级、让更多人分享经济增长的成果。新常态下我国经济增长动力转换的核心是从依靠资源投入转向依靠效率和技术，因而减少资源消耗是新常态经济增长的题中之义。在保持一定经济增速的基础上，要大力推动产业转移和产业的转型升级，提升我国在全球产业链中的位置，不断寻找培育新的经济增长点来对冲传统增长点的弱化态势。积极支持铁路等重大基础设施、城市基础设施的建设，推动保障性安居工程等民生工程建设，倡导包容性增长，为低收入群体创造更多就业，改善收入分配不公现象，逐步缩小收入差距。习近平总书记指出，我们将把推动发展的着力点转到提高质量和效益上来，下大气力推进绿色发展、循环发展、低碳发展。这些都是新常态下改善经济增长质量的正确道路。

二、严控风险：防控系统性风险

经济系统性风险一旦发生，危害极大，历史上的经济危机（债务危机、金融危机）带来的经济萧条和社会动荡，给曾经历过的人们留下了深刻印象。如前所述，近中期我国可能诱发系统性风险的关键节点主要有四个，即地方债务和财政不可持续、产能过剩、房地产衰退、系统性金融风险。只要有一个节点的风险爆发，都有可能波及其他环节，对经济平稳运行构成严重冲击。对此，要有所预见地防控我国经济中各式风险不断累积、传导、叠加，进而发生系统性风险。

（一）适度有序化解财政风险

对于地方债务以及财政可持续性问题，当前"开明渠、堵暗道"的思路是正确的（见新《预算法》、2014年国发43号文等），对地方政府性债务分类甄别，允许地方按照发债程序发行市政债券（包括一般债券和专项债券），大力推广政府和社会资本合作模式（PPP），在过渡期内还允许以多种形式消化既有存量债务。然而，当前市场对平台债的风险溢价降低，银行对各平台的融资需求也持观望态度。过渡阶段恰恰是风险爆发可能最大的时期，需要防范过渡期太短反而出现挤爆风险的可能。建议在近两年适当扩大地方债券发行规模，对冲过渡期风险，同时加快推进财税体制改革，着力调整中央地方财政关系，完善房地产税收制度，增强地方政府组织收入能力。

（二）消化产能过剩风险

对于产能过剩与产业转型升级方面的风险，要细化和落实中央提出的消化一批、转移一批、整合一批、淘汰一批的化解产能过剩总体部署，进一步发挥市场在资源配置中的决定性作用，加减法并举推进产业结构升级。鼓励企业技术创新，加快设备更新、工艺路线改造，加大研发投入力度，大力发展中高端产品和中高端产业，构建新的竞争优势，培养新的增长点，防范产业过剩和产业空心化风险。改善民间和中小企业投资环境，拓宽民间投资渠道，鼓励和引导民间资本进入非自然垄断的产业领域，鼓励和引导民营资本联合和参与国有企业改革。同时，要积极应对化解产能过剩可能引发的各类风险事件，防范产能过剩风险向财政、金融、社会就业等领域扩散。

（三）防止房地产泡沫集中破裂

对于房地产市场风险，应该认识到，本轮房地产市场下行调整是市场规律的体现，不少业内人士都认为我国房地产市场已经进入了"白银时代"，想随意投入就轻松挣钱的时代一去不复返了。不过房地产市场对我国经济影响巨大，在下行阶段，我们更应有效化解房地产市场短期供给过剩风险，避免大起大落，促进房地产行业调整实现"软着陆"。从制度上，应加快建立房地产风险预警机制，针对房地产市场可能出现的快速下行风险制订分级预案，防止流动性风险、泡沫风险和供给过剩风险叠加爆发，造成泡沫集中破裂，由局部风险演变为全局性风险。在具体措施上，一方面，基于新建保障性住房对房地产市场的较大冲击，可对房地产供给过剩的城市，将部分保障性住房建设任务由新建改为回购，通过购买符合区位、户型、价格等条件的普通商品房用作保障性住房，防止保障性住房供给对房地产市场短期供给过剩风险的加大。另一方面，积极拓宽投资渠道，用市场力量引导社会资本分流，来弥补房地产投资增速快速下滑的影响，减轻房地产市场调整对经济增长的过度冲击；严格约束地方政府的投资行为，扭转地方政府依赖房地产业提振经济的发展模式；加强对影子银行等房地产金融高风险区的监管。特别是，要密切关注货币政策调整对房价的影响，防范货币政策环境的变动引发房地产系统性风险，要保持政策环境的稳定性，掌握调节力度的火候。

（四）完善金融风险防范体系

对于金融风险的防范，要加强影子银行监管，将银行理财、同业业务、信托产品等表外业务纳入表内管理，探索将私募、互联网金融、P2P等新兴高风险业态也纳入到金融监管体系中。完善多层次金融市场和多元化融资体系，提高同业业务的标准化和透明度，清理处置地方政府融资平台涉及的影子银行通道业务，从体制机制上减轻对影子银行的融资依赖。重新分配中央地方金融监管权责，建立中央地方两级金融监管体系，界定中央和地方金融监管职责和风险处置机制。按照利率市场化步骤，逐步推进存款保险制度，与其他制度配套结合，共同支撑起我国金融风险防范的现代新体系。

（五）警惕多重风险叠加放大

在我国经济增速放缓、国内外不利条件增多的背景下，各主要风险点叠加相撞、辗转放大的趋势也会增强，集中爆发的可能性增加。这其中，金融风险是需要防范的核心部门，需要特别注意。现代社会里的大多数危机都将传导至金融系统，我国当前面临的地方债务风险、产能过剩风险、房地产市场风险等都与金融系统紧密相关，它们的风险暴露第一步就会导致金融机构不良资产大幅增加，进而引发局部性甚至系统性金融风险。因此，在分别应对各类风险的同时，应守住金融部门的风险大门，及早制定应对方案，及时防范和化解金融风险。

三、迎接挑战：积极应对外部挑战

我国进入"新常态"阶段，外部环境也出现许多新情况和新特点，从国际政治环境来看，国际政治格局深刻调整，大国博弈更加激烈，中东北非、亚太两大地缘政治板块上演新变局，局部地区日益动荡不安；从国际经济环境上看，世界经济进入大调整大变革时期，全球经济发展格局、科技和产业结构调整、能源资源版图、全球经济治理等发生新变化，出现新动向。要积极应对外部环境的变化给我国带来的新挑战。

（一）"有所作为"地防范外部政治风险冲击

大国博弈和地缘政治风险影响我国外部发展环境：中美对抗性增强，我国周边地区出现局部冲突的风险加大；大国之间的博弈斗争，我国也难以置身事外；西亚、北非多种矛盾复杂交织、多种力量激烈缠斗，多国政局动荡、政权更迭，"伊斯兰国"等极端组织兴风作浪，导致地缘板块安全风险加大，也会对我国能源、经济安全带来威胁。

面对复杂的国际政治和地缘政治关系，我国回避矛盾的余地越来越小，需要积极应对外部挑战，从偏重"韬光养晦"走向"有所作为"，不仅要防御，也要主动从自身能够把握的策略环节入手，将外部环境对我经济社会的冲击降至可控范围之内，底线就是要保障我国国家经济安全。为此，可建设真正有实质性内容的中俄战略伙伴关系，不排除中俄两国结成能改变全球力量对比的军事政治联盟的可能性；中欧双方也应互相借重以对冲美国霸权，对美进行战略平衡；在中美关系上求同存异，尽量减少对抗和摩擦；以经济力量融合周边国家，同时保持战略手段的多样性和灵活性；在非洲、拉丁美洲、中东等美国战略性撤退的地带，建立新型战略合作关系。

（二）积极参与国际经贸新规则制定

美国力推 TPP 和 TTIP 谈判，发起 TISA 谈判，试图在全球范围内重整贸易关系、重塑游戏规则、重新配置经济利益，给我国企业参与国际竞争设置新的障碍和壁垒，削弱我国企业的国际竞争力，损害我国对外贸易利益，对我国对外开放进程、参与国际经济合作与竞争带来挑战与制约。面对更趋复杂的外部贸易投资环境，新常态下要打好经济战，守住我国在国际经贸格局中的阵地，也要积极突围，争取新的阵地。可密切跟踪美国的三大谈判进程和谈判内容，积极加入 TISA 谈判，研究加入 TPP 谈判的可能性；加快以我国为主的高标准自由贸易区建设，构建多层次经济合作新格局；加强与美欧的贸易与投资的交流与合作，推动中美、中欧投资协定谈判取得新突破；最后，要进一步修炼内功，主动推动国内改革开放，加快结构调整，提高国际竞争力。

（三）提早应对外部能源供应风险

外部能源供应风险包括外部能源供应的不中断和价格的相对稳定两方面。我国能源多来自政治敏感地带，一旦这些地区爆发严重冲突或国际局势发生变动，能源供应就无法得到安全保障。同时，国际能源形势将异常复杂，供给刚性、运输成本、能源供给国与其他国家的博弈策略以及投机基金的炒作，加上我国在国际能源定价权缺乏话语权，这些都将导致我国经济发展要付出高昂的能源成本。

针对我国能源安全的严峻形势，新常态下的经济发展应从国内国外两方面有效应对。从国内来看，一要加大自身能源供应，优化能源结构，推进化石能源安全生产，大力发展清洁能源，提升能源利用效率，对高耗能产业和过剩产业实行能源消费总量控制强约束，坚持"节约、清洁、安全"的方针，积极推动能源生产和消费革命，保障合理用能，鼓励节约用能，控制过度用能，限制粗放用能，加快构建清洁、高效、安全、可持续的现代能源体系。二要调整产业结构，合理控制"两高"行业发展规模和增长速度，用高新技术和先进适用技术改造提升传统制造业，促进优胜劣汰。从国际来看，应不断拓展能源国际合作，努力推动能源进口多元化战略，规避能源进口来源和通道风险。与两伊加强石油合作的同时，拓展与非洲、俄罗斯、拉美和北美的合作。开拓煤炭海外进口渠道，积极进行煤炭海外投资。积极拓宽新能源合作领域。

（四）突破"上挤下压"产业发展环境

世界产业发展格局也面临深刻变革。一方面，科技革命和产业变革孕育新突破，主要经济体纷纷出台促进科技创新和新兴产业发展的战略，力图抢占新一轮科技革命和产业变革制高点。另一方面，随着我国劳动力要素优势逐渐式微，东南亚、南亚、非洲乃至拉美等国逐步承接中低端产业转移，对我国劳动密集型产业形成冲击，我国市场份额面临被蚕食的危险，产业空心化风险加剧。

在我国产业发展面临"上挤下压"的形势下，要顺应一些产业向更低劳动成本国家转移的规律，但不可完全放手现有劳动力密集产业的优势竞争力，而是要积极参与国际产业分工，提高在产业链中的位置，把"中国制造"推向高端化、精密化方向。同时，还要防止有关国计民生和战略性产业为外资占领或控制，特别是涉及国家安全的相关产业，如信息安全产业等，更是要牢牢把握在自己手中，掌握好技术引进和自主产权的平衡。最后，也要积极参与到新一轮科技革命大潮中去，加大资金人才投入，在某些领域或某些环节做到领头羊位置，共同分享科技革命的伟大成果。

（五）保护海外资产及人员安全

我国企业"走出去"规模的不断扩大，海外资产规模和员工人数快速增加，海外资产与人员安全问题也日益突出。国际形势跌宕起伏、复杂多变，东道国发生政治动乱及地区冲突，东道国的重大法律、政策变更，恐怖主义活动爆发等各方面原因都可能给我国海外资产带来损失，使海外人员遭受到人身安全威胁。

作为一个崛起中的大国，我们依照当地法律政策、遵从国际规则进行海外资产配置，也要尽最大努力保护海外资产及人员免遭政治不稳定和军事冲突等的危害，最大程度发挥我对外投资的政治、经济和社会效应。当前阶段，在相关国家和地区投放相应的安全力量成本巨大，还会导致邻国和西方国家更大的猜忌乃至反制，而且培育安全力量投放能力并非短期能够实现的。当前阶段可采取其他多重措施对我海外资产及人员进行保护。一是充分运用双边或多边投资保护的法律机制保护海外资产。我国已与世界上130多个国家签订了《双边投资保护协定》，并于1993年加入《解决国家和他国国民之间投资争端公约》。根据《双边投资保护协定》，在向遭受非商业性风险的企业支付保险金后，政府可取得代位求偿权，向相关国家政府追偿。也可利用多边投资担保机构（MIGA）提供的框架保护海外资产安全。二是采取与发达国家企业联手开发资源和能源的策略。面对日益动荡的外部环境，与发达国家企业联手开发，将自身利益与发达国家有关企业密切挂钩，对外投资的成功率和安全性将大大提高。三是自身做好风险防范工作。改进和完善我国海外风险评估、预警机制，尽快成立高级别的海外投资合作风险评估委员会，举行定期或不定期会议研究讨论对外投资合作安全形势，出台安全风险控制与防范方案。同时，可对企业的海外投资合作项目建立强制保险制度，扩大投资保险规模，将转移安置海外人员在内的费用损失等纳入保险范围，以避免再次出现"政府买单、企业受益"的情况。

四、稳住大局：维护社会稳定局面

稳定压倒一切，只有保持稳定大局，才能顺利实现我国经济社会发展目标。改革进入深水区，社会不稳定因素也进入快速积累期和活跃显现期，威胁我国政治经济安全，应采取有效措施防范和化解可能威胁社会稳定大局的风险。

（一）应明确可能影响社会稳定大局的主要风险点

当前，可能影响到社会稳定大局的风险点主要包括四类：

一是收入差距和收入不公导致社会阶层冲突。虽然我国总体收入差距已经转为缩小态势，但社会阶层固化现象短期难以得到有效调节，处于社会底层的民众向上流动的机会仍较有限，相对贫困问题也将更加显性化，低保边缘群体不时会出现生活窘迫的局面。新常态下经济增速放缓，"蛋糕"不可能像以前那样快速做大，但民众对分享蛋糕的期待不断上升，而且对收入分配不平等的容忍度有所下降。特别是人们仍将收入差距与寻租、腐败等相联系，更容易导致不同收入阶层的隔阂对立，甚至引发社会的不稳定。

二是征地以及城乡二元矛盾引发的不稳定风险。城镇化的深入推进仍将伴随较大规模的征地拆迁工作，补偿标准不高、征地程序不够合理等多种原因都可能引发上访甚至发生局部冲突事件。同时，新生代农民工占进城农民工的比重不断增多，他们受教育程度更高，融入城市的愿望更强烈，与城镇原住居民享受同等公共服务的要求更明确。一旦其愿望无法实现，与城镇原住居民及中高收入群体的矛盾可能更加尖锐，城市中新的二元结构将带来更加直接的矛盾冲突。

三是食品药品安全和环境恶化引发的群体性事件。食品药品安全问题的不断曝光，环境恶化的负面影响不断显现，而人民群众对健康和环境的权利意识在提高，这些问题频频引发人员聚集、抗议和冲突，大规模群体事件在我国许多地区时有发生，甚至在部分地区集中爆发。我国社会正进入健康与环境的敏感期，在此过程中，政府若处置不当，很容易激化矛盾、导致事态升级，造成的社会影响十分深远。特别是，信息化时代使得谣言传播、情绪扩散比以往更为便利，破坏性也比以往更大。

四是境外敌对势力的意识形态渗透和在境内鼓动、组织的群体性事件。近年来，西方中心主义的思想意识、价值观念、行为准则和生活方式，通过各种途径和方式影响着我国公民。反华反共势力，有组织、有策划、持续性地传播诱导性信息，不断宣扬西方制度的优越性，不时捏造、渲染出虚假、夸张的证据，不断诋毁中国制度和中国道路，引起在转型中的利益受损群体产生消极情绪，甚至激化矛盾、鼓动形成反政府、反社会的实际行动，有时还引发一定规模的非法非正常的群体性事件，破坏社会凝聚力和向心力，危及社会和谐稳定。境外势力的渗透与受损群体的不满一旦紧密结合和互动起来，政治领域的风险就更容易传导到社会领域，导致社会不稳定事件更加频繁地发生。此外，境内外"三股势力"的抬头，还将对民族团结和边疆少数民族地区的长治久安构成新的挑战。

（二）"标"、"本"齐下防范和化解社会风险

影响社会稳定的主要风险点是在我国中长期转型中逐步积累形成的，并且在不断演化，具有复杂性和多变性。鉴于此，既要从全面深化改革的高度着手，通过体制机制的调整完善，从根本上解决根源性问题；又要及时应急处置突发性风险，避免风险放大和扩散。要借鉴当前的反腐败工作思路，社会稳定工作应坚持标本兼治、"治标为治本赢得时间"，首先防范化解激烈程度较高、负面影响较大、苗头趋势较强的社会矛盾冲突。

一是完善社会风险评估和防范机制。要普遍开展社会稳定风险评估，确保具有涉稳风险的重大决策全部纳入稳评范围，科学识别、动态跟踪和及时处置涉稳风险，最大限度降低重大决策风险。建立全时空治安防控和反恐体系，在重点场所、敏感部位、特殊地区全面建立隐患实时监控机

制，强化社会治安和反恐情报信息工作，坚持持续高压和严打方针，坚决打击和遏制严重危害人民群众生命财产安全的刑事犯罪案件、恶性极端事件和暴力恐怖活动，适时开展专项打击和重点整治，建立常态化反恐机制，统筹建设强有力的反恐体系。

二是筑牢社会保障底线，加强社会救助和社会福利体系建设。整合城乡社会救助体系，逐步缩小城乡最低生活保障待遇差距。将低保边缘群体、符合条件的常住人口纳入专项救助范围，推广实施职业病和重特大疾病医疗救助、职业教育和高等教育救助。健全社会救助标准动态调整机制，强化社会救助标准与物价上涨挂钩、低保与专项救助标准联动、社会救助与社会保险及慈善事业衔接的制度安排。健全适度普惠的社会福利政策，逐步提高农村五保和城镇"三无"老人供养标准，将失能老年人、低收入老年人等纳入社会福利保障。加强社区儿童照料和关爱服务体系建设，按需建设儿童福利机构，将困境儿童、事实无人照料儿童纳入儿童福利保障。健全残疾人托养和康复体系，推进重度残疾人补贴制度全面覆盖。

三是构建向心化、法制化的社会治理体制。十八届三中全会强调国家治理能力，四中全会着力依法治国，在社会稳定大局上也应在治理体系和法治的框架下长远谋划。应对突出问题和矛盾风险的同时，以中华民族和平崛起和伟大复兴的中国梦为引领，用社会主义核心价值观来凝聚社会向心力，优化社会治理框架，来提高社会主体的责任感和认同度，实现利益顺畅表达与矛盾及时化解，促进社会包容。特别是，应跟上信息时代的新情况新问题，不能一味靠堵，而要以更平等的姿态沟通协调，加快构建信息时代社会治理新框架。

五、筑牢绿屏：严守生态环境红线

我国生态环境的糟糕状况不需从那些冷冰冰的指标数字中进行解读，而是已经成为人们日常生活中难以散去的"阴霾"。新常态的发展阶段追求的是更有质量的增长，更要牢牢守住生态底线，加快转变经济发展方式步伐，扭转我国生态环境恶化局面。

（一）坚持保护和治理并重

多年来经济快速发展取得了辉煌成就，但另一面是资源环境付出了高昂代价。在理念上我们始终坚持不走发达国家"先污染、后治理"的老路，坚持"科学发展观"，实际上却仍旧陷入了生态环境恶化的局面。一些地方生态环境承载能力已近极限，生态环境硬性约束越来越大，环境类突发事件增多。生态环境的治理并非一朝一夕的事，我国经济增速虽然放缓却仍是中高速增长态势，工业化和城镇化将继续推进，资源环境压力继续加大。因而，客观来判断，未来一段时期我国生态环境风险仍将处于高位，生态环境危害发生的频率或显著增加。当前，生态文明建设已经得到空前重视，建议将生态环境设置为不可触碰的红线，严控"增量"，同时消化"存量"。

（二）深入推广绿色生产

未来10年将是我国全方位治理生态环境的关键时期，应加强政策执行力，争取在较短时期内改善我国生态环境。

要在各行各业深入推广绿色生产，加快形成节约资源与保护环境的产业结构。加快发展低碳工业，大力推行绿色加工制造，发展新能源和节能环保产业，推广清洁生产，发展循环经济，实现生产过程和产品的清洁化、无害化、有机化和低碳化，加快开展碳中性企业试点。大力发展绿色服务业，以绿色文化旅游和绿色物流为重点，创新绿色发展模式，拓展绿色服务市场，构建具有我国特色的绿色服务业体系，尤其要结合当前交通运输能耗大、排污多的问题，大力发展绿色交通运输和绿色物流业，加快建设绿色物流体系，推进物流过程绿色化，推动发展逆向回收物流。大力发展绿色农业，以发展绿色、高附加值农产品为重点，加快推广应用最新农业科技成果，运用绿色技术保护和改善农业生态链，建立和拓展农产品绿色供应链，大力发展农业循环经济，促进农业的有机化、无公害化发展。以国际大都市为标杆，严格产业发展标准，提高资源能源循环利用水平，全面推进产业绿色低碳化发展。加快能源消费结构的转型优化，加快淘汰能源行业落后产能，着力降低煤炭消费比重，提高天然气和非化石能源比重。健全工作协调机制，加强京津冀及其周边地区联防联控，制订出台重点省区市能源保障方案，抓好增供外来电力、保障天然气供应、油品升级等重大项目落地，优化调整能源消费结构和空间布局，促进重点区域空气质量改善。

（三）倡导低碳生活方式

要在全社会积极倡导低碳生活方式，努力形成节约利用资源与保护环境的消费模式。推广使用新能源、新材料，使用并开发有效的家庭节电、节油、节气、节煤、节水和资源回收及废物利用的方法，戒除"便利消费"，摒弃"面子消费"、"奢侈消费"，减少生活中的碳排放。积极创建"绿色社区"、"绿色学校"和"绿色家庭"，努力形成从学校到社区、从家庭到社会全覆盖的消费环境，引导居民衣、食、住、行等消费活动低碳化。打造低碳社区，鼓励新建社区全面推广使用低碳设施，选择若干社区和村庄进行"碳中性社区"和"碳中性村庄"试点。发展低碳绿色交通，倡导低碳出行理念，以发展公共交通、发展慢行交通系统、推广低碳交通工具、建设低碳化交通管理体系为重点，减少公众机动车出行，促进交通工具低碳化，创建低能耗、低占地、高效率、高服务的交通模式。通过城市规划与交通管理政策，加强城市绿化，优化城市人口、产业布局，推进"产城融合"，大力发展公共交通，引导公众绿色出行。鼓励居民选择健康、低碳、节约、环保的生活方式。

（四）完善相关法律及制度

一要完善生态环境相关法律法规。政府要发挥主导作用，进行顶层设计和统筹规划，完善相关法律法规体系，利用法律、行政等手段，将污染源控制、污染处理、污染监测、污染警示、污染疏散等环节系统地融入到城镇化、工业化进程中，并针对不同污染源、不同区域和不同发展阶段制定专项的防治法规条例和相关配套政策。二要健全环境保护制度。尽快制定（完善）碳排放权拍卖收入、能源税（碳税、环境税）的征收和使用办法，扩大治污财政资金来源，在加强风险防控的前提下，投入资本市场运作，有效撬动社会资金的大量投入，为生态环境治理提供切实的资金保障。完善资源性产品价格形成机制，启动环境价格形成机制改革。三是提高生态环境治理全程的公众参与度，健全听证会制度、依据民意调查制定政策等措施，以社会监督力量通过媒体、社会活动、环境纠纷处理和市民选举等方式，实现对政府和企业的监督。

参考文献

1. 国家发改委宏观经济研究院课题组：《"十三五"时期经济社会发展的主要风险和应对机制研究》，国家发改委宏观经济研究院2014年度重大课题报告。

2. 人民日报评论部：《以底线思维定边界——我们需要怎样的"改革思维"之五》《人民日报》2014年03月17日。

3. 刘元春：《保持定力适应调控新常态》，《人民日报》2014年06月12日。

4. 雷家骕：《国家经济安全：理论与分析方法》，清华大学出版社2011年版。

后　记

　　新常态是习近平总书记基于对我国经济发展阶段性特征的准确判断和深刻把握而提出的新概念，集中体现了新一代党和国家领导人治国理政方针与智慧。按照中央经济工作会议的要求，认识新常态、适应新常态、引领新常态，应成为当前和今后一个时期我国经济发展的大逻辑。认识新常态是适应新常态、引领新常态的第一步。研究新常态、理解新常态，则是理论工作者认识新常态、适应新常态、引领新常态应有的责任。

　　为此，我们应约组织国家发改委经济研究所的研究人员，在认真研究新常态基础上，撰写了《中国经济新常态》一书，力图为社会各界认识新常态、适应新常态、引领新常态做出我们应有的贡献。全书由宋立所长进行统筹规划和总体把握，郭春丽主任组织协调。各章执笔人分别是：导言宋立研究员，第一章王蕴研究员，第二章易信博士、唐健博士、曾铮博士，第三章肖潇博士、易信博士，第四章刘雪燕博士，第五章曾铮博士，第六章王蕴研究员、曾铮博士，第七章王元博士，第八章郭春丽研究员，第九章张铭慎博士、刘泉红研究员，第十章李世刚博士，结语李清彬博士。写作过程中，易信承担了编务工作，王蕴、曾铮、郭春丽分别对上、中、下篇进行了初步统稿，宋立、郭春丽负责对全书进行修改和定稿。

　　本书研究写作与出版得到了相关机构和专家的大力支持，在此我们致以诚挚谢意。感谢国家发改委经济所副所长孙学工研究员在提纲讨论和写作过程中提出的宝贵意见和建议！感谢中国言实出版社的编审人员，他们为书稿的审定和出版付出了心血。

　　由于课题组研究水平有限，加之时间紧迫，错误和疏漏在所难免，欢迎各界人士批评指正！

写作组

2015 年 3 月 5 日